HERMES

在古希腊神话中,赫耳墨斯是宙斯和迈亚的儿子,奥林波斯神们的信使,道路与边界之神,睡眠与梦想之神,死者的向导,演说者、商人、小偷、旅者和牧人的保护神……

西方传统 经典与解释 **HERMES**
Classici et Commentarii

柏拉图注疏集

刘小枫 甘阳 ● 主编

智慧与幸福
——论柏拉图的《厄庇诺米斯》

Sophia and Happiness:
Essays on Plato's *Epinomis*

程志敏 | 选编

崔嵬 等 | 译

华夏出版社

中国人民大学科学研究基金
（中央高校基本科研业务费专项基金资助）项目成果
Supported by the Fundamental Research Funds for the Central
Universities, and the Research Funds of Renmin University of China

"柏拉图注疏集"出版说明

"柏拉图九卷集"是有记载的柏拉图全集最早的编辑体例，相传由亚历山大时期的语文学家、数学家、星相家、皇帝的政治顾问忒拉绪洛斯(Θρ□συλλος)编订，按古希腊悲剧的演出结构方式将柏拉图所有作品编成九卷，每卷四部(对话作品三十五种，书简集一种，共三十六种)。1513年，意大利出版家Aldus出版柏拉图全集，被看作印制柏拉图全集的开端，遵循的仍是忒拉绪洛斯体例。

可是，到了十八世纪，欧洲学界兴起疑古风，这个体例中的好些作品被判为伪作；随后，现代的所谓"全集"编本迭出，有31篇本或28篇本，甚至24篇本，作品前后顺序编排也见仁见智。

俱往矣！古典学界约在大半个世纪前已开始认识到，怀疑古人得不偿失，不如依从古人受益良多。回到古传的柏拉图"全集"体例在古典学界几乎已成共识(Les Belles Lettres 自上世纪二十年代始陆续出版的希法对照带注释的 *Platon Œuvres complètes* 以及 Erich Loewenthal 在上世纪四十年代编成的德译柏拉图全集均为36种 + 托名作品7种)，当今权威的《柏拉图全集》英译本(John M. Cooper 主编，*Plato，Complete Works*，Hackett Publishing Company 1984，不断重印)即完全依照"九卷集"体例(附托名作品)。

"盛世必修典"——或者说，太平盛世得乘机抓紧时日修典。对于推进当今中国学术来说，修典的历史使命当不仅是续修中国古代典籍，同时得编修古代西方典籍。古典文明研究工作坊属内的"古典学研究中心"拟定计划，推动修译西方古代经典这一学术大业。我们主张，修译西典当秉承我国清代学人编修古代经典的精神和方法——精神即：敬重古代经典，并不以为今人对世事人生的见识比古人高明；方法即：翻译时从名家注疏入手掌握文本，考究版本、广采前人注疏成果。

"柏拉图注疏集"将提供足本汉译柏拉图全集（36种＋托名作品7种），篇序从忒拉绪洛斯的"九卷集"。尽管参与翻译的译者都修习过古希腊文，我们主张，翻译柏拉图作品等古典要籍，当采注经式译法（即凭靠西方古典学者的笺注和义疏本迻译），而非所谓"直接译自古希腊语原文"（如此注疏体柏拉图全集在欧美学界亦未见全功，德国古典语文学界于1994年开始着手"柏拉图全集：译本和注疏"，体例从忒拉绪洛斯，到2004年为止，仅出版不到8种；Brisson主持的法译注疏体全集，九十年代初开工，迄今未完成一半）

柏拉图作品的义疏汗牛充栋，而且往往篇幅颇大。这个注疏体汉译柏拉图全集以带注疏的柏拉图作品为主体，亦收义疏性质的专著或文集。编译者当紧密关注并积极吸取西方学界的相关成果，不急欲求成，务求踏实稳靠，裨益于端正教育风气、重新认识西学传统，促进我国文教事业的新生。

刘小枫　甘　阳

2005年元月

目 录

编者前言／程志敏 ·· 1

哈瓦德《厄庇诺米斯》概疏 ································ 47
劳埃德《厄庇诺米斯》导引 ································ 95
塔 兰 柏拉图的论题和《厄庇诺米斯》的结构 ·············· 106
塔 兰 《厄庇诺米斯》，亚里士多德和早期的学园 ········· 200
塔 兰 《厄庇诺米斯》在柏拉图式学说形成过程中的影响 ····· 221

后 记 ·· 241

编者前言

如果说古代文献的流传在很大程度上取决于运气,那么柏拉图的运气就算得上很好,甚至比著作等身的亚里士多德还要好:亚里士多德的早期作品几乎全部失传了,而据说柏拉图的"所有"著作都传下来了。① 但这些著作都是柏拉图的"真作"即都出自柏拉图之手吗? 其中是否有他人的托名之作即"伪作"? 此外,柏拉图著作(真作)的总和就是柏拉图思想的全貌吗? 如果不是,那些伪作在何种程度上可以帮助我们了解柏拉图思想的本质? 具体到所谓"真伪"的问题,柏拉图的思想是否仅仅体现在他自己的"真作"中? 我们如何理解这个让人聚讼不休的概念——"真"? 无论如何,我们必须时时刻刻记住一个更为根本的问题——我们为什么要讨论柏拉图著作的真伪,以此来修正自己的认识。从某种程度上说,对一件重要文献真伪问题的讨论,既考察着思想史的"客观"面貌,也反映出讨论者的个人品味和思想路数,更折射出一个时代的精神气度来:我们在柏拉图著作的真伪这面镜子中,看到的更多是我们自己。

---

① 正如泰勒所说:"我们在较后的古代,没有在任何地方发现提到过一部我们至今还没有掌握的柏拉图著作。"(《柏拉图:生平及其著作》,谢随知等译,济南:山东人民出版社 1991 年,第 21 页)另参 W. K. C. Guthrie,《希腊哲学史》(*A History of Greek Philosophy*), Cambridge: Cambridge University Press, 1975, V.4, p.39。

一、现代真伪问题概览

自从忒拉叙洛斯(Thrasyllus)在公元 1 世纪初编定柏拉图著作的"全集"后,这 36 篇作品,即 35 篇对话和书信(共 13 封,合算作 1 篇),在古代就很少遭到怀疑(新柏拉图主义者普罗克洛斯除外)。但到近代以后,尤其是 19 世纪以来,绝大部分柏拉图著作都遭到了不同程度的质疑,学者们以不同的方式从不同的角度纷纷宣称古人笃信不疑的经典名篇其实不过是"伪作"。与此同时,也有不少学者"苦心证明"那些著作乃是柏拉图的"真作"。

由此可见,柏拉图著作的真伪问题与所谓的"荷马问题"、"圣经问题"和"苏格拉底问题"一样,主要不是纯粹的学术考据问题,而是"现代性"的义理问题,只有在一个疑古成风以求证当今之是、打倒偶像以凸现自我之高明的"现代",才显得如此多姿多彩。这种看似鲜艳的学术花朵背后隐藏着极其破败凋零的思想世界,上述所谓的种种"问题"正是开放在现代性荒原上的"恶之花"。我们并不否认"考订"(athelizing)在学术上的价值,毕竟辨章学术、考镜源流乃是学术的根基。但"考订"蜕化为"怀疑",并成为虚无主义的帮凶之后,它所取得的有限成就丝毫无法抵消它所造的罪孽,其旨趣和成就也就湮没不闻甚至荡然无存了。

有了这番预备性的考察后,我们在反思这个现代性问题时,也许才不至于重蹈覆辙。我们一方面不能因噎废食而全盘否定现代学术尤其在考订方面的成就,但同时必须时时提醒自己这个"真伪"问题的怪异乃至病态的背景,俾使自己不落入现代性的泥沼:我们之所以不得不再次提起这个危险的"真伪"问题,恰恰就是一种为了忘却的纪念,更恰当地说,就是为了摆脱一种思想的梦魇(尽管它恰恰就是邪恶的盛宴),超越一种已经让人误入歧途的思维方式,重新把心灵纳入古人开创出的高明之道中来。当然,这仅仅是一个开始。

就《厄庇诺米斯》(Epinomis，以下简称《厄》)来说，16 世纪的意大利人文主义者帕特里奇(Francesco Patrizzi,1529 - 1597)虽然站在柏拉图的立场上来反对亚里士多德，堪称是柏拉图的忠实信徒，但他在其《逍遥论学》(Discussiones Peripateticae,1571)中受到了第欧根尼·拉尔修(Diogenes Laertius,公元 3 世纪，以下简称"第欧根尼")和雅典学园最后一任掌门人大马士丘(Damascius,480 - 550)的影响，也不承认《厄》出自柏拉图之手(而像第欧根尼一样认为《厄》是柏拉图最亲密的弟子奥波斯的菲利普[Philip of Opus]所著)。如果这种看法还代表着公元 3 世纪以来的中古观点的话，古典语文学家李尔(Abbé Claude Sal Lier,1685 - 1761)在 18 世纪为否认《厄》的真实性所提出的三个论据就为后来全面质疑柏拉图著作的风潮奠定了基石，同时也为现代学术凭靠"语文学"这个技术性颇强的工具来解决一切问题的"科学"作业提供了一个可资借鉴的榜样。[①] 他从风格、品质和柏拉图方式等角度认为《厄》不是柏拉图的真作，他的论据与第欧根尼以来的观点大为不同，已经是颇为成熟的现代方法。李尔的影响虽然还不是太大，但毕竟比因提出"荷马问题"而名声大振并影响深远的沃尔夫(F. A. Wolf)早了好几十年。

这种情况到了 19 世纪以后，达到了触目惊心的程度：疑来疑去，差不多到了要彻底否定柏拉图的地步——这种现代性"为之反倒害之"的悖论不独柏拉图研究为然。在这场轰轰烈烈的造反运动中，那些声名卓著的"专家"就是当然的急先锋，他们的专业知识受

---

① 塔兰，《学园：柏拉图、菲利普及托名柏拉图的〈厄庇诺米斯〉》(Leonardo Tarán, Academica: Plato, Philip of Opus, and the Pseudo - Platonic Epinomis, Philadelphia: American Philosophical Society, 1975)，页 13。该书是第一部《厄庇诺米斯》的考订评注本，其结论虽有大可商量的地步，但其材料却非常翔实：《厄》译成中文也就两三万字，塔兰这部书却有四百多页，由此可见我们的西学还有很长的路要走，就算入个门恐怕也还要好几十年。

到某种错误思潮的引诱和误导后,会产生比偏见更可怕的力量。

大名鼎鼎的神学家、古典语文学家施莱尔马赫堪称现代解释学的鼻祖,而他为其所翻译的柏拉图著作所加的评注或导论,既是现代柏拉图研究的重镇,同时也是拒斥柏拉图著作真实性的开山之作之一。施莱尔马赫的古典语文学功夫自然相当深厚,其译文当然也堪称大家手笔(尽管也总会有不同的意见),但他受到当时思想的影响而把柏拉图打扮成了"浪漫派诗人",尤其是受康德所谓"能比作者更好地理解作者"这一错误现代解释原则毒害不浅,因此他的柏拉图解释需要小心对待。① 就真伪问题而言,施莱尔马赫从语言、主题和形式等几个方面,把许多名篇排除在柏拉图作品之外。他的《柏拉图对话导论》分为三个部分,只收录了柏拉图 31 篇作品(而不是 35 篇,不算书信),柏拉图最重要的政治哲学著作《法义》(*Laws*)也只是在该书导论中稍微提及。而且就在这 31 篇作品中,施莱尔马赫把《苏格拉底的申辩》、《克力同》和《伊翁》等 13 篇作品放进了前两个部分的"附录"中,也就是怀疑这些作品的真实性。他虽然很委婉地说,把这 13 篇作品放进附录,远不是意味着马上就要否认或质疑其源自柏拉图,但在讨论《米诺斯》和《阿尔喀比亚德后篇》等大多数放入附录中的著作时,却明确地否认了它们的真实性。②

---

① 参刘小枫译注:《柏拉图的〈会饮〉》,"译者弁言",北京:华夏出版社,2003,第 5 页。

② F. Schleiermacher,《柏拉图对话导论》(*Introduction to the Dialogues of Plato*, translated by William Dobson, Bristol: Thoemmes Press, 1992),"判断标准",参页 32,"附录问题",参页 134。由此我们大体可以明白"解释学"产生的时代背景及其历史使命,而不幸的是国朝名士似乎还没有完全认识到现代解释学理论的这种"先天"(a priori)不足。我们在这里不讨论"现代解释学"的时代上限及其与施莱尔马赫所谓的"古典解释学"的关系,而只是从其思想实质把它们都看作广义的"现代"解释学。其实,与古典学相比,解释学不过是现代人特别痴迷的空洞的理论游戏而已。

施莱尔马赫这部著作的一个重要特点就是特别看重《王制》（Republic），全书三个部分，前两个部分讨论全部31篇中的30篇对话，而整个第三部分只讨论《王制》。由此可见施莱尔马赫等疑古派的一个基本思路：以《王制》为坐标来判断其他作品的真伪和先后次序，在他们看来，《王制》是柏拉图最成熟也最可信的作品，因此凡是与之在文风、措辞、结构和主旨方面有所不合的，就是伪作。他们认为柏拉图自早年起就有了成熟的思想体系和自觉的写作意图，毕生都在围绕一个统一的观点在思考和创作，凡是与此有悖者即不可信。①

从此以后，否认古代经典——包括柏拉图著作——真实性的做法就成了19世纪西方学术的"显学"，或者用泰勒的话说，"19世纪中叶，特别在德国，'考订'（athelizing）柏拉图的对话录成为学者们的一种时髦娱乐；《法义》被阿斯特（Ast）宣布为假的，而且策勒尔（Zeller）也曾经如此，《帕默尼德》、《智术师》和《治邦者》则受到宇伯威格（F. Ueberweg）等人的怀疑；极端主义者想把纯正的对话录限制到9篇"。② 这位否认《法义》和《申辩》真实性的阿斯特就是施莱尔马赫的高足。除了古典语文学家而外，哲学家也参与到否认柏拉图著作真实性的大合唱中来。著名的哲学史家、新康德主义者文德尔班就认为柏拉图作品似乎大多有问题，而"在可疑作品中最重要的是《智术师》、《治邦者》和《帕默尼德》。这些作品也许不是柏拉图创作的，很可能是他的学派中与爱利亚派的辩证法和论辩术有密切关系的人们写成的"。③

实际上，这帮功力深厚的专家连同某些古人一起，最终只给

---

① 参 Charles H. Kahn，《柏拉图与苏格拉底对话》（Plato and the Socratic Dialogue, Cambridge: Cambridge University Press, 1996），页38–39。

② 泰勒，《柏拉图：生平及其著作》，同前，页23。

③ 文德尔班，《哲学史教程》，罗达仁译，北京：商务印书馆，1993，上卷，页142–143。

柏拉图留下了5篇从未遭到怀疑的著作。在19世纪,以下著作曾为当时的不同学者拒绝过:《游叙弗伦》《申辩》《拉克斯》《吕西斯》《卡尔米德》《希琵阿斯前篇》《希琵阿斯后篇》《阿尔喀比亚德前篇》《墨涅克塞努斯》《伊翁》《美诺》《欧蒂得谟》《克拉底鲁》《帕默尼德》《智术师》《治邦者》《斐勒布》《克里提阿》《法义》《厄庇诺米斯》《阿尔喀比亚德后篇》《忒阿格斯》《希普帕库斯》《情敌》《米诺斯》和《克利托普丰》。除去这26篇,柏拉图的"真作"就只剩下泰勒所说的那些极端主义者能够接受的9篇了。虽然后来的情形随格罗特(G. Grote)拼命扭转而大为改观,但上述26篇中的最后6篇即便在稍微温和一点的疑古派那里,也未能获得一席之地。至于说柏拉图的13封书信,除了极少数外,在当时的风潮下自是不能幸免。

总之,正如格斯里(W. K. C. Guthrie)所评价的,"19世纪尽了最大努力从我们手中劫掠(rob)柏拉图著作中最有价值的部分",而如果我们接受19世纪的这些时髦的考订成果,那我们就几乎只好"放弃对柏拉图的研究"了。① 因此,学者们主张,"除了极有分量的理由之外,不应该使这一类文献听任'考订者'处置",而目前在柏拉图真伪问题上的偏差,都是把语文学的地位抬得过高的结果,为此泰勒亦对大名鼎鼎的维兰莫威兹(Wilamowitz)提出了批评。②

但就在这种全面的疑古风潮中,也不乏有人中流砥柱。正如泰勒所说,"幸亏自从坎佩尔(Lewis Campbell)苦心证明《智术师》和《治邦者》是真作以后,这个趋势转变了。现在有一个普遍一致的意见,即36篇对话录中的每一篇,不论其篇幅和重要性如何,都是柏拉图的;对于若干篇幅较小或趣味较少的伪作也有同样普遍一致的意见,尽管还有一两篇著作大家意见有分歧"。③ 泰勒所

---

① 格斯里,《希腊哲学史》,前揭,页40。
② 泰勒,《柏拉图:生平及其著作》,同前,页27、30。
③ 泰勒,《柏拉图:生平及其著作》,同前,页23。

说的坎佩尔的"苦心证明"是指坎佩尔1867年出版的《柏拉图的〈智术师〉和〈治邦者〉》(*Plato, Sophistes and Politicus*, Clarendon版)。

泰勒把柏拉图著作真伪问题的转折点放在古典学家坎佩尔(1830-1908)对《智术师》和《治邦者》的辩护上,这似乎不太恰当,因为坎佩尔的工作无论在时间、数量、质量和影响上都无法与他的同胞格罗特(1794-1871)相提并论。格罗特不仅仅是为柏拉图的某一两部著作进行辩护,他是为整个"柏拉图全集"的真实性而砥柱中流。他那部三卷本的著作(*Plato and the Other Companions of Socrates*, London, 1865)不仅早于坎佩尔,而且对坎佩尔产生了直接的影响:坎佩尔在其"苦心证明"的著作出版的前一年,就写过一篇书评讨论格罗特的著作(*Quarterly Review*, 119 [1866] 108-153)。格罗特思考荷马、柏拉图、苏格拉底、亚里士多德以及整个希腊历史方面的问题也比坎佩尔早了许多,他毕竟比坎佩尔年长得多。格罗特的主要兴趣在于历史,而坎佩尔的兴趣则主要在于悲剧,尤其是索福克勒斯和埃斯库罗斯。

格罗特其实早在1856年就开始着手准备他那部讨论柏拉图著作真伪的书,①而这一年他已完成对古希腊历史文化的深入研究,其12卷本巨著《希腊史》(*A History of Greece*)历时十年后陆续出齐。格罗特在这套书中就开始涉及类似的问题了,他在《希腊史》中专门辟了一章来讨论苏格拉底,而这一章差不多长达一百页。② 尽管格罗特在柏拉图真伪问题上把自己的结论建立在许多"不确定的命

---

① 尤其第四章"由忒拉叙洛斯重识的柏拉图经典"("Platonic Canon, as Recognised by Thrasyllus")和第五章"由现代评论接受与修改的柏拉图经典"("Platonic Canon, as Appreciated and Modified by Modern Critics")。

② 参格罗特,《希腊史》(George Grote, *A History of Greece: From the Earliest Period to the Close of the Generation Contemporary with Alexander the Great*. London, 1872,这个版本把原先的12卷编成了10卷),见Thoemmes出版社2000年重印本,第7卷,第82-174页。

题"(策勒尔语)上,但他的观点并没有过时或被其他人所推翻,后来者毋宁是对他的限定和补充,正如潘戈(Thomas L. Pangle)所评价的,"格罗特用一种严格史学的论证方法捍卫了整部[柏拉图]经典的真实性,这种论证似乎值得我们予以最严肃的关注——即便它需要一些大动作的限定和补充"。①

事实上,格罗特的影响逐渐扩大,②到19世纪末20世纪初时,人们已慢慢放弃了极端的怀疑态度,开始认识到疑古派的弊病,已不那么自以为是,并逐渐把兴趣从"真伪问题"转移到柏拉图作品的编年上,各家各派虽还在不同程度上对归在柏拉图名下的某些作品持保留意见,但如果怀疑得过分了,编年问题自身也就不存在了:既然差不多都是"伪作",还有什么必要为其排顺序呢?③ 在著名的

---

① 参潘戈,《政治哲学之根》,"编者导言"(Thomas L. Pangle, Editor's Introduction, *The Roots of Political Philosophy*, Ithaca: Cornell University Press, 1987),页6。塔兰认为策勒尔对格罗特的批评就已经把格罗特的假设"撇到一边去了"(Tarán. *Academica: Plato, Philip of Opus, and the Pseudo - Platonic Epinomis*, p.5),但潘戈认为远不是这么回事,并逐一为格罗特辩护(参《政治哲学之根》,页8-11)。潘戈对塔兰这部功夫之作似乎很不以为然(页15-16)。也许,小学功夫再好,但如果思路不对,其成就也会有限。

② 关于格罗特的巨大影响(大名鼎鼎的John Stuart Mill称其为"前无古人"),参Kyriakos N. Demetriou编,《19世纪的经典:回应格罗特》(*Classics in the Nineteenth Century: Responses to George Grote*, Bristol: Thoemmes Continuum, 2003,四卷本)。关于格罗特的相关影响,还值得特别指出的是,他在维多利亚时代同样以充分的理由反对沃尔夫于1795年提出的现代"荷马问题",其《希腊史》第一卷对上古文明的看法极大地冲击了那些"现代"的观点,参特纳,《荷马问题》(F. M. Turner, "The Homeric Question", see Ian Morris and Barry Powell (eds.), *A New Companion to Homer*, Leiden: Brill, 1997, 页134-136)。

③ 现代人对柏拉图著作编年的看法,参Leonard Brandwood,《柏拉图对话手表》(*The Chronology of Plato's Dialogues*. Cambridge: Cambridge University Press, 1990)。该书共23章(含导论和结论),每一章讨论一个专家的意见,其中大多是学界的柏拉图专家(包括W. Dittenberger和C. Riiter等德国重量级人物)。

牛津版柏拉图全集中,编者就收录了所有真作和伪作。① 而晚近出版的英文版柏拉图全集,则走得更远,其编者厌倦了在真伪问题上无法避免的主观判断后,认为现代人没有资格去决定哪些著作应该收入柏拉图全集中,因为这样做是"不合适的",因此该版本在尊重古人的前提下甚至收入了被忒拉叙洛斯认为绝对是伪作的《释词》(Definitions)、《论正义》和《西绪福斯》等,共收录了 45 篇作品(含格言语录一篇)。②

不过,即便库珀(Cooper)编本收录了柏拉图的"所有"著作,包括古人已认定为伪篇的作品,但这并不意味着编者及其译者就认为这些著作都是柏拉图的,而是仍然按照现代传统的看法为那些有疑问的著作打上了剑号和星号,并在每一部伪篇的译文前所加的简短导言中明确地对这些"柏拉图著作"表示怀疑。

在 20 世纪的学者中,真正相信这些作品真实性的差不多只有施特劳斯及其门徒。柏拉图的著作按照其"真伪"的程度不同而分成了"真作"、"可能"、"可疑"和"伪作",经过格罗特等人据理力争后,大多数学者能够接受那些"可能"出自柏拉图之手的著作,也勉强承认某些"可疑"的著作。但施特劳斯及其弟子们却把"真作"的范围扩大到了一般认为"可疑"的作品上,他们不仅认可现代学者慢慢认同的《希琵阿斯后篇》和《伊翁》,还把大家"公认"的伪篇《希普帕库斯》和《情敌》等视为"真作",尤其与众不同的是,他们还把这些伪篇看作是了解柏拉图思想的重要窗口。③ 这种看法虽然在古人那里也能够找到同盟军,但对于满脑子现代观念的人来说,的

---

① 伯内特编,《柏拉图全集》(Ioannes Burnet [ed.], *Platonis Opera*, Oxonii: Clarendon, 1905 – 1910)。

② J. M. Cooper, D. S. Hutchinson 编,《柏拉图全集》(*Plato: Complete Works*, Indianapolis: Hackett Publishing Company, 1997)。

③ 上引潘戈所编的那本书就是施特劳斯学派慧眼独具的结晶。其中,施特劳斯亲自为《米诺斯》撰写解读文章,不仅丝毫不怀疑其真实性,而且直接把它当作理解柏拉图《法义》的桥梁(《政治哲学之根》,页 67 – 79)。(转下页注)

确有些突兀。

看来，要弄明白这个棘手的"真伪"问题，我们还得从柏拉图著作的文本史谈起。

二、柏拉图的著作及其编纂

柏拉图著作的真伪，即究竟哪些作品属于柏拉图，或者说柏拉图一生究竟写过哪些作品，这个问题最早由谁提出来的？他基于什么样的理由提出真伪问题？柏拉图的"全集"最早由谁编纂，这些编辑家依据什么版本，他们的工作有多大的可信度？对此，我们需要顺着文本的流传顺序往回追溯，顺藤摸瓜去考察柏拉图著作的来龙去脉，以此从根本上解决（或解释）其真伪问题。

英、德、法、意等国都有专家对柏拉图著作进行了艰苦的校勘，也都有自己的"柏拉图全集"（*Platonis Opera*）的现代编本，有的国家还不只一种古希腊文"全集"，比如英国就有牛津本和洛布本（Loeb），其中最受学界认同的要数伯内特（Ioannes Burnet）编校的牛津本。① 这些全集本都收录了柏拉图的"所有著作"，因而似乎无法对"真伪"问题有所参考，而此前一直到公元16世纪出版的编本似乎也不能给出真伪问题的答案，因为这还不到问题的源头处。最

（接上页）而其弟子布鲁尔（Christopher Bruell）就把《情敌》当作了解[柏拉图]政治哲学原始意义的重要文本（同一著作，页91—110。关于布鲁尔对其他"伪篇"的看法，见氏著《论苏格拉底教育：柏拉图短篇对话引论》（*On the Socratic Education: An Introduction to the Shorter Platonic Dialogues*, Lanham: Rowman & Littlefield Publishers, Inc., 1999）。

① 参刘小枫译注：《柏拉图的〈会饮〉》，"译者弁言"，同前，第4页。牛津十年前又在编辑新的柏拉图全集本，以代替 Burnet 的老版。新版据说更简洁、更准确，引证了更多的抄本。这些编本的"始祖"是1513年威尼斯的 Aldine 本，而这个现代出版的本子则以公元10到公元11世纪的手抄本为底本。

早提出"真伪"问题的是第欧根尼,他在《著名哲学家的生平、学说和格言》(中译本简作"名哲言行录",似不太恰当)中最早提出了"柏拉图学案",他总结了阿里斯托芬和忒拉叙洛斯的编排,提出了柏拉图著作的真伪问题。我们将逐一往前考察,首先清理这个问题的外部线索。

1. 第欧根尼·拉尔修

我们据以判断柏拉图著作真伪的材料,主要是第欧根尼·拉尔修(其鼎盛年为公元3世纪上半叶)的记载,他的记述在数千年的柏拉图经学史上,是最重要的参考资料,任何研究者似乎都不能不提到(在这个意义上,我们不妨说他的记述甚至几乎是惟一可资参考的文献)。但第欧根尼的这部学案,在多大程度上是可靠的?他与柏拉图学派的关系疏密程度如何?我们应该如何看待他的判断?

《著名哲学家的生平、学说和格言》第三卷谈柏拉图,共109节,大致可分为三个部分,1-47节讲述柏拉图的生平,48-66节叙述柏拉图的著作,余下的部分介绍柏拉图的"学说"或"主要观点"。与我们论题直接相关的第二部分又可分为三个更小的部分,开头和结尾介绍柏拉图的"对话"特点以及阅读柏拉图所应采取的方法,而中间部分(56-62节)则详细地记录了忒拉叙洛斯和阿里斯托芬的编纂工作,这部分为后世大加征引,重复千万遍之后几乎已成"定论"。

第欧根尼的记载究竟有多大的可信性,在很大程度上取决于他的写作目的,如果他是要写一部较为客观的学术史,那么就大体可信;但如果他仅仅为了说明自己或本派的观点,兜售私货,那么我们就需要小心对待。为此,我们且先分析整个第二大部分的内容,看看第欧根尼通过其选材到底想达到什么样的效果。

48-51a节交待"对话体"的由来和性质,51b-52节证明柏拉图不是教条主义者(从其对话和逻辑就可知),53-55节从对话逻辑的角度进一步阐释柏拉图学说的性质,56节讲哲学在内容和形式上都借鉴了悲剧,而忒拉叙洛斯就以悲剧的四联剧(tetralogies)形式"发表"或"出版"了柏拉图的对话。57—61a 节完整地叙述忒拉叙洛斯的"四联剧"式的柏拉图"全集",这个部分几乎为绝大多数讨论柏拉图真伪问题的学者所引用,因此它虽然十分重要,我们也觉得没有必要在此再次重复这个随便哪部相关著作中都能找到的材料。61b—62a 节对比讨论拜占庭文法学家阿里斯托芬的"三联剧"(trilogies)编排体系。62b 节列举各家各派关于柏拉图著作之开端的观点,这里的"开始"一词含义颇为模糊,从上下文来看,应指我们研读柏拉图的次序,而非柏拉图的创作顺序(详下)。而 62c 节则叙述了"大家公认"的"掺假"的伪作,这个论断为后世所有学者所接受,而其内容也不再纳入柏拉图著作范围内。① 第欧根尼的这部分内容是古代对柏拉图著作真伪问题规模最大的一次清理,这样庞大的工程不太可能是他一人之力能够完成的,由此可见柏拉图著作真伪问题在第欧根尼时代可谓十分常见。

从整个第三章来看,第欧根尼撰写的是"柏拉图导读",②而中间所引的忒拉叙洛斯和阿里斯托芬的编排对比,以及作者明显偏向忒拉叙洛斯的立场,则不仅是简单地列举柏拉图的著作,而是表示作者所采信的一种阅读柏拉图的顺序(详下)。既然这是一篇"导读",那么其中的记载自然比寓言故事更为可信,尤其中间罗列的忒拉叙洛斯和阿里斯托芬的文献部分(这种史料是不可能伪造得出的),但它却并非柏拉图学园中人的"传灯录",其可靠程度当然要大打折扣。据西方学者分析,第欧根尼的生平和学说虽然都不详,但其传世的《著名哲学家的生平、学说和格言》(尤其全书最后一卷)明显偏向伊壁鸠鲁学派,在其他古代文献中也找不到证据说明第欧根尼是柏拉图主义者,因此,我们对于他大体可靠的记载还是

---

① 中译文参见第欧根尼·拉尔修:《名哲言行录》,马永翔等译,长春:吉林人民出版社,2003,第 171—222 页。

② 参塔尔兰特,《忒拉叙洛斯的柏拉图主义》(Harold Tarrant, *Thrasyllan Platonism*, Ithaca: Cornell University Press, 1993, 页 19)。

要保持一定程度的警觉,比如说他也许过分强调了忒拉叙洛斯在柏拉图文本史上的地位。至于说古人经常把传说和流言当成史料载入典籍,这种情形在第欧根尼那里似乎也无例外。

既然第欧根尼不是柏拉图的门徒,那么其"柏拉图导读"又是从哪里来的呢?其实,即便他是学园中人,他的"师门杂记"也必由来有自。有人认为他手中必然有忒拉叙洛斯的导论性著作,其3.1节讲述柏拉图生平的部分,似乎就是直接从忒拉叙洛斯那里来的。塔尔兰特(Harold Tarrant)分析了第欧根尼材料来源的五种可能性之后,认为第欧根尼的记载不是自己独创的,也不是直接承自忒拉叙洛斯,而是来自忒拉叙洛斯的后学,尤其是中间 57–61a 关于忒拉叙洛斯的那部分文献。

阿里斯托芬以降的亚历山大里亚编辑传统在忒拉叙洛斯以及第欧根尼那里的影响依然存在,而最为重要的是,同时代的柏拉图主义在第欧根尼编写的这部"导读"中影响甚巨。① 《著名哲学家的生平、学说和格言》第三卷 67 节以下对柏拉图"学说"长篇的讨论更多是"柏拉图主义"的论调,其中"灵魂、自然、善恶、正义"等问题正是第欧根尼时代的柏拉图主义者喜欢谈论的话题。

第欧根尼既不是学园中人,也不是柏拉图专家,他的材料虽与柏拉图主义者有着深刻的关联,但与柏拉图的思想相去已远,因此,他的文献记述虽较为可信,但无疑也有所夸大。② 至于说他对柏拉

---

① 塔尔兰特,《忒拉叙洛斯的柏拉图主义》,前揭,页 17–30。
② 当然,这种夸大也许是后人自己弄出来的。因为材料不足,后人便过分看重了他的记载,因此才会产生这样的错觉,认为忒拉叙洛斯是柏拉图著作"四联剧"编法的创始人以及柏拉图著作副标题的始作俑者,从而产生了"严重的误导"(gravely misleading story of Thrasyllus' role,塔尔兰特语,见《忒拉叙洛斯的柏拉图主义》,页 29–30),忽视了忒拉叙洛斯同时代柏拉图主义的影响,尤其忽视了柏拉图学园对于柏拉图文献的基准价值:最可信的记载当然在柏拉图的嫡系传人那里——只不过学园中人都把柏拉图的学说和文本视若珍宝,秘不示人,结果让外人的解释大行其道而已。

图义理的分析,则更多地反映了他那个时代的柏拉图主义的理论。柏拉图著作最权威的证据,迄今还在冰山之下。

2. 忒拉叙洛斯

今天我们所使用的柏拉图著作编排体系经过中世纪而来自忒拉叙洛斯。忒拉叙洛斯生卒年和出生地都不详(有学者认为他就是来自埃及 Mendes 的天文学家和数学家),我们仅仅知道他是罗马帝国第二任皇帝提比略(Tiberius,公元 14 - 37 年在位)的御用"监天正"(astrologer,或译"占星家")。忒拉叙洛斯也没有著作传下来,他的只言片语和编纂柏拉图著作的丰功伟绩都是靠他人(尤其是第欧根尼)的记载才为我们所知,①因此从第欧根尼那里再往前走,柏拉图的经学史大多是猜想,顶多是推测,一鳞半爪的材料很难帮助我们完整地了解事情的真相。当然,我们对这种材料不足征的情形也并不是完全束手无策。

从第欧根尼的记载可知,至少在忒拉叙洛斯时代,人们普遍认为柏拉图有三十六部作品,而其余诸如《西绪福斯》等著作,虽归在柏拉图名下,但肯定是伪造的。我们首先需要了解的是,忒拉叙洛斯是如何对待这三十六部作品的。有的学者认为忒拉叙洛斯不仅按照"四联剧"的模式编排了柏拉图全集,而且还在一定程度上校勘过柏拉图的著作,也就是说,我们今天所看到的柏拉图全集是经过忒拉叙洛斯处理过的。还有的学者认为忒拉叙洛斯虽然在柏拉图经学史上具有举足轻重的地位,但他毕竟不是柏拉图学园(包括雅典学园和亚历山大里亚学园)中的主持人(甚或其成员),因此算不得柏拉图主义者,②那么他的工作不过是利用柏拉图著作来"六

---

① 塔尔兰特把有关忒拉叙洛斯的材料收集在一起,见《忒拉叙洛斯的柏拉图主义》,页 215 - 249。

② J. M. Rist, M. R. Dunn 和 H. Doerrie 等人就把忒拉叙洛斯从柏拉图主义史中排除出去了,参塔尔兰特,《忒拉叙洛斯的柏拉图主义》,前揭,页 11。

经注我"而已。

在忒拉叙洛斯所处的时代,雅典学园尚在,而且亚历山大里亚学园的传统依然处于十分强势的地位,因此忒拉叙洛斯要在柏拉图著作的编校上下多大功夫,似乎不太现实。即便忒拉叙洛斯"编辑"过柏拉图著作,也主要是指他在形式上按照一定的体例来组织现成的文本,而不是指他在柏拉图著作内容上有什么重要的贡献——这种事情在雅典学园内部更为可能,而尤其是亚历山大里亚那些专业编辑的工作。再退一步说,即便忒拉叙洛斯在内容上有过编校行为,这与其外在的编排所产生的影响相比较而言,那也是微不足道的。换句话说,忒拉叙洛斯的历史功绩,不在于编校了柏拉图著作,而在于按照一定的形式排列了柏拉图的著作,由此给我们留下了柏拉图著作真伪的可能依据。

但柏拉图著作的这种四联剧形式真的是忒拉叙洛斯的首创吗?据第欧根尼记述,此前的阿里斯托芬已经用一种"三联剧"的形式来排列柏拉图的著作,忒拉叙洛斯的工作不过是在此基础上作了调整而已。而且阿里斯托芬的编排方法也并非自己的首创,它必定有所参照和模仿。现在越来越多的学者认为柏拉图著作的"四联剧"形式在忒拉叙洛斯之前很早就已经有了,从古罗马伟大作家瓦罗(Varro,前116 – 前27,曾在雅典学园求学)、新柏拉图主义的先驱阿尔比努斯(Albinus,公元2世纪)和亚历山大里亚"缪斯宫"(Museion,或作"博物院")最后一位"祭酒"泰翁(Theon,约 335 – 405)的记载来看,柏拉图著作也许一直就有某种类似于"四联剧"的编排方式,甚至我们可以大胆地猜想,这种形式很可能还是精通戏剧形式的柏拉图本人亲自安排的(泰翁即如此认为),其目的是为了让学生有一个正确的入门方法和阅读路径。①

忒拉叙洛斯为什么还要在雅典学园和阿里斯托芬已有的编排

---

① 参塔尔兰特,《忒拉叙洛斯的柏拉图主义》,页11以下。J. A. Philip 极力主张这个观点,认为老学园时期就有了这种"四联剧"方式。

方式上另起炉灶呢？对此，我们首先要搞清楚一个预备性的问题，忒拉叙洛斯编排的顺序不等于柏拉图写作次序，而毋宁是研读顺序——尽管研读顺序比写作次序（即所谓"编年"）重要得多，但它与柏拉图本人的意图似乎并无多少关系。而忒拉叙洛斯编排柏拉图著作的目的主要在于表达自己对柏拉图思想的理解，准确地说，主要是建立自己的"柏拉图主义"。在他的九组四联剧中，逻辑、伦理和政治占据了突出的地位，尤其是忒拉叙洛斯对逻辑、形而上学和宇宙论的强调，为柏拉图主义理论的"新柏拉图主义"转向奠定了基础。柏拉图主义虽然与新柏拉图主义有着很大的差别，但他们都有着对形而上要素（比如逻辑、数学和天文学）的偏爱，可以说它们联手把苏格拉底-柏拉图费尽心思从天上拉下来的哲学又送回了天上，偏离了"柏拉图式"的主航道。①

忒拉叙洛斯的学术身份虽然有些模糊，②他对中期柏拉图主义、新毕达哥拉斯主义、新柏拉图主义和早期基督教思想产生了很大的影响，却是有案可稽的。尽管他的编排方式是一种"六经注我"，但他毕竟为我们提供了一幅柏拉图思想全貌的参考图，尤其难得的是，他为我们保存了柏拉图著作真伪问题的一种可能的线索。③ 但那仅仅是可能的线索而已，真正可靠的线索也许还需要进一步发掘。特别值得一提的是，忒拉叙洛斯是柏拉图文本史上最后一个对柏拉图著作进行大规模收集、整理和编排的学者，他的普遍体系成为后世所有柏拉图全集的蓝本，也是"真伪"问题最常用的证据。从忒拉叙洛斯-第欧根尼以后，学者们（尤其是新柏拉图主

---

① 塔尔兰特，《忒拉叙洛斯的柏拉图主义》，页9-10。
② 塔尔兰特在《忒拉叙洛斯的柏拉图主义》中认为忒拉叙洛斯是柏拉图主义者，而数年后他又认为忒拉叙洛斯与其说是柏拉图主义者，不如说是柏拉图式的学者（Platonic scholar），参氏著，《柏拉图最早的解释者们》（*Plato's First Interpreters*, Ithaca: Cornell University Press, 2000, 页77）。
③ 关于忒拉叙洛斯的柏拉图主义及其历史影响，参塔尔兰特，《忒拉叙洛斯的柏拉图主义》，页207以下。

义者)的兴趣逐渐转向了对柏拉图著作的评注,①这种细致深入的注疏把柏拉图研究转到了正轨上,而这种"转向"对我们当今的柏拉图研究可谓极具范导性。

3. 阿里斯托芬

地中海南岸的埃及亚历山大里亚在公元前3世纪建立伊始,到斯蒂凡努斯(Stephanus,柏拉图文本标准本的编辑者)于公元616年奉诏离开亚历山大里亚赴君士坦丁堡任帝王师之前,一直都是西方两大文明中心之一。就文献的搜集、整理、出版和科学研究方面,亚历山大里亚甚至盖过了雅典的光芒,雅典在基督教兴起之后慢慢衰落,而亚历山大里亚则维系了百来年古希腊文明的命脉。

亚历山大里亚图书馆是当时西方最大的文献宝库,该馆第二任馆长拜占庭的阿里斯托芬(Aristophanes of Byzantium,前257 – 180)对柏拉图著作进行了最初的整理。据第欧根尼说,"有些人,包括文法学家阿里斯托芬,把这些对话(粗暴地)拖拉成了三联剧(trilogies,或译三部曲)"。② 但奇怪的是,在阿里斯托芬那里,只有十五部作品编排成了三联剧的形式,"其余的都是独立的,而且是混乱的"(3.62.4)。这是为什么?阿里斯托芬的编排与此后的忒拉叙洛斯的体系有什么不同,与此前的体系有什么关系?阿里斯托芬在文本上下了什么样的功夫,其可靠程度如何?

我们无法从第欧根尼的记载中看出阿里斯托芬手中究竟有多少柏拉图著作,塔尔兰特认为"其余的都是独立的,而且是混乱的"(3.62.4)这句话是后来加上去的,阿里斯托芬手上只有十五部作品,否则,他为什么不把所有著作都编排成三联剧的形式呢,换言之,如果他手中有柏拉图的所有著作,他一定会把其余的也编成三

---

① 塔尔兰特,《柏拉图最早的解释者们》,页80。
② 第欧根尼:《著名哲学家的生平、学说和格言》3.61.7 – 3.62.4;《名哲言行录》,前揭,第203 – 204 页,据希腊文有改动。

联剧形式。① 我认为这种说法较为武断。当时亚历山大里亚的藏书堪称世界之最,各种文献抄本大量送到这个皇家图书馆,各阶层也尽力搜罗和整理,比如就荷马史诗来说,亚历山大里亚拥有了各式各样的手抄本,其整理者才会弄出了如此可靠的编本、甚至是定本。② 由此推想,阿里斯托芬手上虽未必有柏拉图的全部作品,但可以肯定地说,至少不止十五部。

至于说为什么十五部作品编成了三联据的形式,而其余的是任其仍为散篇,这似乎不难解释:要知道,包括拜占庭的阿里斯托芬在内的亚历山大里亚的图书馆馆长全都是文法学家,而不是荷马专家,更不是柏拉图的徒子徒孙。与今天情况颇为相似的是,阿里斯托芬是语文学家,而不是哲学家或思想家,因此他无法像后来的柏拉图主义者忒拉叙洛斯那样吃透柏拉图思想的基本精神,并按自己的理解把柏拉图著作全都编排成一个庞大的体系(尽管柏拉图本人未必有什么体系),也就不足为奇了。

在我看来,阿里斯托芬不仅仅是简单地编排了柏拉图著作,而且对柏拉图文本肯定作过颇为细致的校勘——这是亚历山大里亚图书馆的本职工作。从亚历山大里亚精审、理性和严肃的作风来看,③阿里斯托芬的校勘颇为可靠,这一点亦可从 20 世纪中叶出土

---

① 塔尔兰特,《忒拉叙洛斯的柏拉图主义》,页 205。

② 参 Joachim Latacz,《荷马及其技艺与世界》(*Homer, His Art and His World*, tr. by J. P. Holoka, University of Michigan Press, 1996),页 68。

③ 他们在校勘荷马史诗时,就表现出了非常严谨的态度,参 T. W. Allen,《荷马:起源与传承》(*Homer: The Origins and the Transmission*, Oxford: The Clarendon Press, 1924),页 302 以下; cf. G. S. Kirk,《荷马之歌》(*The Songs of Homer*, Cambridge: Cambridge University Press, 1962),页 304 - 305; Andrew Lang,《荷马的世界》(*The World of Homer*, London: Longmans, Green, and Co., 1910),页 222 - 245;默雷,《古希腊文学史》,孙席珍等译,上海:上海译文出版社,1988,第 16 页。虽为旁证,亦可见一斑。

的莎草纸文献得到证实。① 据第欧根尼说有人在柏拉图的书中加上了各种符号,表示重点、精辟、修订、无误、存疑和伪作,并援引《芝诺的生平》的作者安提戈努斯(Antigonus the Carystian)的说法:当这些修订版后来得以出版时,如果有人想要借阅,还必须付费(3.65.6-3.66.9,《名哲言行录》,前揭,页206)。第欧根尼在此并没有说"谁"在柏拉图的书上进行了细致的校订工作,但这种做法是亚历山大里亚典型的编辑手法,而且希腊作家安提戈努斯(公元前3世纪末)稍晚于阿里斯托芬,由此可见,上述工作极有可能是亚历山大里亚的编辑家(也有可能是雅典学园中的本派学者)所为。无论如何,从时间上看,这个编者不可能是指忒拉叙洛斯。

这种谨慎严肃的编辑态度亦表明阿里斯托芬的工作成果颇为可信,当然,正如我们前面所述,由于他不是柏拉图学园中人,也不是思想家,因此他的工作范围、效果和成就不得不打一些折扣——毕竟,柏拉图亲传弟子才是最可靠的材料来源。

这一点从第欧根尼的记载中亦见得端倪,即阿里斯托芬在分类时更加注重柏拉图著作的文学性(尤其戏剧性),而忒拉叙洛斯的分类则更看重其哲学的内涵,或者说为柏拉图经学史增添了哲学解读的维度(3.50.1-4)。② 而阿里斯托芬与忒拉叙洛斯的这种区别似乎也可以用在阿里斯托芬与此前柏拉图专家之间的关系上,也就是说,柏拉图学园内部有一种四联剧编排方式(尽管其具体内容与忒拉叙洛斯有异,但形式并无不同),而阿里斯托芬用希腊化时期常见的三联剧形式来编排柏拉图著作,显然与柏拉图经学史主流不合,故第欧根尼才会说阿里斯托芬"把这些对话(粗暴地)拖拉成了

---

① 塔尔兰特,《忒拉叙洛斯的柏拉图主义》,页104-106。
② 在塔尔兰特看来,这也许是受到亚里士多德学园第十一代掌门人安德罗尼柯(Andronicus,鼎盛于公元前1世纪中后期)整理亚里士多德著作的启发(《忒拉叙洛斯的柏拉图主义》,前揭,页106)。

三联剧"(3.61.8)。① 这里的批评意味不是来自阿里斯托芬与忒拉叙洛斯的比较(前者毕竟先于后者),这里的"拖拉"一词所体现出的"粗暴"含意显然是与此前一直就存在着的柏拉图文本史传统相比而言。由此反证,阿里斯托芬之前的雅典学园有一种自己秘而不宣的编排体系或教学进阶。

4. 雅典学园

真伪问题最权威的证据应该来自于亲眼目睹。柏拉图最初几代弟子就见证了乃师的创作生涯,阅读并引用过老师的著作,因此,他们的记述当是最为可信的。其中,亚里士多德跟随柏拉图学习达二十年之久,本人也是一位伟大的思想家,他的材料当然比圈外人可靠得多。此外,亚里士多德另立门户后,执掌柏拉图学园的历代学者作为柏拉图著作的保存、宣教和使用者,他们的记述无疑也非常重要,只可惜他们流传下来的文本非常有限,而最为重要的是,在柏拉图学园中(尤其早期),一直有一个严格的秘传制度,外人、后人和蠢人很难窥其堂奥,即便博学如阿里斯托芬者都很可能一知半解,何况今人乎。所以从根本上说,柏拉图著作的真伪问题是一个不太可能有最终答案的问题,除非今后出土更直接的早期学园的文献。在这个意义上说,现在讨论柏拉图著作的真伪问题意义不大,还不如直接研究那些归在柏拉图名下的文本更来得实在。如果这个真伪问题对我们有什么教义的话,就在于让我们明白柏拉图学园中(包括在柏拉图本人那里)为什么会存在着这种秘传制度。

现代学者(比如博尼兹[Hermann Bonitz],1814 – 1888)对亚里士多德的著作进行了梳理,找出了亚里士多德与柏拉图著作千丝万缕的关系。在亚里士多德的书中,同时提到柏拉图(有时提到的是

---

① 关于"(粗暴地)拖拉"一词的解释,参塔兰,《学园:柏拉图、菲利普及托名柏拉图的〈厄庇诺米斯〉》,前揭,页4注10以及相关文献。

"苏格拉底")及其著作名的有《斐多》《王制》《会饮》《墨涅克塞努斯》《蒂迈欧》和《法义》，未提到著作名但很容易辨识出是引用自柏拉图的有《美诺》《斐德若》《泰阿泰德》《智术师》和《斐勒布》(以及《王制》《蒂迈欧》和《法义》)，相似地提到苏格拉底之名的有《申辩》《普罗塔戈拉》和《欧蒂得谟》，提到著作名称却未提及柏拉图之名的有《高尔吉亚》("《高尔吉亚》中的卡利克勒斯"云云)《希琵阿斯后篇》(还包括《美诺》《斐多》《斐德若》和《蒂迈欧》)。除此之外，还有大量的段落很可能涉及柏拉图的其他著作，比如《治邦者》等。① 大体说来，亚里士多德所涉及的这些著作当是真作。

柏拉图去世之后，他的著作原稿在什么地方，这个问题似乎无从考证，但他的学生们必定拥有各种各样的抄本，以作研读和教学之用。我们可以肯定地说，柏拉图的第一代学生就已经开始收集柏拉图著作，尽管他们并不是有意识地要像今人那样弄出个柏拉图著作集来，但他们拥有柏拉图所有作品(至少拥有其抄本)，因此柏拉图全集显然以某种零散的方式存在于雅典学园中。

据第欧根尼所载，"阿尔凯西劳斯(Arcesilaus)似乎非常崇拜柏拉图，并且拥有他的著作"(4.32.9 – 4.33.1，中译本第246页)，这里所说的"崇拜"一词，与亚里士多德《形而上学》开篇所用的那个"惊异"是同一个词。这位阿尔凯西劳斯(约公元前316 – 241年)之所以对柏拉图如此仰慕，这似乎不难理解，他毕竟是柏拉图学园的第六任掌门人(前五位分别是斯彪西波[Speusippus]、色诺克拉底[Xenocrates]，普莱莫[Polemo]，克兰托尔[Crantor]和克拉底[Crates]，不算亚里士多德的话)，也是中期学园的开创者。② 不好

---

① 格斯里，《希腊哲学史》，前揭，卷4，页41。策勒尔也作过类似的研究。
② 柏拉图的思想在古代的继承和接受可以分为三个时期，柏拉图主义、中期柏拉图主义和新柏拉图主义，这里的"柏拉图主义"是一个专名，指柏拉图去世后一直到公元前130年左右，这段时期的学园较为忠实于的思想。中期柏拉图主义从大约公元前130年(安提俄库斯[Antiochus]出生)至(转下页注)

断定的是,阿尔凯西劳斯究竟拥有多少柏拉图的著作(有人认为拥有柏拉图的所有作品)。不管他是私人收藏,还是替整个学园保管,我们可以推想,他必定拥有柏拉图的绝大多数著作,甚而可说就是柏拉图的全集。① 而且这些版本的可靠性无疑是最高的,比学园外的抄本自然更权威。第欧根尼归在忒拉叙洛斯名下的功劳(3.57.9 – 3.58.1),即为柏拉图著作所加的双重标题(人名和主题),也很可能是早期学园所为,应该算在柏拉图的嫡系传人身上。

在格罗特看来,忒拉叙洛斯的编本是直接从阿里斯托芬那里来的,而阿里斯托芬的目录则应该追溯到柏拉图及其稍后的老学园时期。② 他认为,如果我们回过头去看亚历山大里亚的缪斯宫和图书馆,我们会进一步相信,柏拉图的著作必定完完整整和原封不动地传到了卡里马库斯(Callimachus,约前305 – 前240,亚历山大里亚的学者和诗人)手中,因为柏拉图学园中的历代门徒无疑都把柏拉图的原稿作为伟大思想家的圣物而倍加珍视,这些手稿自然也就是各种抄本的母本,其间不可能掺杂什么伪作(至少在学园内部是如此),如果有什么托名之作,还没有等它传到亚历山大里亚,学者们早就把它剔除出去了;即便在学园之外有伪托之作,严谨的亚历山大里亚学者也会有相应的记载,任何伪作

(接上页)公元204年新柏拉图主义创始人普罗提诺出生,这个时期的柏拉图研究夹杂着大量的新毕达哥拉斯主义、怀疑主义、斯多亚主义和犹太教思想等。新柏拉图主义则持续到雅典学园于公元529年关闭,更为注重神秘主义和形而上学。而第一个阶段的柏拉图主义又可以分为三个更小的时期,即"老学园"(从柏拉图到克拉底[Crates]),"中期学园"(阿尔凯西劳斯发端)和"新学园"(卡尼阿德斯[Carneades]前214 – 129年?)。

① 参塔尔兰特,《忒拉叙洛斯的柏拉图主义》,前揭,页203。
② 参塔兰,《学园:柏拉图、菲利普及托名柏拉图的〈厄庇诺米斯〉》,前揭,页5。

都不可能以真作的形式瞒过历代注疏者而以假乱真流传到今天。①

真是像格罗特所相信的那样吗？我们且通过一篇作品，即《厄庇诺米斯》，来探个究竟。

三、《厄庇诺米斯》的真伪

如前所述，19世纪的疑古风潮把《厄》打入了"伪作"的行列，在没有充分理由的情况下轻易否认了柏拉图的著作权。但这种情形随着格罗特和雷德尔(Hans Raeder)而大有好转，从此以后，里特尔(C. Ritter)、哈瓦德、泰勒等人极力证明《厄》是柏拉图的真作。

不过，仍然有不少学者认为《厄》不是柏拉图的作品，海德尔(W. A. Heidel)就从《厄》的冗长、语言和运用对话的方式等方面判断它不可能是柏拉图的作品。但海德尔的影响还不够大，米勒(F. Mueller)于1927发表的博士论文就对《厄》的现代研究产生了巨大作用，尤其是他从风格的角度否认《厄》的真实性，为现代柏拉图研究开启了一个十分重要的路向：风格学。米勒的观点立即得到了帕斯夸利(G. Pasquali)的支持，里特也随即倒向了这一边。

几乎与此同时，哈瓦德为其翻译的《厄》所写的导言中认为该书在风格上十分接近《法义》，仅此一点即足以有效地证明它出自柏拉图之手。泰勒稍后注意到了米勒的著作，并于1929年出版了一部专著逐点反驳米勒的观点。

1931年，温斯洛·泰勒对泰勒和米勒之争作出评论，他认为后

---

① 格罗特，《柏拉图与其他苏格拉底同伴》(G. Grote, *Plato and the Other Companions of Socrates*, London: John Murray, 1867)，卷1，页132–169；另参潘戈，《政治哲学之根》，"编者导言"，前揭，页6–8。

者的观点虽然并非很有说服力,但亦予以支持。

从此以后,学者们在《厄》的真伪问题上就明显分化成了两派,即以德斯·普拉斯(Édouard des Places)、波斯特、雷德尔和诺弗特尼(F. Novotny)等人支持泰勒,是为"赞成派"。另一方,米勒、温斯洛·泰勒为"反对派",不承认《厄》的真实性。米勒指导的学生H.李尔亦主要以风格学为武器支持乃师的观点。到了1951年,G.米勒虽从风格特征方面支持米勒和温斯洛·泰勒的说法,但亦采信泰勒和哈瓦德的观点,认为《厄》的大部分内容都能够与《法义》相比勘,其观点有所缓和。①

塔兰(Leonardo Tarán)详细地考察了从古至今的几乎所有关于《厄》的研究,并在详注本中对《厄》的版本、内容、结构等方面作了极为深入的分析,得出结论,《厄》既不是柏拉图的著作,也不像第欧根尼所说的那样,是柏拉图的弟子菲利普(奥波斯的斐利普)所作,而是柏拉图早期学园中某个学者所作,②我们至今仍然无法知道《厄》的作者是谁。这种观点虽看似颇为客观中正,但仍然遭到了施特劳斯及其弟子的批评,认为这种看似中庸的观点其实仍然不到位。③ 下面我们且来逐一分析。

1. 古代的证据

亚里士多德在其著作中并没有提到《厄》,但据哈瓦德和泰勒的研究,亚里士多德是熟悉《厄》的,其《灵魂论》(De Anima)411a12中所提出的看法很可能是建立在《厄》984d关于五种物的

---

① 这方面的文献较多,对于一般读者来说也太过琐碎,这里不一一列举,有心者可参考塔兰,《学园:柏拉图、菲利普及托名柏拉图的〈厄庇诺米斯〉》,前揭,页3-19,尤其页14-15,以及书后相应的参考文献。

② 塔兰,《学园:柏拉图、菲利普及托名柏拉图的〈厄庇诺米斯〉》,前揭,页138。

③ 参潘戈,《政治哲学之根》,"编者导言",前揭,页15-16。

理论上的,而430a18在语言上似乎也是在重复或模仿《厄》。亚里士多德在撰写《论动物各部分》(*De Part. Animal*)641b18时,脑子里似乎想着《厄》982a7。尤其明显的是,当亚里士多德在《形而上学》1073b9差不多肯定就是在回应《厄》987b8中的说法,泰勒还绘声绘色地把亚里士多德这种回应描述成一种"憎恨"和"报复"。① 不过哈瓦德和泰勒的说法只能证明《厄》与亚里士多德有一定的关联,而无法说明柏拉图就是《厄》的作者,同样完全可能的是,《厄》是亚里士多德的同时代人的作品,而且在那个时代,对灵魂、天体、始基等问题的共同关注似乎不稀罕,也并不能证明什么问题。

最早提到《厄庇诺米斯》之名的是拜占庭的阿里斯托芬(见第欧根尼3.62.2),在他仅有的五部三联剧中,他就把《厄》算作了柏拉图的真作。让人觉得颇费思量的是,《厄》所在的三联剧位于五组三联剧的正中,而不像忒拉叙洛斯那样,把这组对话放在最后。而且,阿里斯托芬的这组对话的内在顺序也颇不"规范"(其他各组亦类似):《法义》、《米诺斯》和《厄庇诺米斯》,与忒拉叙洛斯的顺序(《米诺斯》、《法义》、《厄》)有所不同。就故事情节和内容来说,忒拉叙洛斯的排序是正确的。对于阿里斯托芬的证据,反对者认为由于阿里斯托芬把明显伪造的文本(如《米诺斯》和某些信札)算作了柏拉图的真作,因此在真伪问题上,他的话不能作为可靠的证据。而在赞成派看来,阿里斯托芬的话是可信的,他毕竟"去古未远",而且是一位严肃的学者,因此,他的话表明从公元前3世纪也就是柏拉图去世不到百年的时间起,人们就把《厄》

---

① 参哈瓦德,《柏拉图的厄庇诺米斯》(J. Harward, *The Epinomis of Plato*, Oxford: Clarendon Press, 1928),页29 - 30。另参泰勒:《柏拉图:生平及其著作》,同前,第704页。泰勒在这里语气温和了许多,只是说:"无论如何,我们必须承认,这部著作亚里士多德是知道的,他在《形而上学》1073b9中,暗中小心地提到它"。

当作了柏拉图的真作。①

西塞罗最早提到《厄》中的某个段落,并把它看作是柏拉图的观点,也就是说,西塞罗把《厄》当作柏拉图的真作来引证。自此以后,古人就把《厄》当成真作来看待。哈瓦德为了证明西塞罗的证据,全文引用了西塞罗《论演说家》3.6.20 – 21,并认为西塞罗的话指的是《厄》991e2。② 但反对者认为不能把西塞罗的话当作可靠的证据来看,因为到西塞罗时代,人们已经把明显的伪作收进了柏拉图全集,甚至早在公元前3世纪,柏拉图著作中的鱼龙混杂现象就已经非常严重了,到西塞罗时代,以讹传讹自是不足为奇。而西塞罗、特翁、扬布利科斯(Iamblichus)、克莱门特(Clement)、优西比乌(Eusibius)等人都把《厄》当成真作来引证,亦出于同样的原因,都作不得数。

在古代,明确提出《厄》不是柏拉图作品的差不多只有新柏拉图主义者普罗克洛斯(Proclus,410 – 485),这位集雅典学园和亚历山大里亚两派学识于一身的博学鸿儒却提出了让人百思不得其解的看法。据奥林匹奥多罗斯(Olympiodorus,495 – 570)的《柏拉图哲学导论》(*Prolegomena to Platonic Philosophy*)所载,普罗克洛斯否认《厄》的真实性,其理由主要有:1)柏拉图没有时间写作《厄》。柏拉图尚未修订好《法义》就辞世了,而柏拉图不会在还没有修改好《法义》的情况下再去写另一部其他什么著作。2)《厄》与柏拉图其他著作不一致。在《厄》中,从西向东的运动被称为"向右"的运动,而

---

① 参塔兰,《学园:柏拉图、菲利普及托名柏拉图的〈厄庇诺米斯〉》,页4 – 5。另参泰勒:《柏拉图:生平及其著作》,同前,页27 – 28 和页703 – 704。

② 哈瓦德,《柏拉图的厄庇诺米斯》,前揭,页30 – 31;另参泰勒:《柏拉图:生平及其著作》,同前,页27。西塞罗的《演说家》,见王焕生译本(北京:中国政法大学出版社,2003)页517。

在柏拉图对话中(比如《蒂迈欧》36c)中则被称为"向左"的运动。①

对于普罗克洛斯这种非常不充分的论证,泰勒和哈瓦德等人对之进行了猛烈的抨击,认为普罗克洛斯的第一条论据恰恰已经把《厄》假定为另一篇对话录(而且柏拉图大部头著作必定耗费时日,在如此漫长创作某一部大书的同时,他完全可能抽出时间写一部小书),而论据二又不能说明任何问题,因为柏拉图著作中的不一致之处很多,如果照这种理解,那么整个柏拉图全集都可能是"伪作"。泰勒总结说:"普罗克洛斯显然不知道在他自己那个时期之前,关于《厄庇诺米斯》的任何可疑之处,都已被试探过了。因为他完全凭论据而不是凭证据作为排斥的依据。此外,他的论据不恰当,因为他所抱怨的'与《法义》不一致',在《厄庇诺米斯》里有,在《法义》里同样也有"。②

也许正是出于这种考虑,普罗克洛斯才会甚至于怀疑《王制》的真实性。不过普罗克洛斯这种不太有力的反驳对于《厄》这篇重要的著作还没有构成足够的威胁,真正把《厄》排除在柏拉图著作之外,并且还把其著作权赋予某个特定的人(柏拉图的学生),从而对《厄》的真实性予以致命打击的,是第欧根尼的记载。现代人多据以判案,由此显得十分重要,值得专门提出来讨论。

2.《厄》的著作权

在古代的证据中,赞成派和反对派其实都找不到足够的理由来支持自己的论点。我们不能简单地说"没有反对这篇对话录真实性的真正的古代证据",③也不能仅仅凭作品中实实在在的"不一致"

---

① 泰勒,《柏拉图:生平及其著作》,同前,第704页注释1。另参哈瓦德,《柏拉图的厄庇诺米斯》,前揭,页32–33;塔兰,《学园:柏拉图、菲利普及托名柏拉图的〈厄庇诺米斯〉》,页8–13。

② 泰勒,《柏拉图:生平及其著作》,同前,第28页。

③ 泰勒,《柏拉图:生平及其著作》,同前,第703页。

就判定《厄》是伪作。① 那么,《厄》究竟出自谁之手呢?如果我们能够找到它的作者,那么我们就不难判决其归属,而其真伪问题似乎也就迎刃而解了。

现代学术界之所以把《厄》看作是伪作,其中一个非常重要的理由仍然来自第欧根尼,他在《著名哲学家的生平、学说和格言》中有这样一段记载:

> 有人说奥普斯的菲利普从蜡版上把《法义》誊抄了下来,据说《厄庇诺米斯》也是他的。②

泰勒说:"在近代,依靠这一句话的力量,断言《厄庇诺米斯》是菲利普所编著的《法义》的一个附录,已习以为常"。③ 为什么会有这种结果呢?第欧根尼这句话究竟是什么意思?

第欧根尼这句话的前半部分虽然在语言上没有什么疑问(除了"抄写"一词外),④但却给人产生了这样一种印象,或者毋宁说印证了亚里士多德模棱两可的说法:⑤《法义》是柏拉图的最后一部著作。人们由此再进一步想象(仅仅是想象而已),柏拉图还没有来

---

① 塔兰分析了《厄》与《蒂迈欧》的关系,并认为"《厄》并不真正与《蒂迈欧》相抵牾"(《学园:柏拉图、菲利普及托名柏拉图的〈厄庇诺米斯〉》,页11)。

② 3.37.7-9,《名哲言行录》译法似乎有错(第192页)。

③ 泰勒,《柏拉图:生平及其著作》,同前,第28页。

④ "抄写"一词在希腊语中另外还有"复制、重写和更正"等含意,如果理解为"更正"之类的含意,那么菲利普在柏拉图《法义》成书过程中的作用就太大了。但第欧根尼的用法以及此处语境都无法作如此理解。无论如何,该词只能译作"抄写"(参塔兰,《学园:柏拉图、菲利普及托名柏拉图的〈厄庇诺米斯〉》,页130注543)。

⑤ 亚里士多德在《政治学》1264b27中说《法义》是柏拉图"比较晚出的著作"(吴寿彭先生译文,见中译本第61页;英译者Ernst Barker亦译为later,即"后来的"),而这句话也可以理解为《法义》是柏拉图"最后的著作"。另参塔兰,《学园:柏拉图、菲利普及托名柏拉图的〈厄庇诺米斯〉》,页132注554。

得及对《法义》进行修订润饰就去世了,这部最重要的政治哲学著作当时还是写在蜡版上的草稿,是他的学生菲利普把它抄下来整理发表的。因此,如果《厄庇诺米斯》的故事情节正好接在柏拉图最后一部著作之后的话,那这部归在菲利普名下的"柏拉图式的著作"毫无疑问是伪作,至多不过是对柏拉图文风笔调和思想主题的刻意模仿。

这句话后半部分的解释就出现分歧了。格罗特、泰勒和哈瓦德极力维护柏拉图对《厄》的著作权,把这句话解释为《厄》也不过是菲利普从蜡版上抄下来的,因此它归根结底还是柏拉图的作品。但反对者认为这种理解是一种故意的曲解,尽管这句希腊文因简洁而显得有些含混,但我们绝不能把它理解作"菲利普也抄下了《厄》",而只能照字面意思理解为"他(菲利普)也是《厄庇诺米斯》(的作者)"。① 于是,围绕这句话而对《厄》的著作权产生了三种意见:1)菲利普所作,2)柏拉图口授而由菲利普记录,3)既非菲利普所作,亦非出于柏拉图之手,而是柏拉图某个不知名的第一代弟子所作。下面我们来逐个分析,最后提出自己的一点点补充。

那些简单接受第欧根尼说法的人自不足论,而另一些学者则似乎找出了足够的证据来支持菲利普的著作权。耶格尔(Werner Jaeger,1888－1961)从亚里士多德与《厄》和柏拉图《法义》的关系出发,联系到《厄》对柏拉图独特的所谓"理念论"的态度与《王制》有所不同等原因,便采信了第欧根尼的说法。耶格尔的理由是,首先,菲利普是柏拉图的秘书和为柏拉图作传的亲密弟子,跟随柏拉图多年,充分理解柏拉图的思想,也知道柏拉图的写作计划。其次,菲利普注意到了《法义》所留下的一个未完成的计划,也就是横亘在公民和统治者之间的教育鸿沟,于是菲利普就如何教育统治者或如何让君王更有智慧等问题而作了《厄》以作为《法义》的补充。再次,

---

① 塔兰,《学园:柏拉图、菲利普及托名柏拉图的〈厄庇诺米斯〉》,页24。

菲利普是学园中最好的数学家和天文学家,其知识背景亦能说明《厄》是他的作品。最后,菲利普写作《厄》得到了学园的授权和同意。耶格尔因此得出较为温和的结论,《厄》即便是菲利普所作,但其基本思想乃是直接从宗师柏拉图那里来的,因此"我们不能把《厄》称为伪作"。①

当然,耶格尔的这种看法亦遭到了泰勒和哈瓦德等维护柏拉图对《厄》著作权的学者的质疑。② 在他们看来,菲利普既不是学园的掌门人,也不是非常重要的门徒,即便要整理柏拉图的著作,似乎也还轮不到他。此外,如前所述,学园诸生在柏拉图去世后就开始收集这位圣人的著作,这批亲炙弟子必定知道那些著作是柏拉图的手札,而且他们对老师的崇敬之情怎么可能容忍他人的作品混入宗师的全集中?因此,《厄》要么是柏拉图亲手所撰,要么是他口授并监督完成的。③ 而且尤其重要的是,第欧根尼的这句话在整个柏拉图著作史上似乎找不到其他相似的旁证,此前虽有人曾提到过一些著作出自"菲利普",但那些"菲利普"都不是这个菲利普,而且没有人提到过这位菲利普与《厄》的关系,因此根据"孤证不立"的原则,第欧根尼这句话不能作为证据来看待。况且,第欧根尼的记载常常把不同传统和学派的说法都收入其著作中,让人很难取舍。

塔兰对这位菲利普进行了细密的梳理,辑出了所有关于他的古代文献,得出如下结论。菲利普生卒年不详,大约小柏拉图十岁,即是柏拉图的学生,也是苏格拉底的学生。历史上也有学者(如斯蒂凡努斯,普罗克洛斯,普鲁塔克,斯多巴依沃斯[Stobaeus]等)提到

---

① 耶格尔,《教育:希腊文化理念》(Werner Jaeger, *Paideia: the Ideals of Greek Culture*, Translated by Gilbert Highet, Oxford: Oxford University Press, 1944),卷3,页214,另参页242, 262, 337注12;另参卷2,页297。

② 哈瓦德,《柏拉图的厄庇诺米斯》,页41-47;另参泰勒:《柏拉图:生平及其著作》,同前,第28-29页。

③ J. A. Philip, R. Pfeiffer 和 C. W. Mueller 等人就如此认为,参潘戈,《政治哲学之根》,"编者导言",前揭,页10-12及相关文献。

过菲利普,但他们所谓的菲利普是柏拉图的"秘书"和"传记作者"的说法也不大靠谱。塔兰通过分析,认为菲利普和柏拉图两人都不拥有对《厄》的著作权,因此最好保留着这样的可能性,即《厄》是早期学园的另一位成员所作。①

我们虽无力调停和评判他们的争论,但我们注意到了这场争论中大家似乎忽略了两点,可以聊作补充。首先,从"据说"一词来看,第欧根尼的语气本来就十分勉强,他似乎并不特别相信这种说法,否则又何以马上把《厄》归入阿里斯托芬和忒拉叙洛斯的编排中呢?就算第欧根尼颇为赞同这种"据说",就算这种"据说"是古人引用文献的习惯,但"风闻言事"的证明效力无论如何也是极其有限的。其次,第欧根尼在这里"据说"的内容与下文他所记载的阿里斯托芬和忒拉叙洛斯的编排明显是矛盾的,如果《厄》真的是菲利普所作,而阿里斯托芬和忒拉叙洛斯却把它编进了柏拉图著作中,第欧根尼为什么没有对此提出异议?从第欧根尼的行文来看,他明显站在忒拉叙洛斯的立场上(反对阿里斯托芬),肯定了忒拉叙洛斯的编排。因此,我们大体可以推断,第欧根尼既然认可了其目录中的《厄》,也就说明第欧根尼不相信此前关于《厄》是菲利普所作的说法。

3. 计算机分析

自计算机诞生不久,学者们就开始用这种先进的方法来分析柏拉图作品。从20世纪50年代以来,计算机就用于编辑准确的术语辞典,编纂古典作家的索引,确定作品的大致时间,甚至用来辅助判断作品的真伪。② 这对于那些认为人脑判断总免不了主观随意因而十分迷信科学的人来说,似乎更为客观公正,但电脑分析的实际

---

① 塔兰,《学园:柏拉图、菲利普及托名柏拉图的〈厄庇诺米斯〉》,前揭,页115-139。

② 参格斯里,《希腊哲学史》,前揭,卷4,页49。

效果往往让人啼笑皆非,就连使用这一技术来分析柏拉图著作的真伪和编年的人都知道,模仿就能够愚弄计算机,而且即便计算机能够分析出什么结果,它也无法对此作出什么深刻合理的解释。比如,在《斐德若》230 - 234 中,斐德若转述吕西阿斯(Lysias)的一篇文章,计算机似乎无法判断出这篇文章究竟是以下哪种情况:吕西阿斯的真作;吕西阿斯所作而由柏拉图改动;完全是柏拉图所作,不过是在模仿吕西阿斯而已;完全是柏拉图所作,而且不是在模仿吕西阿斯,即与吕西阿斯无关;其他某个不知名的人所作,柏拉图只是照录而已。① 下面我们简单参考一下计算机的分析成果,不惟其有价值,更为其有趣。

《厄》虽然被现代学界认为全然缺乏柏拉图的风格,而且在形式和内容上都极有缺陷,但根据计算机的分析,《厄》在风格学上比其他任何对话——不管是晚期的还是早期的对话——都更接近《法义》,与柏拉图后期著作具有一种强大的"姻亲关系"。经过连篇累牍的数据列表和复杂的公式计算后,雷吉尔(Gerard R. Ledger)得出结论说,"必须把《厄》接受为真作"。作者进一步认为,不管《厄》的学术价值多大多小,但它从根本上说,"都并非配不上《法义》的作者"。在作者看来,与其把《厄》看作是一篇独立的对话,不如把它看作是为《蒂迈欧》预先所作的准备(precursor)。②

根据作者的研究,在整个柏拉图对话中,有四篇对话尤其与柏拉图材料的主体部分十分相似,甚至比传统所认为的真作更接近柏拉图全集的核心对话,因此不可否认这四篇对话在柏拉图真作中所应该占有的一席之地。这四篇对话是《书简七》《厄庇诺米斯》《希琵阿斯前篇》和《阿尔喀比亚德前篇》,前两部著作近于《法义》,而

---

① 雷吉尔,《重述柏拉图:对柏拉图风格的计算机分析》(Gerard R. Ledger, *Re - Counting Plato: A Computer Analysis of Plato's Style*, Oxford: Oxford University Press, 1989),页 93, 104。

② 同上,页 148 - 151。另参见 197。

后两部著作在整个柏拉图全集中最为接近《王制》,以至于没有理由拒绝它们。此外,《墨涅克塞努斯》和《克利托普丰》是真作,但《阿尔喀比亚德后篇》《希普帕库斯》《希琵阿斯后篇》《米诺斯》《忒阿格斯》以及《书简二》和《书简十三》有可能是伪作,"因为它们似乎处于柏拉图的风格范围之外"。但作者并没有为自己极不情愿所宣布的判决打上"终审"的印鉴,他紧接着就说:"另一方面,它们可能是柏拉图的早期著作,写于其形成期(formative years),在其风格尚未发展成形之前,有反常现象(abnormality)也是可以理解的。"① 这种判断虽不足为凭,但似乎也略有启发:伪作和"少作"之间本来就难有界线。

颇为有趣的是,按照作者用于分析的某些参数,《书简七》《厄庇诺米斯》和《墨涅克塞努斯》是真作,而有几篇本属于柏拉图的主流作品倒不符合这些参数,其中就有《王制》和《高尔吉亚》。也就是说,据计算机分析,《厄》是真的,而《王制》倒有可能是伪作!② 更为有趣的是作者对《厄》的计算机分析,其结果把它抬高到了让人惊讶的地步,《厄》《阿尔喀比亚德》《书简七》《希琵阿斯前篇》和《忒阿格斯》的作者"比柏拉图还柏拉图"(are more like Plato than Plato is like himself)。③

由此可见,计算机的分析结果似乎只能姑妄听之,聊作参考。

四、真伪问题的实质

学术史上有所谓"真伪问题",这本属正常,比如年代久远文本保存不善,比如为了让自己的作品更具合法性和神圣性而把它寄托

---

① 同上,页168-169,另参见199-200。
② 同上,页125。
③ 同上,页121。

在某位大思想家的名下,再比如编纂者由于不是特别熟悉某位古人的著述情况而无意中把他人所作的相似文献误收入文集中。凡此种种,都是可以理解的,但现代人对柏拉图著作真伪问题的考订,就颇有些特别之处(且不说不正常),除了一般真伪问题的常见原因之外,还有两个特别的缘由,一是柏拉图本人的原因,二是现代人的误读,也就是现代性的后果。

柏拉图著作的真伪问题更多地与柏拉图本人的思想和柏拉图学派的教学要求相关,而现代人不太理解柏拉图思想的这些特点,就很容易按照常识去判别"柏拉图"全集中的著作之真伪,从而产生误判。其中,现代人对科技(包括语文学等科学方法)的信仰以及由此而带来的主体性观念(亦体现在现代解释学中)所产生的"致命的自负",就是这种误读误判最重要的原因,因此柏拉图著作真伪问题上的这两个原因,同时也是真伪问题的本质之所在,而且两者还内在地互为因果:柏拉图隐微的写作技艺造成了现代人对他的误读误判,而现代人不能充分理解柏拉图,恰恰是囿于现代性的观念。从某种意义上说,柏拉图著作的真伪问题就是一种古人和今人的隐匿对话,即是"古今之争"的一个面相和实例。

1. 柏拉图的写作技艺

要了解一部著作是不是某人的作品,一个重要的检测手段是考察该作者的写作技艺。在古代,写作技艺在一定程度上就体现了作者的思想倾向和旨趣——尽管这个维度在现代要么显得无足轻重,要么压根就被遗忘了。①

众所周知,柏拉图是一位写作大师,他高超的文字技巧把他精妙的思想包藏得严严实实,那些不配了解它的人就会被挡在柏拉图

---

① 参施特劳斯的文章《注意一种被遗忘的写作艺术》("On a Forgotten Kind of Writing"),见施特劳斯,《苏格拉底问题与现代性》,刘小枫编,彭磊、丁耘等译,华夏出版社,2007。

思想的大门之外,这也是柏拉图故意采用对话体来写作的原因之一。这方面的研究文献可谓汗牛充栋,我们只需要举出与本文相关的第欧根尼的证言即可,他说,"柏拉图使用了各种各样的术语,以使那些无知者不那么容易理解他的学说"(3.63.1-2,中译本第204页)。① 为此,第欧根尼才会在介绍了柏拉图的真作和伪作之后,还长篇大论地解析柏拉图隐微的思想。

柏拉图深知写作的局限性(参《斐德若》274a 以下),故而在自己的作品中塑造了许多形象,借众人之口来表达自己的思想(而不仅仅只有苏格拉底才是柏拉图思想的代言人,苏格拉底所批判的忒拉绪马霍斯也是)。② 我们很难了解这位文体风格大师,且不说柏拉图思想的深邃,就是其高深莫测的写作技巧亦会让人眼花缭乱而不明所以,结果据说后世对柏拉图的任何解读都不过是"盲人摸象",任何自以为是的研究结论其实不过是冰山一角而已。对此,我们如何能够判定柏拉图著作的真伪呢?除非我们对他的思想和写作都有全面、深入而准确的了解,我们才有可能知道他会写些什么以及如何写,也只有在此基础之上,我们才能够判断其作品的真伪。但如果在思想和写作方面后世难有其俦的话,柏拉图著作的真伪问题似乎就不幸而变得扑朔迷离。反过来说,现代关于其著作的真伪问题,其源头就在柏拉图本人身上。我们甚至不妨设想:这正是柏拉图故意如此布下的疑阵,现代人不识庐山真面目,说不定恰恰是柏拉图希望看到的结果。

---

① 另参塔尔兰特,《忒拉叙洛斯的柏拉图主义》,页209。

② 阿尔法拉比:《柏拉图的哲学》,程志敏译,上海:华东师范大学出版社2006,页51-52。另参施特劳斯,《阿尔法拉比如何解读柏拉图〈法义〉》(Leo Strauss, How Farabi Read Plato's Laws, In *What is political philosophy*? p.153),另参氏著《迫害与写作艺术》,刘锋译,北京:华夏出版社,2012年,页9-10。另参普瑞斯编,《谁为柏拉图讲话?柏拉图的匿名者研究》(Gerald Press A. (ed.). *Who Speaks for Plato? Studies in Platonic Anonymity*. Lanham: Rowman & Littlefield Publishers, Inc., 2000)。

这种隐微写作在古代并不鲜见,柏拉图的高足亚里士多德也是如此写作的。德国哲学史家邓尼曼(W. G. Tennemann, 1761 – 1819)说:"柏拉图利用了每一个思想家所享有的权利,即是在他的发现中只传授他认为适宜于传授的那么多,而且只传授给某一些他认为有能力接受他的学说的学生。亚里士多德也有一个通俗的和专门的哲学,但是有一点不同,就是这种区别在亚里士多德那里只是形式上的,而在柏拉图里面则是实质的区别。"① 这里的"通俗"和"专门"就是我们所说的"显白"和"隐微",亚里士多德在其《政治学》1323a22 – 23 中亦对此进行了区分。② 只不过,让人甚为遗憾的是,公元 2 世纪的哲学家琉善都还能认识到亚里士多德(和柏拉图)这种巧妙的写作技巧,③但随着新柏拉图主义的兴起,这种表达高深思想的高超技巧就逐渐消失在愈来愈露骨和直白的思想及其表达方式中了,到了现代,人们甚至不承认这种区别。④

正如泰勒所说:"柏拉图对自己的伙伴所作的讲授,端赖在学园范围内现场的心智交融中及时地对它重视,因而根本不必把它书写下来。恰如我们以后看到的,这已经造成(对我们来说)不利的后果,使我们只能从亚里士多德著作的附注中去了解柏拉图在最重要的问题上内心深处的根本信念,这正是我们最想了解的东西。"⑤ 柏拉图这种"不立文字"的心传,不仅对我们了解其思想真相造成了

---

① 黑格尔,《哲学史讲演录》,贺麟、王太庆译,北京:商务印书馆 1960 年,第 161 – 162 页。

② 吴寿彭把"显白"一词译为"院外课程",Ernest Barker 的英译本(*The Politics of Aristotle*, Oxford: Oxford University Press, 1946)则把它译作 works intended for the general public[为一般公众所写的著作]。

③ 琉善,《出售哲学》,刊于《罗念生全集》,上海:上海人民出版社,2004,第六卷,第 411 页。

④ 黑格尔并不承认"隐微"和"显白"的区分,他在引用了邓尼曼那段关于隐微与显白的说法后,斥其为"毫无意义的说法"(同前)!

⑤ 泰勒,《柏拉图:生平及其著作》,同前,页 21。

不利的后果,即便对于我们判断其著作真伪,也造成了不少的麻烦。① 我们无法简单地归纳柏拉图的思想,同样也就无法简单地判断哪些著作才是他的真作。

柏拉图这种隐微的写作和表达技巧,同时也是他以及他所开创的学园所采用的教学手段。② 柏拉图及其学园继任者在教学中注重因材施教,即根据学生的心智和才能而实施分阶分级的教学,通过五个步骤逐渐消除谬见而获得真理,学生在这五个阶段分别阅读不同的书籍,因此"柏门五阶"既是柏拉图著作阅读阶梯,也是柏拉图学派入道的五个步骤。对于那些不适合的学生,就绝不传授与之不宜的学问,也不让他们阅读不相宜的柏拉图著作。后世目为伪篇的《厄》就是柏拉图学园的入门书籍之一,③而《阿尔喀比亚德前篇》在柏拉图学园中,只有那些"理想的学生"(ideal student)才能够研读。④ 如此隐微,普通门人弟子又怎么可能接触到柏拉图的所有著作呢,又怎么可能知道哪些是真作哪些是伪作呢? 门人都如此严格,何况外人乎!

---

① 雷吉尔,《重述柏拉图:对柏拉图风格的计算机分析》,前揭,页 73 以下。

② 关于雅典学园的建立,可参见柏拉图写给自己的外甥、学园第一任掌门人斯彪西波的信(不过这封未见于史册的信只是由 18 世纪的一个修士抄下来的,其可靠性还有待进一步证实,不过亦可作为我们了解柏拉图思想及其学园建设的辅助材料,至少可以作为后人对学园建设的思考),见布雷默,《柏拉图与学园的建立:基于新发现柏拉图书信的研究》(John Bremer, *Plato and the Founding of the Academy: Based on a Letter from Plato: newly discovered*, Lanham: University Press of America, Inc., 2002)。

③ 关于柏拉图学园(尤其后期)的课程设置,参彼特,《希腊与叙利亚的背景》,刊于纳尔斯与李曼编《伊斯兰教哲学史》(F. E. Peters, "The Greek and Syriac background", in Seyyed Hossein Nasr and Oliver Leaman (ed.), *History of Islamic Philosophy*, London: Routledge, 1996),页 46-47。

④ 参塔尔兰特,《忒拉叙洛斯的柏拉图主义》,页 38-46。

2. 现代思想方法的局限

现代人利用风格学（stylometry）和文体学（stylistics）等语文学的手段来检测柏拉图著作的真伪和为其排序，取得了一定的成果。① 但对于柏拉图这样高明的风格文体大师，我们似乎很难用什么风格学的方法去衡量他，因为毫不夸张地说，柏拉图比任何古代作家都更广泛和精巧地利用了风格学这一工具，而且尤其重要的是，"他常常试验新的形式，常常引入新的方式方法"，我们很难指望能发现一种明确而严格的"真正的柏拉图式风格"。②

因此，柏拉图在自己的作品中经常出现"不一致"甚至"矛盾"，我们似乎都应该把它视作柏拉图的深刻用意之所在，而不是柏拉图的"败笔"和"伪作"——如果没有特别过硬的证据证明它是伪作的话，仅仅凭风格、矛盾和不一致是无法判断其真伪的。由此看来，《厄》与柏拉图其他著作在理论、形式和风格上即便实实在在有不一致甚至相反的地方，也不能据以判断《厄》就是伪作，正如前面所述，同样的矛盾和不一致亦存在于柏拉图其他著作之间以及存在于比如说《王制》和《法义》内部。

因此，当我们发现《厄》的作者用了许多"非柏拉图式的"（un-platonic）词汇时，我们一定得小心，这也许是他人刻意的模仿，也有可能是柏拉图故意为之，我们不要忘记：苏格拉底式的"装样子"是柏拉图的创作。③ 这对于理解柏拉图恐怕也是适用的。此外，如果说《厄》的用词与柏拉图大不相同，比如说《厄》中有某个词

---

① 参格斯里，《希腊哲学史》，卷4，页48–52。

② 参忒斯勒夫，《柏拉图风格研究》（H. Thesleff, *Studies in the Styles of Plato*, Helsinki: Suomalaisen Kirjallisuuden Kirjapaino, 1967），页7, 33。另参潘戈，《政治哲学之根》，"编者导言"，前揭，页6–8。

③ 塔兰就判定《厄》978c1–2 和981b3–986a7 等处与《蒂迈欧》不合（穆勒认为980d3 非柏拉图风格），因而不是柏拉图式的，参氏著《学园：柏拉图、菲利普及托名柏拉图的〈厄庇诺米斯〉》，前揭，页245, 262 等处。

(例:976a3 中的"蹂躏",976b4 的"偏离",981d2 的"可动的")不见于柏拉图其他著作中,也就是说,该词在柏拉图全集中只出现过一次,而这一次就是在《厄》中,这也不能说明《厄》就是伪作。因为这种情形在荷马史诗那里也存在着,比如后来大受哲学家关注的 physis 一词在《奥德赛》中就只出现过一次(10.303),而作为"礼法"一词的 thesmos 在荷马史诗中也只出现过一次(《奥德赛》23.296)。

要知道,在柏拉图晚期的三部作品《蒂迈欧》《克里提阿》和《法义》中,共出现了大约 1500 个"新"词汇,这些词语在柏拉图其他作品中都未曾出现过,而且有些词汇甚至在他那个时代的所有文学作品中都没有见过过![1] 如此一来,我们又该如何相信文体和风格在分析柏拉图著作真伪中的作用呢?

从总体上说,语文学的方法其实颇为狭窄,而且也是最含混和最靠不住的(slipperiest and shakiest)方法,这也愈来愈成为学者们的共识。[2] 单靠风格文体的方法,几乎无法检测出任何一篇"伪作"来,[3]因此许多学者(如纳托尔普[Natorp]和伊弥西[Immisch]等)拒绝风格学这种方法。正如德国著名的古典学者维兰莫威兹所说:"那种试图把阿提卡最伟大的文章大师与坚硬固定的规则绑在一起的做法,注定要失败。"[4]只不过在现代思潮的背景下,这位古典学大家虽然否认了风格学对柏拉图的适用性,但自己同样陷入了现代语文学的泥潭中。维兰莫维茨对语文学这种科学方法的"迷信",在一定程度上说,亦成了否认古典思想的帮凶——语文学、解释学

---

[1] 龚伯茨(T. Gomperz)语,参潘戈,《政治哲学之根》,"编者导言",前揭,页 15。
[2] 潘戈,《政治哲学之根》,"编者导言",前揭,页 14。
[3] 塔兰,《学园:柏拉图、菲利普及托名柏拉图的〈厄庇诺米斯〉》,前揭,页 15–16。
[4] 维兰莫威兹语,参潘戈,《政治哲学之根》,"编者导言",前揭,页 14。

和语言哲学本身就是孪生姊妹。①

即便高明的哲学家在看到语文学局限的同时,似乎也同样不能摆脱现代性的窠臼。黑格尔即对语文学的方法有所批判,他站在哲学的立场上斥其为"琐细"和"多余":

> 我们有理由回到柏拉图,借以重新学习什么是思辨哲学的性质,但是用过度的热情把它说得一般的是如何的美妙优胜,也有些无聊。我们必须站在这样的地位,这就是说,我们必须认识到我们时代的思维精神的要求,或者不如说我们必须具有这种要求。再者,从语文学的观点去研究柏拉图,如施莱尔马赫先生所作的评注那样,对这个或另一个次要的对话去作批判的考察,看看是真的或是伪品(按照古代人的证据,绝大部分是无可怀疑的)——这对于哲学也是多余的,这也是属于我们时代过分琐细挑剔的批判。②

黑格尔这段批判现代语文学的话语,亦无非是要论证现时代的"时代精神"之高妙,以打击那些认为古人(如柏拉图)"美妙优胜"之类的"无聊"崇拜,证明自己的伟大。③ 这样一来,黑格尔颇有见

---

① 关于现代语文学对古典思想的解构或破坏,参特纳,《荷马问题》,刊于《荷马新指南》,前揭,页 123 – 145。关于现代某些古典学者对古典学的负面贡献,参汉森与希斯著,《谁杀死了荷马?古典教育的终结与希腊智慧的重现》中相关文字(Hanson, V. D. and John Heath, *Who Killed Homer? The Demise of Classical Education and the Recovery of Greek Wisdom*, New York: The Free Press, 1998, passim)。

② 黑格尔,《哲学史讲演录》,同前,第二卷,页 160 – 161。

③ 黑格尔,《精神现象学》,贺麟、王玖兴译,北京:商务印书馆,1996,上卷,页 21 – 22。在黑格尔那里,现代人(主要是他自己)研究的是"更深的原理,更难的对象和范围更广的材料"(黑格尔:《逻辑学》,杨一之译,北京:商务印书馆,1966,页 21)。

地的批判同样不过是现代性的论调而已,与现代语文学的立场其实别无二致,而对柏拉图著作真伪问题——乃至于对整个古典思想的研究,似乎都具有灾难性的后果。

结　语

对于"柏拉图著作真伪"这个既复杂又简单的问题,我们似乎还需要对其核心观念进行界定。一般说来,文献学意义上的"真"本来没有什么好讨论的,出自柏拉图之手的著作就是"真"作。但在文献不足征的情况下,文献学意义上的"真"无法自我证明,而必须与思想上(或哲学意义上)的"真"联系起来的时候,这个本来十分简单的问题就变得复杂起来了。而且当文献与哲理的两种"真"交织在一起的时候,前者似乎就已经不那么重要了,我们此时更加关心的是这样的文献(不管是不是"真"作),究竟能够给我们的"思想之真"带来什么样的意义或内涵,在这个意义上,我们可以说"这些著作的真伪问题对于研究柏拉图的人来说其实没什么大不了的(of no great importance)"。①

就算我们首先必须弄明白文献学意义上的"真伪"(愈来愈多的人怀疑这种问题的必要性),我们也需要区分在这个问题上的"强硬"立场与"温和"立场。换句话说,有人所谓的"真作"乃是一字不差和原封不动出自该作者之手,这就是强硬的立场;而有人主张如果某件作品即便经过后世的编辑加工甚至有所篡乱,加上了其他的东西在里面,只要与该作者思想契合,那么也算是该作者的"真品",这种立场就温和多了。②

---

① 参格斯里,《希腊哲学史》,前揭,卷4,页41。
② C. W. Mueller 的观点,参潘戈,《政治哲学之根》,"编者导言",前揭,页13–14。

顺着这个方向,我们甚至可以再往后退——既然这个真伪问题对于哲学思考来说"其实没什么大不了的",即如果我们暂时找不到《厄》的作者,而它又与柏拉图如此密切,我们不妨有所保留地把它归在柏拉图名下。实际上,到目前为止,《厄》真伪问题的赞成派和反对派都拿不出过硬的证据,或者说现有的证据无法支持任何一派,那我们似乎就只好相信古人(比如说阿里斯托芬和忒拉叙洛斯)。愈来愈多的学者认识到,我们没有理由去否认古人的话,更没有必要把现代人出于某种主体性心理需要的想法加在古人头上。①

不可否认,《厄》与柏拉图其他著作之间的确存在着许多不一致之处,比如说《厄》更强调天文、数术,而不重视辩证法,《厄》主张"五行",在"四根"即火、水、气、土之外,还加上了一种后来为柏拉图主义和新柏拉图主义特别青睐的"以太"(981c5-6),而柏拉图的主要著作则只谈到了"四根"。② 但这似乎并不能说明什么真伪问题,难怪有的学者认为"我觉察不出《厄》与《法义》的文风之间有什么语言的差异,因此证实《法义》明显没有受到编者甚至微不足道的、本来会消除细小的语词上的不精确和矛盾的修订这一事实,使我不能相信柏拉图的及门弟子竟然把他们中某一人的作品当作柏拉图的作品发行。……因此我确信,对这篇对话录流行的怀疑,仅仅是真正应归咎于现在已驳倒的、19 世纪初对《法义》的纯正性种种抨击的偏见"。③ 这句话无疑很有见地,同时也大可用来评价泰勒本人对《米诺斯》等作品的怀疑,以子之矛,攻子之盾。

由于年代久远,我们很难去判断古人作品的真伪。比如《论

---

① 参格斯里,《希腊哲学史》,前揭,卷 4,页 39,格斯里说:"我们没有理由怀疑古人的定论(verdict),也没有理由把这些著作[按:指《论正义》之类的伪作]强加(saddle)给柏拉图。"

② 参格斯里,《希腊哲学史》,前揭,卷 5,页 385-386。格斯里在这里采纳了塔兰在《学园:柏拉图、菲利普及托名柏拉图的〈厄庇诺米斯〉》中的观点。

③ 泰勒,《柏拉图:生平及其著作》,同前,第 703-704 页。

语》,我们基本上无法考证出某条语录是哪个门徒或哪个再传弟子所记,而且这种"记录"是不是多多少少带有创作的成分,也殊难厘清,毕竟《论语》与《朱子语类》大不相同。在这方面,我们无法像弗里德伦德(P. Friedländer)那么乐观,他认为《厄》的某些部分是柏拉图撰写或口授的,甚至过分天真地相信"彻彻底底的分析有可能把柏拉图本人所撰写的部分从那些属于奥普斯的菲利普的部分中甄别出来"。① 其实,在《淮南子》中辨析出哪一篇文章出自哪一位宾客之手,这既无可能,也无意义,除非有现成可靠的材料。

《厄》的可靠材料掌握在柏拉图亲传弟子手中,即如前所说,柏拉图学园(尤其早期)是柏拉图著作真伪的最大权威,只可惜这个伟大的思想团体宗奉柏拉图的隐微理论,外人和后人很难窥得柏拉图著作的全貌,既无法领其思想要旨,也无法判断其著作之真伪。因此,真伪问题的最终解决只能寄希望于出土更为全面和直接的早期柏拉图学园的文献。我们对柏拉图早期学园和前面几代弟子的深入研究也有可能帮助我们确定真伪问题,不过我们目前在这方面的研究还较为薄弱。在没有铁证的情况下,我们最好还是先把《厄》视为柏拉图的"真作"——尽管它所主张的理论与正统的柏拉图学说略有不同,但我们还不能因此就判定它是伪作。我们没有充分的证据判定《厄》就是伪作,甚至更宽泛地说,"在故意要冒充柏拉图著作的意义上,它们中的任何一篇都没有理由被看作是'伪造的'"。②

我们似乎没有理由怀疑古人的品质(如果可以把"伪造"看成是一种蓄意的"恶"的话),他们无论是对神话传说还是对待客观的史实,似乎都不会故意说谎和伪造。我们毋宁把那些与历史的真实有一定出入的记载当成一种神圣的记忆,而记忆是容许出错

---

① 塔兰,《学园:柏拉图、菲利普及托名柏拉图的〈厄庇诺米斯〉》,前揭,页132注553。

② 泰勒,《柏拉图:生平及其著作》,同前,第24页。

的。但即便是模糊的记忆,也必定传达着一些美妙的东西:记忆女神毕竟是缪斯女神的母亲。因此我们可以在更为深刻的层面上理解古人各种各样的记忆,包括关于《厄》的种种传说,也包括那些更靠不住的宗教传说,一如库朗热的评价:

> 确实,这种记忆对我们来说意义非凡。没有它们,希腊人与罗马人的传说就不足为凭。那些传说故事,因离我们今人的习惯及思想与行为的方式太远,使人很难相信它们是真的,或且认为只是些古人不切实际的幻想罢了。但由古代的史记给我们留下的记忆,却使我们确信,古人对他们的历史怀有一颗诚恐诚惶的心。……无意的错误、轻信和夸张是可能的,但有意的说谎则是不可理解的,因为这是一种恶,是对神圣史记的侵犯和对宗教的歪曲。……对于欲弄清古代的历史学家来说,他们有理由相信,虽然史记中存在着可商榷的错误,但绝无胡编乱造的事实。①

这种说法完全可以用来概括柏拉图著作的真伪问题。

我们目前没有理由说《厄》等著作是伪篇,这并不表明我们对它所表达的思想就毫无警觉,而且我们并不是要忽略甚至抹杀《厄》与柏拉图其他著作之间的区别,恰恰相反,我们越注意其间的区别,我们越怀疑它与柏拉图有关,越觉得这中间可能隐藏着某种更深刻的东西。这种感觉有如格罗特对那些反对派的批评:我们越了解现代人对《厄》等著作真实性的怀疑,就越觉得与这帮学者分道扬镳乃是非常明智的。② 而实际上,学界的确也越来越接受格罗

---

① 库朗热,《古代城邦:古希腊罗马祭祀、权利和政制研究》,谭立铸等译,上海:华东师范大学出版社,2006,第160页。

② 格罗特的话,参格斯里,《希腊哲学史》,卷5,页383注3。

特的看法——至少在风格学证明越来越不怎么样的今天。① 人们现在对这些"伪作"的最低纲领是：先不要急于给它们判死刑，正如泰勒所说，"不管关于《厄庇诺米斯》的真相可能是什么，我至少确信，要假定认为它不是柏拉图的作品，尚言之过早"。②

在这种"言之过早"的情况下，我们应该充分认识到《厄》等作品的价值，这或许才是我们应该干的正事。越来越多的学者认识到，包括《厄》在内的所谓"伪篇"，都包含了大量柏拉图及其早期学园的学说，对后世产生了巨大的影响，③配得上"柏拉图著作"之名，在柏拉图全集中应该占有一席之地。④ 这些伪篇在古代不仅被视为"真作"，而且还往往被视为"柏拉图思想"的入门指南，比如阿尔法拉比（870－950）就把《阿尔喀比亚德前篇》和《厄》当作了柏拉图思想的门径。⑤ 就《厄》来说，泰勒甚至认为，"如果《厄庇诺米斯》是伪造的，那么，在整个《柏拉图全集》里发现的对算术哲学的最重要的见解，其纯真性我们必须不予置信"。⑥ 也就是说，如果我们怀疑《厄》的真实性，那么整个柏拉图思想体系似乎就会摇摇欲坠。至少，拒绝《厄》等"伪篇"，我们对柏拉图思想的理解必然会狭窄很多，甚至还会产生一定的偏差。⑦

柏拉图研究事业还有很长的路要走，西方也是如此（迄今似乎还没有一个权威的"研究版"或"评注版"全集——柏拉图《法

---

① 参雷吉尔，《重述柏拉图：对柏拉图风格的计算机分析》，前揭，页82。
② 泰勒，《柏拉图：生平及其著作》，同前，第29页。
③ 关于《厄》在柏拉图主义形成过程中的影响，参塔兰，《学园：柏拉图、菲利普及托名柏拉图的〈厄庇诺米斯〉》，前揭，页155－167。
④ 参格斯里，《希腊哲学史》，前揭，卷5，页383；另参潘戈，《政治哲学之根》，"编者导言"，前揭，页13。
⑤ 阿尔法拉比，《柏拉图的哲学》，同前，第39－40,51页。
⑥ 泰勒，《柏拉图：生平及其著作》，同前，第27页。
⑦ 参伍德布里奇，《阿波罗之子：柏拉图的主题》（F. J. E. Woodbridge, *The Son of Apollo: Themes of Plato*, New York: Biblo and Tannen, 1971），页38－39。

义》的详注本至今还未完成),我们应该借鉴公元1世纪到公元6世纪柏拉图经学史发展的经验,把我们的工作重点从外在的真伪问题上转移到柏拉图著作的"内在"研读上来,直接受益于柏拉图及其亲炙弟子,而首要的任务就是对柏拉图著作逐一进行评注和疏解,真正拜领古人恩赐。"吾生也有涯,而知也无涯"(庄子),信矣!

本书所辑录的文章,出自西方为数不多的翻译者和研究者之手,他们对《厄庇诺米斯》的理解或者算不上出彩,但绝对踏实可靠,因为他们的研究都是以自己的翻译为基础。其中,第一篇是哈瓦德为其翻译的《厄庇诺米斯》所写的导言,第二篇是劳埃德为泰勒翻译的《厄庇诺米斯》所写的导言,最后三篇是塔兰为其注疏的《厄庇诺米斯》所写的长篇解读文章。本书的"《厄庇诺米斯》导引"由我翻译,其余由湖南怀化学院崔嵬翻译。

程志敏
2011年7月于
西南政法大学政治学院
古典学研究中心

《厄庇诺米斯》概疏[①]

哈瓦德

一、重点分析

973a-974d2 克莱尼阿斯(Kleinias):在这里我们依照我们所达成的一致,主要是为了制订出获取智慧的研究课程。

雅典异方人:我们将从一个主张开始,即认为幸福(happiness)是普通人命运(lot)的一部分。极少有人能在他们的此生中拥有它,但是仍然有希望在死后获得。痛苦是我们在婴儿、孩童、少年和老年各个时期的主要特征。只有在中年的时候有一段还过得去的(tolerable)日子。关于幸福稀有的证据就是智慧阻碍我们以同样的方式来寻求它。人们相信幸福的存在,而且相信能够获得幸福,但是人们不知道那究竟意味着什么。

克:我们只希望你能阐明清楚。

974d6-976C6 雅:我们首先要阐明那些技艺以及各种形式的知识,它们并不是智慧,分别如下:

农业(人类逃离同类相食和兽类捕食状态的方式)。

建筑,木工,金属工,陶冶,编织等等。

各种形式的捕猎。

占卜——(预言家不能明白他自己的讯息)。

[10]模仿的技艺:表演,文学,音乐,绘画。

[①] 哈瓦德,《柏拉图的厄庇诺米斯》(Harward, J., *The Epinomis of Plato*, Translated with Introduction and Notes, Oxford, 1928),本文为其导言。

防卫的技艺:战略,医术,航海术,法庭上的演讲术。

自然的恩赐:记忆力强,头脑灵活。

976c7-977b8:除了所有这些以外,我们将要找寻的是某种类型的知识,它们能使其拥有者被认为真正明智。什么类型(form)才是所有类型中最先的和最重要的条件?这就是数的知识。正是这个神的恩赐使人获得拯救。把数赐予我们的是乌兰诺斯神,此神也是人类享有所有好事物的源泉——因为滋养万物的季节正是由于天体的旋转才产生的。

977b9-978b6 数的重要性和进一步的证据:如果人类没有关于数的知识,就不能对任何事物给出理性的解释,也不会获得最重要的德性——智慧,尽管他也会获得其他德性,如勇敢和节制。由于不能获得完全的善,就不能幸福。技艺离开了数不能前进一步,这个事实已经足够证明数是所有知识的基础。更为重要的是,我们把事物中神性因素的知识和真正宗教的可能性都归功于数。我们也把音乐和总体上善的事物归功于数,却不把邪恶归咎于数。因为邪恶来自于无序的运动,或者说是没有数的运动。没有基于数的知识,我们不能对德性的基础给出令人信服的证据。

[11]**978b7-979b2** 我们最初是如何学会数数的:神赐予我们自然的能力,又让我们看它是如何运行的。通过观察日夜的交替,我们学会了数到二,而二以上的数则是通过计算天体学会的。我们学会十五的整体是通过月盈亏的周期,而学会数之间的关系则是通过将月份联合成年。我们靠一年四季的变化过活,若是从不利的环境中遭受灾难,那仅仅是因为我们没能适应环境。

979b7-d7 摘要重述:我们已经发现了某种类型的知识能使人显得明智,而现在必须考虑拥有它的人是否真正明智。

979d7-980c6:插曲。摆在讲话人面前的是一个困难的任务,但是雅典人承诺继续讲,并且他的听话者承诺继续听。如果智慧只是某种单一的东西的话,我们就得考虑它是什么,而如果智慧不止一种的话,那它的形式又有哪些。接下来,我们也许会被允许以一种伟大而高贵的游戏来谋划一个新的更好的神学。这必须以祷告开始。

(所有的人一起静静地祈祷)。

其余摘要：

(A)980c7-988e5 新的神学——即科学天文学,它拥有一种关于灵魂和诸种形体结合之可能性的理论。

[12](B)988e5-992b1 那可以使人明白新神学的教育即是天文学,它跟在数学之后,并同辩证法一起。此种训练定然只给予那些精心挑选的有天赋之人。

(C)992b1-992e 结论。此种教育如能恰当地用于恰当的资质之上,就将培育出智慧而幸福的人和夜间议事会的合适成员。

对这些部分的较完整分析：

1. 新神学

980c7-981a6 介绍：我们想解释生命的各种形式,这种解释也应该同制定的原则(《法义》,章10)相协调,此原则即是神的眷顾布施于大大小小每一个事物,神不会为祈祷者的正确或错误所动。我们应以以下事实作为起点,即灵魂优于形体而且更加古老庄严。

981a7-982a3：一个生物是灵魂和形体在单一形式内的结合。关于形体有五种形式,而关于灵魂却只有一种。形体的形式有：火、水、气、土、以太。生物有五种次序,每个生物中有一种是最重要的要素。土性次序构筑了所有动植物的生命,而火性次序构筑了所有的可见天体。

982a4-983c5：火性次序优越性的证据。(1)它们的运动是系统均匀的,并因此是明智的,而土性的运动却是杂乱无章的,[13]并因此是愚昧的。愚昧的人会有相反的观点,他们认为天体运动中的一致表明它们机械化而缺乏生命。(2)天体的体积巨大。体积是如此的巨大以至于不可能如此精密地运动,除非它们拥有生命和灵魂。

983c6 - 984b1:抽象并不是真正容易理解的,如对力量的抽象。只有两种存在,即灵魂和形体。宇宙中的每件事物均是这二者的产物。灵魂是可以理解的,而且还是唯一能够造成状态变化的原因。就算天体并非诸神,他们也是诸神造的形象,因此定要作为最美的形象来崇拜。

984b2 - d2:在另外的三种次序中,主要的成分有以太、气和水,它们分别被安置于火与土之间。

984d3 - 986a1:这个新的神学并没有影响对宙斯、赫拉等神的崇拜。但它确实把可见的诸神(即天体)置于众神中的最高位置。在诸神之后出现的是以太和气性的存在物,它们是不可见的,是诸神和人类之间的居间生物。它们能够看到人类脑中的思绪;他们偏爱好的行为而憎恶恶的行为;因为他们拥有快乐和痛苦的能力。神超脱了快乐和痛苦,而只拥有知识和智慧。水产生第五种次序的存在,它是一种独特的半神,有时可见而有时不可见。[14]明智的立法者不会去干涉那些已经存在的敬神形式,这些形式来自于启示、想象(visions)和神谕等。如果有人知道天体的事实,却不说出来,也不尝试确保它们的荣耀,难道他不会因此受到自己良知乃至整个世界的责备?

克:是的。
雅:我就是那个人。
克:说来听听。

986a7 - b3 雅:你得知道有八种权能(power)造成了天体的旋转。其中三种分别是太阳、月亮和恒星的运动。

986b3 - d3 离题话:所有这些旋转着的存在均是类神的;它们都同样拥有旋转的周期,这点必须得到认识和崇拜。所有这些都可以归于可见宇宙的整体,而它的次序正是神圣智能的作品。幸福属于那献身于观察这些,并在死后继续深思的人。

986d4-987d2 再说一次:已经提到了八个权能(powers)中的三个,还有五个。第四、五个权能以同太阳相同的步调运动。第四个即是晨星。第五个没有名字(即它不是以任何类似太阳或月亮之类的名词来定义的)。其原因是我们关于其名称的知识是来自于埃及人和叙利亚人,两地的气候让他们成为了最早的天文学者。一般来说,诸神的名称同这些星体联系了起来,[15]正如分别用阿佛洛狄特和赫耳墨斯来命名第四个和第五个权能一样。除了这些以外,还有三条如太阳和月亮一样自西向东运动的轨道,以及第八个权能(God),我们称之为"科斯摩斯",它以相反的方向运动。刚刚提到的三颗星的名称分别是:克洛诺斯,它是最慢的,宙斯其次,还有阿瑞斯。

987d3-988b7:希腊人的地理位置对于他们获得道德上的进步十分有利,却并不利于研究天文学。尽管希腊人接受这些知识较晚,他们仍有望将其推进到更深的领域,而且在其基础上建立更高形式的宗教。神安排了这个学习的领域,就必定知道此领域对人类的心智会产生怎样的影响,也定会因人有能力领会其教诲而高兴。

988b7-e4:人最初的宗教观是非理性的。那些最初的老师错误地让形体占据了第一的位置,并且认为运动是由形体的根源,如热、冷等造成的。另一方面,我们把灵魂放在第一位,并且认为灵魂能够推动其自身和形体一起运动。而且,正如我们相信灵魂是宇宙的根源一样,我们确实相信善总能战胜邪恶。

2. 新神学所要求的教育

988e5-990a2:回到摆在我们面前的困难,我们定认为善良的人是明智的。也许我们将会发现智慧是什么,[16]倘若我们能够找出一些美德的构成成分,离开这种美德智慧就不再可能。没有什么美德比虔诚更重要了；但是拥有最高资质的人（the best natures）总是缺乏虔诚，因为他们没有掌握正确的知识。这样的资质必定拥有两种品质：（1）情性的和谐（the right blend of temerament）；（2）智力的天赋。

如果这种有天赋的人接受了正确的教育，就能成为人类的领袖，而且还将能够阐明宗教礼仪以便人们能够毫无伪善地推行。让我们来描述一下能够使他们明智和虔诚的教育。

990a2-b4 能真正导向智慧的科目就是天文学；并不是那只研究天体的表面运动的天文学，而是那发现我们行星系统真正轨道的数学性天文学。

990b5-991b4 我们首先遇到的是月亮一个月的路线，和太阳一年的路线并有两个星体伴随着它。但是另外三个轨道复杂得多，我们必须对那特别有天赋的心智采用一种特殊的教育课程以解决这个难题。这个课程必须包括：

一、数的理论。

二、被误称为几何学（geometry）的科学，它通过把事物描述成面，真正处理的是不可测量的问题。

三、立体学（即立体几何），它仍然是以其自身的方式处理不可测量的问题。

[17]在这里出现的，数之间的关系和比率，以及它们所引起的序列的不同形式，是奇妙而神圣的。

991b5-992c3：在完成了这些课程之后，学习者要研究可见宇宙的起源和法则，伴随这个研究的是对辩证法的不断练习。从灵魂比物体更古老的信念开始，我们将从天体所展示的时间的精确性中明白世界布满了神灵。那些不能掌握所有这些知识的人将满足于祈祷。那些掌握了所有这些知识的将会明白，整个宇宙由一个天然的纽带联成和谐的系统。这种课程是居住于政治共同体中的人类获取幸福的唯一方式。只有那掌握了它的整个研究的人才是真正明智，也才能在死后逃离感觉的多样性，而成为单一体，不再是多面性格的混合体,以此获得完全的幸福。

3. 结论

992c 至结束。这里又把我们带回了我们开始的陈述中,即幸福只属于极少数人,也就是说这些拥有其他德性因素的人完成了学习的课程,以获得神的知识。这类人在他们年老之后,将担任最高的执政官,并成为夜间议事会成员。其余人必须在明智之人的引导下执行他们的宗教礼仪。

二、对话的结构

[18]三个谈话者根据预先的约定见面。没有谈到具体的时间和地点,而且在《法义》中也没有提到这个约定。但不难想象,这些谈话者在一个更长的谈话结束之前做了这样的一个约定。《厄》的目的在对话中不只一次提到,就是要确定何为智慧,以及怎样获得智慧。我们可以把它同雅典异方人在《法义》末尾(969a)所做的承诺联系起来,异方人说他将推动那已经草拟了章程的城邦的建立,方法是建议对最高的行政政体即夜间议事会成员进行高等教育。虽然那段文字并非定是一种承诺,但是《厄》最后几页清楚表明同那段对话相关联。

当我们回到《厄》时,我们发现在文本的二十几页中仅有大概三页文字处理了教育的问题。在这三页文字中,又只有一小部分可以说是描述了学习的课程;其余的大部分致力于评论学习的宗教方面。对话的前面部分致力于何为智慧的问题,却有一大段的文字处理了那些不是智慧的技艺。这些技艺被清除以后,智慧被认为是数学的知识,[19]它来自对天体这些被当作可见的众神的观察。最终,智慧被等同于虔诚;但是虔诚意味着完全掌握数学和天文学的知识,而心智的态度(the attitude of mind)就来自于此。哲人会一直把天体当作诸神;他确信整个自然的统一是受神圣智力引导的单一系统,这是其信条的核心。

当我们深入到对话中,它的宗教方面的内容变得越来越突出;看起来真正在作者心中的事,恰是要为希腊宗教的大规模改革而扫清道路,以至于对可见诸神即天体的崇拜会取代对神话中诸神的崇拜(尤参985d4及以下)。对于这样的暗示,雅典人不得不小心谨慎,并且留意保护自己的立场,偶尔表明自己并不希望妨碍既存的信仰和礼仪,而且这些信仰和礼仪会在德尔菲神谕的指引下进步。但是很明显的是,雅典人的确以广泛的变化为目标,而且强烈地感受到已存的神学不再适应明智之人的宗教的建立。雅典人的起点是灵魂的学说和灵魂先于形体,正如在《法义》第十章中的论述一样。雅典人认为可能当主要成分为火的灵魂附于形体之时,正是灵魂最为自由的时候,而且也正是在那时[20]才受纯粹理智(intelligence)的引导。通过观察天体,人的心智同宇宙智能运作相联。因此,天体是哲人最合适的研究对象,也是庸众最合适的崇拜对象。

柏拉图的星体诸神也许会被当作幼稚的概念。亚里士多德在他的散佚对话《论哲学》中认真提到此概念,以致对欧洲的思想产生了持续的影响。在古代,尽管星体诸神并没有取代神学中的旧神,除了伊壁鸠鲁主义者,大多数人相信天体是有生命的。这个信念一直持续到中世纪,而且其论述方式同《厄》在巴斯的阿忒拉尔德(Athelhard of Bath)①的自然问题中相同。开普勒(Kepler)就持有这个观点,一直到他发现了行星运动的法则(参赫夫丁,《现代哲学史》[Höffding, *Hist. of Mod. Phil.*],卷1,页171)。就是至今它也并没有失去吸引力;相同观点可在杨赫斯本著《自然之心》(Sir Francis Younghusband, *Heart of Nature*)页117及以下中

---

① 我要感谢由奥斯本于1920年9月11日在《墨尔本的阿尔戈斯》(W. A. Osborne, *Melbourne Argus*)中所发表论文提供的信息。

找到。

可能的话,如果柏拉图在学园中的一些晚期作品致力于这种品性的教育,以及他本就希望对于宗教改革的想象能够被众学生们推行,那么毫不奇怪,柏拉图最后的作品是这样的一部对话,其真正目的是向后人们暗示关于这个主题的观点是什么。作品的语言提供了一种暗示,这部对话是出自一个[21]失位之人(a man whose powers were failing)之手,而且也没有得到作者的最终修订。也许,死亡阻碍了他的写作。

三、柏拉图对何为智慧的回答

对话开篇所讨论的以及末尾所回归的主题,就是这个古老的问题,即"在何处可以找到智慧"。在古代,一个知名的题目就是"哲人(Philosopher)"。柏拉图写作《智术师》(*Sophist*)和《治邦者》(*Statesman*)之时,就有以一篇对话来继续这个话题的想法。这个预期的计划并没有实现,对话也没有写成。也许,当写作《法义》的计划出现在脑海中时,他感到这部作品对世界更有作用。然而,当把所有原要放入《法义》中的材料删除之时,柏拉图又想起了某个没有完成的计划,于是在没有想到要最终修改其大作的情况下,他或已为"何为智慧"的答案制作了初步的蓝图。① 这样的对话很自然地包括了[22]对夜间议事会教育的草图,从而也会成为对《法义》的一种补充。

---

① 雷德尔(Raeder, *Platons Phil. Ent.*, P. 354)提出,柏拉图的许多准备在 Philosopher 中发展的思想都在《厄》中具体阐明。也许长段关于技艺的说明实际上只是早期作品的一个草稿。一些关于 Philosopher 的评论可以在坎佩尔的《智术师与普洛提科斯》(L. Campbell, *Sophistes and Ploiticus*, Introd. to *Polit.*)页 56 找到。

尽管《法义》并没有完成,但是也有可能从中知道,柏拉图会如何回答在其生命结束时提出的问题。柏拉图的态度不同于希伯来诗人(Hebrew poet),他们认为神圣智慧(the Divine Wisdom)是对人的投机行为的阻碍和反对,要求对广袤的宇宙保持敬畏,对宇宙的强大力量和精心创造的多彩生命表示惊异,同时培育消极德性以避免邪恶。柏拉图会为弥尔顿的上帝概念所震惊,上帝作为一个"伟大的建筑师",他会

> [大建筑师]聪明地把其余的事/向人和天使隐瞒起来,不向/精究者,宁向赞叹者透露秘密。(《失乐园》,卷8,行76,参弥尔顿《失乐园》,朱维之译,上海:上海译文出版社,1984年,页85)

《厄》立足于如下信念之上:人类智力的最高力量是其天资中最有价值的部分;对这些力量的发展是目的,哪怕仅是附属目的,它作用于萦绕在我们周遭的伟大系统中(working);人类的环境如此设计,以便于人们能实现从数字的最简单课程到最高的(即思想)飞跃。《厄》写道:

> 那些来自蛮族的说法,以及对全部众神的崇拜,会得到希腊人的关心,这得益于他们的教育、来自德尔菲的神谕和[5]遵照传统的那些崇拜,这些东西将会有极大的希望变得更加美好和更加正义。没有哪个希腊人应担忧,由于是有死的存在,而注定不能从事与神相关的事情。完全相反的想法是,神明从不曾愚昧,也不曾无识[988b]人之本性,不过神明知道,如果他教,我们自会紧紧跟随,并且理解所教的内容。神明教给我们的,并让我们学习的就是数和数数,这个我们应该会知道。[5]谁若是不知道这一切,便是所有事物中最愚昧的。若是对有能力的学习者动怒,而不与那借神之力而

变好之人共享无邪之乐,就不能如习语所述,"认识自己"。(《厄》988a,b)。

作者在这里(实在是很难明白,我们怎会认为作者并非柏拉图本人)表达了一种强烈的信念,认为"那个穿过自然的手铸造了人"。接下来的文章取自施米斯的《观念主义知识理念前言》(N. Kemp Smith, *Prolegomena to an Idealist Theory of Knowledge*,页232);如果我们用"神"(God)来代替"自然"(Nature),那么这些文章中所包含的思想就同柏拉图十分接近。作者正谈到由他自己所陈述的观念主义者的观点:

> 它使我们把自然视作使知识可能的必备条件。自然,带来有生命的结构(animal organism),同时在整个过程中也致力于带来有认知力的心智(the knowing mind),并同她所赋予的能力相对应。此外,她赋予人类那些本能的情绪需求,这些需求最终发展成智力的好奇和充满热情的抱负以发现真理,同时她也努力为人提供必需的驱动力量,以使她能够从自己的立场更加完整地揭示自己。

正是在对可见宇宙的研究中,人类可以找到智力的最高练习方式,[24]这个观点属于晚年的柏拉图。柏拉图早期对话重心在于论述从可见之物上升到不可见之物的必要性,并且可见事物只是在作为对不可见事物研究的促进因素时才被认为是有用的。柏拉图同科学天文学奠基者的紧密关系,毫无疑问应该是他改变观点的原因。他认为新的天文学,可以在作为基础的数学法则中找到关于天文现象的解释,而且以这种方式研究天文学,就能够找到此世来生的幸福。正是在这个真正的智慧中,虔诚和数学性的知识相遇了,并且变得等同起来(参977d3和988e5的相关论述)。柏拉图承认这种困难,即把智慧、幸福和善局限于极少数人。只有极少数人拥有进行这些研究的必备天赋,而且就是这些极少数人中,也只有那些拥有合适气质,并远离邪恶和古怪习气的人会在观念的共同体中,接受艰苦训练以走向哲学的生活方式。若深入论述,他就会补充说,尽管现在只有极少数人能够达到这个目标,但是其他人在接受一系列人生的课程之后,将来能够获得这种幸福。

不用说,这个观念并不完整,由于把各种形式的情绪(emotions)排除在外,观念就被降低和削弱了,只有那些有益于智力工作的情绪还被包含在内,生命失去了热情,而且这类哲学证明了一种经常可以在希腊诗歌中发现的悲观态度。[25]以下观点便可不证自明,如果有一种力量能够促进人的智力,那么同一种力量也会鼓励和促进高贵的情感——以痴迷于美、爱、自我牺牲和奉献。这些活动并不像智力一样局限于小小的数字,也不缺乏发展到更高级形式的能力。

很明显,似乎在早期欧洲和印度哲学中并没有找到这样的表达。人似乎也只能在一段时间学会一件事情。追求智慧对人来说的唯一有效方式,就是完全从各种形式的情感中脱离出来。当新的关于上帝是爱的体系出现之时,明智和审慎相应地被排除在外,而人类的观念却出现在纯感觉以及那种极像孩童最简单本能的心智之中。那么,死后的永恒就仅限于爱,而知识被当作那种可以被废除的东西。

毫无疑问的是,个人瞄准的是双重观念,而这个成型的体系似乎为两个目标准备好了空间。但是,普遍认为折中的体系恰是大量缺乏的,而且大部分的文字似乎都认为善即是"明智向往爱,而爱渴求明智"。我们还被告知,从某方面来说,思想是一个第二位的能力,而对人生之谜的回答可以在以下规则中找到:

若全然不相信你的知识,那么,就
Wholly distrust thy knowledge, then, and trust

全然相信伴随无知的爱吧。

As wholly love allied to ignorance.

四、这篇对话是真品吗？

[26]在半个世纪以前，柏拉图众多经典著作受到怀疑，但总的来说很少有像《厄》这么备受争议。唯一重要的支持它的声音出自格罗特。近来，该对话出现了更多的支持者。① 但仍不能消除其坏名声。里特尔在《探究》(Untersuchungen)(93 页)中，认为仅仅是语言方面的证据就已经让人很难否认它真正是《法义》的续篇，对其内容中的非柏拉图性质颇有微词，并继续在最后一卷中，认定其出自奥普斯的菲利普之手(Platon, 卷 2，页 363 注释)。耶格尔也把这部对话当作菲利普的作品(Aritoteles, 1923)，耶格尔大面积地引用其中内容，并认为这代表了学园在柏拉图生命晚年时的思想潮流。很少有文本在理由如此不充分的情况下仍受到争议；由于缺少相关证据，也许没有人会肯定认为《厄》出自奥波斯的菲利普之手。

[27]支持菲利普的唯一实证，是第欧根尼·拉尔修(卷 3，页 37)所保存下来的关于柏拉图生平轶事和残篇中的一个句子。在基于法沃里努斯(Favorinus, 约公元 120 年)的权威之上，拉尔修讲述，亚里士多德第一个耐着性子看完柏拉图的《斐多》，之后作者继续

---

① 对于支持这篇对话的完整论述，参泰勒教授(A. E. Taylor)收于 1921 年 1 月的《逻各斯》(Logos)中的论文。关于它的简短概述，参泰勒的《柏拉图其人与作品》(Plato the Man and his Work)，页 497–498。同样对于它最好的辩护也可以在雷德尔的《柏拉图哲学的发展》(Platons Philosophische Entwicklung) 页 413–419 中找到。伯内特(《从泰勒斯到柏拉图》，前揭，页 332–333)假设其真品性质，并且引用了数学的部分来确认亚里士多德关于柏拉图数学观点论述。另参施坦泽《柏拉图和亚里士多德的数与形》(J. Stenzol, Zahl und Gestalt bei Platon und Aristoteles, 1924)，页 103–104。

说道：

> 有人说，奥波斯的菲利普抄录了《法义》，还把这本书刻在了蜡的小平板上，据说他还是《厄》的作者。（译文参《名哲言行录》，马永翔等译，吉林人民出版社，2002，页192）

这就是全部相关的内容了。作者将要讲述关于《王制》的第一个句子的古老传闻之时，去世了。没有人讲得清论述的根源和日期，而且也不清楚，原文到底是说菲利普是《厄》的作者，还是仅仅抄写了原文。

就算引述权威，如此模糊不清的论述又有什么价值呢？

关于菲利普，除了知道他是柏拉图的学生和学园中的合作者之外，我们所知甚少。他被认为是柏拉图的秘书（耶格尔，*op. cit.*，页134）。但是这样的论述仅仅是猜想，而不应该被当作历史。[①] 苏达斯（s. v. φιλόσοφος）给出了某个哲学家作品的列表，时间是在马其顿的斐利波（Philip of Macedon）时期，作者名字已经佚失，而据说他把《法义》分为了十二章，并且自己添加了第十三章；还[28]据说他是柏拉图和苏格拉底的学生，并且致力于对天宇（heavens）的思索（Smith, *Dict. of Biogr.*）。在这里谈到的《法义》和《厄》同第欧根尼·拉尔修谈到奥波斯的菲利普之间的共同之处，就足以证明苏达斯给出的作品列表，可以归于菲利普名下。但这些事情之间的联系纯粹是一种猜想。我们没有任何片断存留，而且也完全不知道菲利普的风格。似乎菲利普并不想以作家的身份在古代传名，其名字也没有出现在亚里士多德的任何现存作品中，而亚里士多德说了那么多关于菲利普同时代人的观点，如斯彪西波和色诺克拉底，还介绍

---

① 在这个问题中，也许猜想是基于《海库兰尼西斯索引》（Index Herculanensis）中的一段文字（Mekler, p. 13），在其中一个佚名者谈到作为一个 ἀστρολόγος 和 ἀνγραφεὺς τοῦ Πλάτωι'ος καὶ ἀκουστής。

了一些知道《厄》内容的人。菲利普的名字也没有出现在任何知名学园作家的列表之中，即便西塞罗乐于重复提到这些名字，亦未提及。作为一个作者，菲利普完全是一个影子。理所当然，是时候让更高水平的评论者不再把《厄》的著作权当作一个既定的事实了。

我们所知的最早提到《厄》名字的文字，出现在大马士革的阿里斯托芬（Aristophanes Grammaticus）对柏拉图对话的三部曲分类中（拉尔修，卷3，页68 有引用）。阿里斯托芬生活于公元前260 – 前184年，是亚历山大里亚的图书管理员，已经跻身希腊评论家之列。《厄》在公元前2世纪初，被明确作为柏拉图主义的一个部分。但是这并不能证明该对话是真品。因为也正是这个三部曲[29]还包含了被确认为伪作的《美诺》。阿里斯托芬按初步印象如此处理该作品，之后的六个世纪里，普遍认为这部作品是真品，一直到证明该作品在风格和内容上均为非柏拉图式，之后才发生改变。

若是亚里士多德明确提到过这部对话，这个问题就好办了。然而，不能因为他没有提到这部对话就产生怀疑。亚里士多德也并没有提到其他未受质疑的对话，他习惯于不提出处地引用柏拉图的话。他还经常评论柏拉图的观点和论述也不提到柏拉图的名字。在《灵魂论》中的两段文字似乎就是以这种方式来暗指《厄》。在第1章411a12中，亚里士多德说："有人也许会进一步问，究竟是为什么灵魂在气中比在生物中要好得多并重要得多。"此处的上下文是以泰勒斯的说法为开端的，即宇宙充满了众多的神，而且还有大量的文字表明亚里士多德的想法涉及《厄》的神话（984d 及以下），其中，形体的五种形式各有其自身的生物形式。据说整个天宇充满了神圣的存在，还有灵魂结合着气产生出比陆生生物更高级的精灵。亚里士多德很自然选择 $\dot{a}\pi o\varrho i a\iota$ 以引介此类神话。

在《灵魂论》的结论性章节的开始部分，亚里士多德的思考似乎也采用了同样的方向，也在这个部分，他思考了生命形式的可能性，要么是火性，要么是水性。在两方面的文字中，他也许已经完全忘记《厄》中的神话论述，这些论述已经提到了形体的每种形式，[30]当这些形式成为灵魂的媒介物时,除了拥有主要构成成分之外,还有小部分其他成分。《灵魂论》中的另一处文字看起来像是对《厄》的一种回应,即 430a18 ἀεὶ γὰρ τιμιώτερον τὸ ποιοῦν τοῦ πάσχοντος。再一次出现在《论动物各部分》641b18:τὸ γοῦν τεταγμένον καὶ ὡρισμένον πολὺ μᾶλλον ψαίνεται ἐν τοῖς οὐρανίοις ἢ περὶ ἡμᾶς, τὸ δ'ἄλλοτ' ἄλλως καὶ ὡς ἔτυχε περὶ τὰ θνητὰ μᾶλλον。作者似乎已经记住了《厄》982a7:ὃ μὲν οὖν ἐν ἀταξίᾳ κινούμενον, κτλ。

泰勒(A. E. Taylor)指出亚里士多德曾引用过《厄》,引用方式极具个性(参罗瑟版《形而上学》,《论灵魂》,编号 135,页 358)。行星受宇宙每天的旋转所推动,这个观点在《厄》中被搁置一边,《厄》认为(987b8)也许是"那些对此类事物知之甚少的人"(ἀνθρώποις ὀλίγα τούτων εἰδόσιν)才拥有这样的观点。亚里士多德几乎是十分确定地提到它,当他说(《形而上学》1037b9)"就算是对于初学者来说,也十分容易"(τοῖς καὶ μετρίως)时,他明白每颗行星拥有几种运动。泰勒教授还说"似乎很清楚亚里士多德已经明白《厄》的观点,只是无法接受,仍小心翼翼善待《厄》的观点"。

西塞罗对该对话的引用(De Or. iii. 20, 21)值得注意。文中,谈话者是克拉苏(Crassus),他要求卡图鲁斯(Catulus)做一个希腊哲学的学生。

[31] 西塞罗谈到的 unum vinculum 是指《厄》991e2 中的 εἷς δεσμός[纽带],而其语言清晰地表明,在学园中的日子里,他已经认识到《厄》关于整合所有事物为一体的说法的重要性,尽管这段文字没能被西塞罗自己完全理解,但是他的老师们仍然把它作为柏拉图主义高深思想的表达。

《厄》的同一段文字(991e,992a)也被格拉撒的尼各马库斯所著《算术》(Arithmetic of Nikomachos of Gerasa, I. 3, 5)全文引用,只是在措词上比较松散,正如柏拉图《法义》第十三章的句子所述,"就是那些被人称为哲人的"。"哲人"之名同样,连同"夜间议事会"的名字一起被第欧根尼·拉尔修(卷3,页60)归在了《厄》名下。

第一个确实考定这篇对话的评论家是普罗克洛斯。对于他的攻击,泰勒教授在《逻辑斯》(*Logos*, IV. i, Florence 1923)中已经处理过,此处无需赘述,但若[32]为更易理解,就有必要多说几句。普罗克洛斯并没有提到奥波斯的菲利普,而他的攻击并没有出现在任何现存的作品之中,①只是被奥林匹奥多罗斯所引用(柏拉图哲学的序言,参 Hermann's *Plato*, vol. vi)。他的攻击是基于以下两个原因:第一,柏拉图并没有最终修订《法义》就已经过世,就不会有机会完成另外一部作品;第二,在柏拉图其他作品中,行星被认为自右向左运动,而在《厄》中,却自左向右运动。第一点没有必要过多讨论。一个作家在一部作品仍未完成之时,经常会开始另一部新的作品;有充足的证据表明柏拉图有时也有这样的习惯。至于第二条反对,这里需要指出柏拉图是故意改正自己以前在《蒂迈欧》(36c6)中所作的陈述,这就已经足够了。没有必要重复泰勒教授关于这一点的所有证据(*op. cit.*,页 49-54;另参《厄》987b5 的相关论述)。《厄》的这段文字,完全符合其他作品中的惯例,即在早期作品中陈述一个观点,在晚期作品中纠正它,这也成为另一论述该对话真实性的证据。柏拉图尽量对自己保持沉默,这样就能使自己专注于引领其读者正确面对事实,而不用给出参考书目或是任何[33]关于他正在做出修订的说明(参《法义》968d4,它纠正了《王制》,卷 7,537 及以下的学习安排)。

那么,整个说来,很清楚的是古代关于《厄》的攻击没有造成对其真实性的怀疑。在现代,尽管这篇对话拥有许多的攻击者,但是很少有人能给出详细的批评;基本上的攻击都是偶然地提到或是只是十分概略地观察。据称其内容是非柏拉图的,但总没有细节性的说明,究竟哪一点使其遭受这样的骂名。据说,读者倾向于在一部

---

① 关于《王制》的评论中,普罗克洛斯附带提到这篇对话是"充满了伪造的事实和神秘的买卖"——νοθείας ὑπάρχουσα μεστὴ καὶ νοῦ μυστηριώδους (In Remp. II. 134. Kroll)。

作品中发现那些他想发现的东西;而如果一部作品已经受到广泛的怀疑,那么读者的眼睛就更容易找到造假者的手迹;一些评论者已经丧失了在作品中发现其他事物的能力。

当一部古代文学作品的真实性受到质疑之时,结果往往取决于对诸多可能性的一种选择。在《厄》的问题上,我们发现那些反对它的外部证据十分微薄;关于风格的证据,均支持《厄》为真作。仍然需要判定的是,以下两种可能性哪一种更合理:也许柏拉图的本意即是要表达那一直被评论家认定为非柏拉图的观点;或是另外的想法,是要在一篇对话的相当长的篇幅内,坚持非同一般并且相当困难的写作风格,这正是柏拉图晚期的写作形式。乔伊特(Plato, vol. v, p. 21)[34]谈到了那些不能忘记的东西。他说:"谈到古代那些赝造者,我们一般会认为他们的欺骗伎俩并不成熟。"次品当然会有,只是这样的技艺还没有发展到如今这样成熟的地步。卡尔弗利(Calverley)在韵文方面或是朗格(Andrew Lang)在散文方面的成就都会不为人所知。一部被认为是伪作的作品常常是被草草地略过;如果乔伊特已经翻译了《厄》,还把对《法义》的介绍中提到的重要原则用于其上,那就应该发现,这部作品绝不可能出自除柏拉图之外的作家之手。

现代评论家阿斯特首次系统地攻击了《厄》,并连同《法义》一起批判,而他的观点只是认为这两部作品有必要共进退。他关于《法义》的评论(为里特尔,Untersuch., 页109所引)值得再次引述:"一个知道真正柏拉图的人,只需要阅读《法义》的一页文字,就能断定摆在他面前的是一个伪柏拉图著述。""真正的柏拉图"是指我们在《高尔吉亚》或是《王制》中碰到的那个作者。此人同我们在《法义》中遇到的那个人在思想和谈话的方式上区别明显。但是以下事实也可以解释这种不同,一是受三十年不间断的口授教育影响,二是它是一部新作并引发了新的兴趣,三是柏拉图的西西里岛的经历,使其风格受艰难生活的影响。不必提到,这部作品[35]在最后的半个世纪里以柏拉图晚期对话的风格写成(参卢托斯拉夫斯基著《柏拉图逻辑的起源与发展》[Lutoslawski, *Origin and Growth of Plato's Logic*],页74-139)。该书成了批评史中一段有价值的章节,而且总是提醒在关于风格的问题上不可草率断言。现在没有人怀疑《法义》出自柏拉图之手。下面也将尝试证明风格上的证据同样也可以支持《厄》的著作权。

策勒尔的观点会比阿斯特赢得更多的尊重;但是不要忘了他也是以对《法义》的责备开始的。但在这个问题上,他却改变了看法;但在对《厄》的解释中(《柏拉图与早期学园》[*Plato and the Older Academy*],英文本,页162及以下),他继续把这部对话当作伪作,并认为,除了其内容的非柏拉图性,"干瘪而枯燥的文风"就足以证明《厄》不是出自柏拉图之手。关于这点,只需要提出《法义》的许多部分也同样枯燥无味,就足以解决。策勒尔关于主旨的评论并不刻薄,他在作品的内容中认识到"柏拉图学园的精神"——"在提到的知识的杰作中,众神的非感性,统治宇宙的理则(reason),肉身对灵魂的依赖,世界中有生命的种类和群星的神性"。他称作者是"一个真正的柏拉图主义者",但一个柏拉图主义者,如毕达哥拉斯,让所有的科学存在于有关数、量以及群星的知识之中,[36]并且存在于同这紧密相关的一种神学中。策勒尔还说:"这两类人之间的差别是如此的巨大,一种是天文学家,认为天文学是智慧的顶点,而布满群星的天空是沉思的最高目标,另一种是哲学家,引导我们从可见的世界走向理念,从数学和天文学走向辩证法。"(页125)当策勒尔认为这部作品是非柏拉图的时候,所考虑的正是这个距离。但是事实上,这个距离并不是柏拉图同奥普斯的菲利普之间的距离,而是写作《王制》稍后章节的中年柏拉图同八十岁高龄的柏拉图之间的距离,在这个年纪上的柏拉图已经在学园工作了四十年,对于希腊数学和天文学的发展已经起了不小的作用。《厄》中的众星神学也同《法义》相一致,且可以发现,众星神学正出自辩证法。

我所见到的,对《厄》唯一充分的细节性的评论,是斯塔尔鲍姆放在相关评论之前的内容。斯塔尔鲍姆攻击这篇对话,认为无论在内容还是风格上均是伪柏拉图的。不必多费唇舌讨论关于"前哥白尼学说"风格的评论;他指出的很多缺陷,现在都被认为可以拿来证明该作品是真品。斯塔尔鲍姆注意到了该对话在风格上同《法义》极为相似,而将其语言中的粗糙和模糊部分地归于对《法义》主要风格的一种不幸的模仿,部分地归于在《厄》中已经发现了痕迹的一种智性的迟钝。斯塔尔鲍姆遇到的困难,源于[37]没能掌握某些地方的句子结构(参此对话第一个句子的注释),也没能欣赏作者的语言置换造成的句式加长。关于智力迟钝的迹象的评论,有事实为证。对话的一些文字也展示了心智理解力的虚弱,以及一个已经开始衰弱的老人的性格。毕竟,正如雷德尔所述,为什么柏拉图不会变得衰老?

以下是斯塔尔鲍姆关于此对话内容的主要反诘。

第一,《法义》并没有承诺会继续讨论。与此相关,他讨论了某些被作为结局的文字,但是并没有提到969a,在此处雅典异方人承诺,如果建立了新的殖民地,他会帮助完成关于教育问题的进一步的细节。《法义》确实没有定下时间和地点,但这恰恰在《厄》的开始被提到了。有些东西必须给读者留下想象的空间,而且当然在《法义》之中毫无争议的是,这样的补充应该是由柏拉图来完成。

第二,给予数学和天文学以显著地位同柏拉图哲学并不一致。斯塔尔鲍姆比较了《法义》963及以下给予辩证法显著地位。这一点尤其重要,有必要全文引述《厄》关于辩证法的论述,如下:

> 除了这些,[38]我们必须在我们所有的讨论中把个体置于某个适合的种属之下,提出问题并认清那些被误解的事物中的错误。这种认识真理的方式自身就表明它是人类所拥有的最好的和最主要的检验方式;但是那些错误地伪称如此的是所有无用功里面最徒劳无益的。

尽管这段文字简短,但已足以概括《法义》好几页文字的主要观点(961-967)。我们从这里可以知道,因有四种德性,我们的立法者就必须发现,所有德性中共同的那一个能使人向善的事物,且夜间议事会的教育必须能使其成员指引大多数人走向唯一的ιϑέα。我们还知道,在许多文字中,ιϑέα为何物是在德性的问题中论述的。但紧接着的文字马上提出了以下观点,即它能由正确理解了灵魂学说的人所掌握,正如在《法义》第十章中所提到的那样,而且这样的人还能对自然的心智(the mind of nature)有科学的认知,正如天体的运动所展示的那样。《法义》第十二章的哲学实际上同《厄》的论述相同。对所有德性来说唯一共同的ιϑέα不是别物,正是《厄》991e中提到的"单一纽带"。虔敬(Θεοσέβεια)被《厄》放在显著的位置,这一点受到斯塔尔鲍姆的批判,但《法义》第十二章的论述与此完全相同(参967d);在两部作品中,ιϑέα仅仅是描绘智慧功用的另一个语汇,当智慧立足于充足的科学知识之时,就可以更全面地了解作为整体事物的伟大系统的统一性。两部对话中一个基本的内容就是,知识就是[39]立足于数学基础而对天文学的充分了解和掌握。《法义》第十二章的文字作了如下论述:

> 除这些以外,他还应掌握刚刚多次讨论的内容——关于存在的理智,据说天体之中才拥有——以及这些事务之前,应该学习的其他科目。他应该看明白,这些事物中共通的东西,以及和缪斯相关的东西,并把这些理解,以和谐的方式,用于合乎习惯性情的实践与礼法之中。(《法义》967e-968a,参潘戈译文,前揭,页372)

那些批评《厄》出自托名柏拉图之手的人,总是在《法义》的这段文字上碰壁。

第三,五种形式的物体的学说也被认为是非柏拉图的,因为它同《蒂迈欧》以及《法义》中的两段文字不合,在后者中事物的起源可以在火、水、土和气中找到(889b,891c)。在《法义》的两段文字中,柏拉图并非谈自己的观点,而是论述别人的观点。色诺克拉底的证据(引自 981b3 相关内容)即可毫无疑义地证明,柏拉图关于物体形式的观点在晚年得到发展,其方式恰恰是以在《厄》中出现的方式来进行的。

第四,更为重要的是,斯塔尔鲍姆争论道,《厄》中可见诸神和在此归于灵魂[40]的创造力同柏拉图的神学并不相符,因为他们没有给唯一的至高神留有余地,而柏拉图笃信此神,这个神在《蒂迈欧》中被作为创造者(Creator),在《法义》904a 中作为王($βασιλεύς$)。柏拉图的想法带有宗教狂热;但试图以准确的形式勾勒出其观点,十分危险。也许斯塔尔鲍姆不对,他认为《蒂迈欧》明确描述了宇宙在时间中的创造。其确定无疑的错误是,认为终极一神论的本质并没有以《厄》众星体神的存在为条件。在丁尼生(Tennyson)的《高层泛神论》(*Higher Pantheism*)中所暗含的态度,也许同柏拉图所采纳观点的最终形式并不相去太远。在"明智的人说,神就是律法(law)"中,我们了解丁尼生立场的一个方面。另一方面是对诸如"神的荣光(Grace of God)"之类事物的信仰,此类事物照见并帮助人类或是其他高等级的生物(being)在智力上的努力。也有一些人,如亚里士多德,感到一种强烈的渴望,要对他们的信念作详尽的陈述。柏拉图强烈反对把关于这些主题的观点以正式的论文形式具体表达出来(参《书简七》344c)。也许他认为其观点不可能以精确的形而上学语言描述出来,如果这样描述,要么流于一种东方泛神论式的夸张,要么走向其反面,即赋予神一种有限的人性(personality,参 988d4 注)。

我已经详尽地回答了这些攻击,似乎看起来已经有点过度了。尽管其中的一些已经过时,但仍然不能忽视。因为他们[41]给予这部对话的恶名妨碍了 19 世纪最好的心智接触这部对话,并且那些人仍然坚持这样认为。如果坎佩尔以一种开阔的视野来阅读这部对话,那么以他对柏拉图晚年风格的熟知,至少会在批评这部对话时有所犹豫,但是他却说:

《厄》作者把那些散乱的线收集了起来,但是他编织的图案却并不是柏拉图的,而且也找不到任何不羁的思索和自由智力的痕迹,它们属于那不受缚于其自身规则的心智,这些都无法在伪柏拉图著作中找到。

对他来说,

这部作品只是表明,紧随柏拉图的后继者,在继承其哲学中重要内容之时是多么的无能。柏拉图主义让旧学园中的主人得以幸存,实际上 ψυχὴ καὶ εἴδωλον, ἀτὰρ φρένες οὐκ ἔνι πμπαν' (*Repub.*, vol. ii, pp. 23 和 38)。

柏瓦特(I. Byuater)在一篇论述《菲罗拉奥斯残篇》的论文中(Fragments of *Philolaos*, *Journ. Phil.* i, p. 21)采用了同样的方式,把第五因素描述成纯亚里士多德式概念(关于著作权,参 Atticus ap. Euseb. *P. E.* xvi. 7),之后他还论述道:"《厄》的起源,后来有诸多暗示,现在之《厄》反为其中一种可能情况。"对于他来说,《厄》最终占据了与《菲罗拉奥斯残篇》相同层次的位置,或与《蒂迈欧洛克基斯论世界灵魂的论文》(*Treatise of Timaeus Locrus on the World-Soul*)有相同层次的位置。

新的一代会看到这种偏见完全消失,恰如卡尔斯坦(Karsten)所建立的对柏拉图《书简七》的强烈偏见今天已经消失一样。目前来说,这种感情还很强烈,[42]而且它还不幸地粉饰了耶格尔的观点,其《亚里士多德》(*Aristoteles*)一书阐明了柏拉图晚年在学园中的教诲对欧洲思想所产生的影响。耶格尔试图以亚里士多德佚失的对话(περὶ ψιλοσοψίας)中可能采用的形式来重建教诲,而这种尝试充分引用了《厄》中内容。耶格尔认为《厄》出自奥波斯的菲利普笔下,而且有时基于亚里士多德对话谈及《厄》(页 146,注释 2),有时又将其当作一种重现当时学园教诲的独立文本(页153)。耶格尔并未论述把《厄》归于普利普的理由；而我只能找到两处暗示表明《厄》非柏拉图之作，却是出自他人之手。其中之一十分重要，值得全文引述。作者讨论了星体神学(the Astral Theology)的问题，还把这个主题当作亚里士多德佚失对话和《厄》的共同特征：

> 星体诸神的学说，宇宙或天宇神性的学说，最早由亚里士多德对话加以全面阐述；这些学说同柏拉图的宇宙论一样，均是对智性运动的永恒阐述；由于公元4世纪新天文学知识的发现，智性运动进入了哲学世界。圆周的形式，行星轨道的完整规律，以及在大年(the great World-Year)中，天体周期性地回归原点，这些假说为柏拉图的基本思想增彩，也开启了哲学与事实研究的合作，极富成效；而柏拉图的基本思想则是，最高的心智与次序超越感官世界的物质现象之上。星体灵魂的学说首次尝试大规模论述理智高于物质的情况，不过此学说已经远远超出了自然科学的解释要求，还开启了哲学想象，不再如从前溯源于梦境。对于柏拉图而言，此学说中明显的神话与精神因素尤为重要，而此学说吸引年轻的亚里士多德的地方则在于，学说中的反思拥有人类精神永远无法回避的谜团，却仍基于实质上的现实经验，哪怕这些经验可以拥有不同的解释方式。因此学说中的内容出现一致性，亚里士多德强有力的推理闪现出新科学精神的火光，而富于情感的神话则用作方法研究的材料；这种新科学尤其重视证据，总是不厌地寻求新证。但《厄》中讨论同样的主题之时，则显得神神秘秘，又重视精神修养的层面；《厄》中的论述吸取了柏拉图天宇学说的宗教倾向与神秘面容，叙述的口吻却完全是教条式的；《厄》清楚地表明，柏拉图的神话介于两种选择之间，或是经院风格，或具有科学的批判性。柏拉图本人也清楚这点，他在引述神话时(《法义》卷10,868e)总是一边作出假设，另一方面又提供相对应的

可能性,这样使他的学生能将现实思想的标准用于其上。(所引文本,页 158 – 159)

关于这段文字,我提供两段评论:

第一,耶格尔毫无疑问是正确的,他在亚里士多德对话中找到一条道路,众星神的学说正是通过这条道路影响了欧洲思想,但他在柏拉图《法义》中的立场同我们所知道的《厄》的学说中,无论找到了什么样的不同之处,均是没有道理的。也没有理由认为《厄》赋予了此学说教条形式。《厄》的观点来自于对[44]哲学想象的自由尝试($\varepsilon i \varkappa \dot{\omega} \varsigma \, \lambda \acute{o} \gamma o \varsigma$ 981b3 和 $\pi \alpha \iota \delta \iota \dot{\alpha} \, \varkappa \alpha \lambda \tilde{\eta}$ 980a9)。至于批评《厄》作者的神秘主义倾向,只需要指出以下这一点就足够了,即这种文字也正同用于《斐德若》《会饮》《王制》甚或是《法义》(参卷十,904 – 905)中的文字相应。

第二,我们在《法义》中所找到的灵魂推动太阳的方式,同样出现在《厄》(984a3)关于所有星辰的论述中,并且又一次出现在 984a3 所提出的选择中,即究竟是把众星看作诸神还是诸神的影像。《厄》没有给经院哲学(scholasticism)的指控留下把柄。如果那段文字意味着试图以精确并正式的语言描述形而上真理,那么毫无疑问的是,它理应属于亚里士多德,而不是柏拉图。

耶格尔所找到的另一个非柏拉图的倾向即是《厄》对待理念学说的态度。关于柏拉图,他说"在其晚年星辰神话(mythos)背后,存有超验的理念世界",尽管亚里士多德和奥波斯的菲利普(以不同的方式)都不再持有那种观点,而完全退回到宇宙论的立场上(所引文本,页 140)。对此的回答是,《厄》的背景(参 977b 和 978b)不只是与《法义》的背景相同,也同《斐勒布》(Philebos)的背景相同。在这些类似的问题上,超验的理念学说采用了伦理学与政治学的形式,所有这些学说同围绕在我们周围的宇宙一样,也有一些基本的原则,若加详细研究,[45]当然会包括数学性的论述,而若对这些学说分支加以说明,定会以数学的系统模式进行。我们可能会，也可能不会同意这一点，但这毫无疑问是柏拉图晚年所坚持的观点。那些关怀现实政治的人，也许会对柏拉图似乎向往的治邦者类型心存疑虑，也许还会记住帕斯卡尔（Pascal）对数学心智和"精细精神"（esprit de finesse）的比较（参 Tulloch, *Pascal*, 页 166-167），或是想起吉本（Gibbon）关于数学研究的话（*Autobiographies*, 页 142, Murray, 1897）：

> 然而，那些道德证据（moral evidence）定然决定我们的行动和生活的观念，对这些事迹的良好感觉是如此的有破坏力，以至于在我的心智被严格的演证所坚定之前，就不得不终止，也无法后悔。

另外值得提到的一点，耶格尔对柏拉图晚期教育和《厄》的处理。他提请注意东方思想对柏拉图晚期观点以及其弟子的影响（页 134），而且认为柏拉图所受影响得益于欧多克索斯（Eudoxos）。但是，他谈到柏拉图晚年持有"明显的二元论"，还持有索罗亚斯德教（Zoroastrian）关于善神恶神之争的观点，不是做得太过火了吗？

那种信条，带着对邪恶难题的现成解答，往往具有吸引力。在欧洲，类似的观点由于马克安教派（Marcion）的传教以及灵知派（Gnostic）和神智派（Theosophic）众领导人的传播而广为流传，[46]而在我们的时代，它又奇怪地复苏了。但这并不是柏拉图的信条，即便是在最后的年岁里，他也怀有一种对事物整全的信念。耶格尔的论述基于《法义》中的著名段落（卷十，896d）：

> 雅典人：那么，性情、性格、希望、计算、真正的观点、管理和记忆，均要先于以下事物而存在，即形体的长度、宽度、深度和力量——如果，事实上，灵魂先于形体而存在。
> 克莱尼阿斯：是的，当然。
> 雅典人：然后，就有必要说，灵魂是以下事物之因，即好的

和坏的、高贵的和卑贱的、正义的和不正义的,以及所有性质对立之物,如果,事实上,我们打算将灵魂定为所有事物之因的话,难道不是这样吗?(《法义》第十卷 896d - e,参潘戈译文,前揭,页 294)。

柏拉图在这里并没有自缚于索罗亚斯德教的二元论。他所说的一切只是让我们相信,无论如何灵魂不少于两个。他所相信的二元论正是我们认为幼稚的灵肉二元论。关于众灵魂,人类或神,他倒是一个彻头彻尾的杂家。刚才所引的文字极易误解,而且《厄》中还暗示了柏拉图清楚这个问题,并希望能避免。因为,当给出众灵魂与众肉身之间的基本差别之时,柏拉图写道:

> 首先,存在是双重的,一是灵魂,一是身体,许多事物属其中一种,每个事物均互不相同,即属其一者不同于属另一者。没有第三种共同点,且灵魂也不同于身体。(983d2)

他确实相信邪恶真实存在于邪恶的灵魂之中,而且在善恶之战中,我们不得不扮演自己的角色;但是柏拉图尽力避免勾勒出任何宇宙之制的草图,而关于"单一纽带"的修辞言论则表明,[47]他从没放弃一种基本整全的信念,此整全能调和表面上的二元论。(至于《法义》中的这段文字,即卷十,参里特尔和英格兰的注,及伯内特在《从泰勒斯到柏拉图》[*Thales to Plato*], 页 334 - 335 中的评论。)

五、风格的证据

对于那些对希腊学问有一定感受的人来说,对于那些研究过《法义》和其他柏拉图对话语言的人来说,支持《厄》是真作的最有力的证据是由其风格所提供的,就其风格来说,它简直就是《法义》的复制品。我已经指出了这样一种不可能,即这个非同一般而又不易写成的不小的篇幅,绝不可能在除柏拉图本人而外的其他作者手中完成。里特尔把他对其他柏拉图对话的风格审查用于《厄》之后,得出了如下结论:仅就语言的证据而言,很难说它不是《法义》的真正续篇。"诗句尾部"(clausula)的研究也能提供专业说明,或称句尾音节研究,古代修辞学校常热衷于此。西塞罗所偏爱的 esse videantur[美观]风格相当著名。亚里士多德(《修辞学》3.8)推荐把第四赞美诗(⌣⌣__)(倒数第六行)作为一个句子最有效的终结。毕利格的《诗句尾部与柏拉图年表》(L. Billig, "Clausulae and Platonic Chronology", *Journ. Phil.*, vol. 35, No. 70, 1920)一文中给出了一个结论,来自于对柏拉图晚期对话中诗句尾部的细致分析,也包括《厄》。[48]《法义》和其他晚期作品表现出对这种音步越来越强的偏爱,这一点连同五种其他的诗句尾部形式一起,毕利格都以百分比的形式列出了表格,此表格恰巧证明了《厄》同《法义》在它们所偏爱的韵律节奏上的一致。

技巧分析能够计算一些偶发事件,并列出表格,但风格并不仅限于此;而且要对风格涉及的证据给出清晰的阐述也非易事,其要求语言的概括性。乔伊特教授在翻译柏拉图《法义》(基于策勒尔所搜集的材料)的序言中,对该对话的风格特征作了全面分析,就当前这个问题而言,我们所面临的困难多少被这个分析所缓解。这段文字的描述包含了那么多关于《厄》独特风格的内容,我不得不在此引用其部分内容,并附带提及《厄》的相关文字,在这些文字中可以找到相似的风格。

下面的摘录取自乔伊特的《柏拉图的翻译》(*Translation of Plato*)(第二版)第5章(第12–18页):

> 此处并没有特别的计划——不知道前前后后都有些什么内容,正是这些内容构成一个完整的风格,——但还是有一些

完成计划的尝试;讨论停下了,而不断地介绍为什么要引入一个特别的话题。(982a4-5;984b2;986b3,d4,e2;990b5)

我们不再能感受到遍布于柏拉图早期作品中的幽默风格。早期对话的反讽笔调被一种严肃所取代,这种严肃很难关怀人世。(982a8;983c6)

比起其他柏拉图作品,这种语气更具劝服力,并不断回述前文讨论过一半的内容(989a,986e2)。而相关的评论遍布各处。这篇对话总的说来软弱而费劲(weak and laboured,974c8),却在后面的章节中放弃这种风格(981b至末)。雅典人的这一长篇大论,或称为说教,并没有那早期对话的优雅与和谐。

以下文字,"与《会饮》和《斐德若》的完美风格相比,完全是一种败退":

首先是在句子结构上,有节奏却太单调(980d8);二是句子过于冗长(979b,c),而且后面的结尾似乎总是忘记开端所提到的东西(986b3-d4);这些句子似乎并没有传达作者哪怕是片刻的想法;要么就是重点被错置,要么分句中缺少要点(986b3-d3),要么是独立格位,无法与句子其余部分分开(974b6,7),或是语词的组合方式并不能展示他们之间的关系(989d6,7),或是起连接作用的语气词在句子的开头被省略(992a3-6):对相关人士和先辈(the relative and antecedent)举例更加不清楚(974a3,990b2,990e1,992c3),人物和数字的变换更加频繁(982c5-d7, e3-6, 984e3-6, 986e3-6, 990c2-6),冗长(978e5, 986b8, 989c5,6),重复(981c2, 990a1, 990b3, 991d6, 992c3-6)和迂回(973a2, 975a3,4, 976d8, 977d7, 978c7),积极与消极无意义的对立(973b8, 976e5),这些[50]在此对话中都远比在柏拉图其他对话中要多得多;这篇对话中还有一个更加常见,甚至有时毫无意义的修饰规则 ὡς ἔπος εἰπεῖν (978e3, 987a3), κατὰ δύναμιν (973c8), πάντῃ πάντως (974c6, 979e2, 986b8), οὐδαμῶς οὐδαμῇ (981b6) ὅπως καὶ ὅπῃ (990b3)——若是这些被归于文中的错误,又太多了;再者,文章对动词和分词(984a3)、名词和称号的调整(983a5),过于挑剔——在韵律和表达上,众多做作的多样性取代了自然的多样性(980d7-e3);第三,隐喻性语言的缺席十分显著——这种风格并不缺乏修饰,但此种修饰是一种低水平的修辞,是补缀上去的,而非从主题中自然生发的;第四,对话还有一种愚蠢的放纵(978a6, 981b7, 990d4,5);第五,随处可见乏味而平淡的描写;最后,我们还可以在对话中发现一种无用的高潮和夸张(980e2, 989d1)。

除了这些风格的特点以外,乔伊特引用了策勒尔,并增添了以下的内容,在演说中对 μῦθος 的引用(980a5n.),对具体问题的抽象(982c7 διαπορείαν),过分的委婉(975d6 ὅσων γραφικὴ μήτηρ),对有限几个语气词的偏爱,尤其是 τις (975d2n.) 和 γε,重复地使用 ὡς (986e7) 和迂回地使用 περί (980d3, 982b1),以及语词的倒装和调换。关于最后一点,是对风格的一种精细暗示,值得研究,我将给出更多细节方面的例子。

关于[51]倒装法所采用的各种形式,以及从柏拉图到其他作家的完整例证,我们均可以在里德尔的《柏拉图习语摘要与辩护词》(Riddell, *Digest of Platonic Idioms, Apology*)页236及以下找到。里德尔的柏拉图例子不加区分地取自于所有对话中,并没有特别关注《法义》中的倒装,但此对话中的内容却是策勒尔和乔伊特尤其关注的。然而,坎佩尔(*Introd. to Soph. and Polit.*,页37)把这种手法当作柏拉图晚期作品的特征;这就是柏拉图年老后形成的一种风格技艺,倘若不能明白这点,就不能仔细理解这些内容。柏拉图熟悉和偏爱诗性措词,倾向于自由安排文字的次序。但是,更加大胆的例子更频繁地出现于晚期作品之中,尤其是在《法义》、《书简》和《厄》中。

也有其他作家有这样的怪癖。卡莱尔(Carlyle)是一个最明显的例子。莎士比亚晚期戏剧也常常使用倒装,这使得他的语言有时难以理解。举一个简单的例子:《安东尼与克莉奥佩特拉》,第一幕,第二场,行207 - 209:

> Say, our pleasure,
> To such whose place is under us, requires
> Our quick remove from hence.
> 你去通告我的手下将士,
> 说我命令他们准备立刻动身。①

在这段文字中,读者均能够把 our pleasure 和 to such 同它们相应的动词联系起来。但是,有时候在别的文字中,倒装同语言的缩写混在一起,结果这个句子对普通人来说就变得模糊不清,就像在《冬天的故事》,第一幕,第二场,行73 - 75 中:

> We should have answered heaven
> Boldly "not guilty," the imposition cleared
> Hereditary ours.
> 我们理应对天
> 勇敢地回应,"无罪",欺骗消磨了
> 我们全部的遗产。②

---

① [译按]参朱生豪译文,《莎士比亚全集》,南京:凤凰出版传媒集团,译林出版社,2005年,卷6,页206。

② [译按]译文另参朱生豪译,前揭,卷7,页215,但与原文差别太大,未采用。

同样的倾向也使弥尔顿晚期的作品更加难读,如《失乐园》,卷 11,行 687 及以下:

> To overcome in battle and subdue
> Nations... shall be held the highest pitch
> Of human glory, and for glory done
> Of triumph, to be styled great conquerors, &c.
> 这些巨人,却是名声很大的,
> 因为在那时代只重视力气,
> 把它叫做武勇和英雄气概。
> 打了胜仗,征服了国土,杀人/无数而带归战利品,
> 算是人间/无上的荣誉。①

关于这段文字,一些现代评论者没有看出其结构应该是 shall be done for glory of triumph。(关于这个例子,我得益于 J. A. S. Barrett 的一封信,*The Times Lit. Supp.* ,8 Oct. 1925。)

柏拉图自己使用过"倒装"(hyperbaton)这个术语,并把它用来解释西蒙尼德斯的一首抒情诗(*Protag.* 343e)。以下是从他的晚期对话中挑选出来的典型例子:

《斐勒布》49e2:φῶμεν ἢ μὴ φῶμεν ὅπε εἶπον ἄρτι, τὴν τῶν φίλων ἕξιν ταύτην ὅταν ἔξῃ τις τὴν ἀβλαβῆ τοῖς ἄλλοις, γελοίαν εἶναι; 此处不管次序, τῶν φίλων 不是属于 ἕξιν 而是属于 τις 的。贝德汉(Badham)没能看清楚这一点,他把 τῶν φίλων 括了出来。

《书简三》318e6:σχεδὸν δ'εἰς λόγον ὁ λόγος ἥκει μοι συνεχὴς τῷ νυνδὴ γενόμενος, περὶ οὗ τὸ δεύτερον ἀπολογητέον ἔφην εἶναι。此处 σχεδὸν 属于 συνεχὴς,而对于 περὶ οὗ 的先行词,我们必须回到 εἰς λόγον。

《法义》968c8:τότε δὲ κυρίους ὤν αὐτοὺς δεῖ γίγνεσθαι νομοθετεῖν[但

---

① [译按]参朱维之译文,前揭,页 440。

现在为这些事所做的准备,若是要正确进行下去的话,需要经过教育和更多的对话。译按:译文参潘戈,前揭,页 373]。在此处,里特尔更换了 κυρίους 和 αὐτούς 来避开困难。但是 κυρίους 一词,就其所处的位置来讲,它本身自然是同 γίγνεσθαι 相联,而柏拉图则希望他的读者能够在心里,把 αὐτούς 从关系从句中转移到 νομοθετεῖν 上来。这样的转换[53]并不比前面所引《斐勒布》中 τῶν φίλων 的转换更难。

《法义》824a4: οὐδ'ἡ τῶν, διαπαύματα πόνων ἔχουσα (即 θήρευσις), ἄρκυσίν τε καὶ πάγαις, ἀλλ'οὐ φιλοπόνου ψυχῆς νίκῃ χειρουμένων τὴν ἄγριον τῶν θηρίων ῥώμην[狩猎的情况也是一样,除了劳作之外,亦有休息,因为猎人要依靠网子和陷阱,来征服那力量强大的野兽,而不是像竞争一样,基于灵魂的胜利。译按:译文参潘戈,前揭,页 216 - 217]。此处语序的困难使人们提出要对它进行修正。但是,英格兰或许是对的,他把 τῶν 和 χειρουμένων 放在一起,除了在 τῶν 之后添加了一个逗号以外,没有对原文做任何改动。阿斯特把 τῶν 放到 ἄρκυσίν 之前。柏拉图只是想读者在心中作这样的转换。

现在,我将会给出来自于《厄》中的倒装的例子,从三个简单的开始,直到其他可以同前面提到的四个例子相比较的例子。

980b5: τῆς ἅμα τελεύτης ἀρίστης τε καὶ καλλίστης τυχεῖν [达到高贵而美好的目标]。在这句话中,ἅμα 修饰形容词性的 ἀρίστης τε καὶ καλλίστης。

982c8: θαυμαστόν τινα χρόνον ὅσον[在一个异常早的时候就已经定下来]。这句话等同于 χρόνον τινα θαυμαστόν ὅσον。

983c7: ὑμᾶς μὲν οὖν εἴ τις αἰτίας τινάς ἐρεῖ σωμάτων[若我讲起身体……之中的力量]。此处不管语序如何,τινάς 和 σωμάτων 修饰 ὑμᾶς。

975d7: ὧν σοφὸν οὐδένα εἰς οὐδὲν σπουδῇ τῇ μεγίστῃ δημιουργοῦντα ἡ μιμητικὴ παρέχεται[但这些摹仿艺术统统都不能让人聪明,不管从事这种摹仿艺术的人在实践中多么认真]。此处 ὧν 是 μιμητική 之后的宾语属格。

976a6: καὶ τούτων ἄνδρα σοφὸν μηδένα τις ἡμᾶς παραμυθούμενος ἐξ ἀπάντων διαγγέλλετω[不过无论如何,谁都甭想鼓动我们把这帮人看成聪明人]。此处,我们必须加入μηδένα ἐξ ἀπάντων τούτων。

976d3：πολίτης τε καὶ ἄρχων καὶ ἀρχόμενος ἐνδίκως ἔσται πόλεως[而会是自己城邦的聪明且高尚的公民]。此处,πόλεως必须同πολίτης紧密联系在一起。

[54] 981b5：οὐ γάρ ἐστιν ἀσώματον ὅτι τ'ἄλλο γίγνοιτ' ἂν καὶ χρῶμα οὐδὲν οὐδαμῶς οὐδέποτ' ἔχον[其他没有哪一种东西能够不具有身体形态,也绝不可能从来就没有颜色]。这个十分令人困惑的句子等同于ἡ γάρ ἐστιν ἄλλο ὅτι ἀσώματόν τε γίγνοιτ' ἂν καὶ χρῶμα οὐδὲν οὐδαμῶς, κτλ.。至于τε的倒装,参《法义》640c10 和 844a5,以及《书简八》333d5 和 337a6。所有这些文段中的语序表明,这种故意的疏忽是柏拉图晚期作品风格的一个特征。参 973a1 注。

974c8：συμφήσομεν ἐπ' ἐλπίδι σοι ἴσως ταῦτ', ὦ ξένε, τῇ μετὰ σοῦ κατὰ χρόνον ἂν γενομένῃ, δοξάσαι, κτλ.[在这一点上我们恐怕要同意你,异方人,希望我们有时间跟随你,此后在这个事情上进入真理的最高殿堂]。这是又一个让人困惑的句子,它等同于ταῦτά σοι ἴσως συμφήσομεν ἐπ' ἐλπίδι, τῇ μετὰ σοῦ κατὰ χρόνον ἂν γενομένῃ, δοξάσαι, κτλ.。

风格学(stylometrists)所处理的问题当中,有一点值得注意,就是的σχεδόν运用。里特尔(Untersuch,页 3)提请注意这个词在《法义》中反复出现,而且还要注意如下事实,即这个简单的σχεδόν总是被用来替换σχεδόν τι,而这个被替换的词在早期的对话中更为常见。他也留意到,在《厄》中,这个词经常是在μάλιστα的意义上使用,而这并非就是非柏拉图式风格。米琪(J. L. Michie)教授给我提供了一张《厄》的列表,长达 17 页,其中σχεδόν是在对话中,意思从"近似地"到"我相信",或"我确信"。下面的内容是典型的例子:973b4, 975a2, 977c4, 981a2, 987b3, 990a2。里特尔认为σχεδόν在《厄》中出现了二十次,或是在斯蒂凡努斯中至少每页出现一次。这个词在《法义》中的 122 次[55]出现,平均每三页不会少于一次,这个数字几乎同《书简七》和《书简八》合在一起的数目相当。这种在《厄》中不断增长的频繁出现也许纯属偶然,但似乎此风格在作者晚年已成习惯。

即便我们假定奥波斯的菲利普有能力模仿其导师的写作风格,我们仍然需要解释,为什么此对话的部分内容没有被他完成或是修改。斯塔尔鲍姆留意到了这个问题,他做出了如下的解释,他认为普利普不只是模仿《法义》的风格,而且还是一个反应迟钝的人。但是这样的解释也说不通。一个愚笨的人绝不能模仿得这样超乎寻常地好。以下证据可证实《厄》为未完稿:

第一,某些被提到的陈述,本应提前论及,却并没有出现在文本中,例如:979d7,984d4,986b3(参关于这几页的注释)。

第二,重建的计划已经出现,但并没有完成。在980e6结束的对话性的插曲,应该紧接着980a1所承诺的关于智慧的内容。恰恰相反,我们在这里开始了新神学的讨论(参以下注:980a1,984d4和986b2)。

第三,形体(body)的五种形式的次序在981c5,984b7和985b4中并不相同。[56]在这些地方,对数字次序的强调已经足够使那些变化真正迷惑读者(参984b7注)。

第四和第五将用较长的篇幅,展示整个作品未作修改的痕迹。

第四,984d5至986c1:整个部分结构松散。除了前面提到的两处细节以外,对于精灵的两种形式也存在一种混淆。这个词第一次出现只是作为气性生物的同义词,而生活在空气中的是一个较低的等级;但是这个区分并没有被保持下来。再者,在984e3和4中的问题和在984e5-955a5中的种属问题,混乱不堪,且过于明显,略加研究,便可发现。

第五,986a7-987d4:从这里开始,作者描述行星体系,此体系本应是新的宗教的基础。但是在讨论了几行以后,他就转向了离题话,来讨论那些推动体系运动的神圣存在,和那些把他们的毕生精力都用于研究这类问题的人的幸福。在986d4,他又回到了行星的问题上来,但又再一次离题,谈论行星的名字,并提到埃及人和巴比伦人较早发现了它们。在 987b1 中,回到了对行星的列举问题上,这个问题在 987d2 得以完成。但是他的描述并没有提供关于轨道的真正信息,而只是包括了一段陈述,这段陈述涉及整个宇宙的表面上的运动,正是这一陈述让我们在某种程度上怀疑谈话者的立场。这段文字所谈的全部关于[57]行星的内容,散漫而语无伦次,让人留下这样一种印象,认为这部作品是由一个年老力衰的作家写的一个初稿。

第六和七将谈及一些典型的例子,在其中作者的心智似乎摇摆于两种表达方式之间,而如果这部作品能够修改一下的话,这样的内容是很容易删除的。

第六,981d7: τὸ γὰρ πλεῖστον πυρὸς ἔχει, ἔχει μὴν γῆς τε καὶ ἀέρος, ἔχει δὲ καὶ ἁπάντων τῶν ἄλλων βραχέα μέρη[这种东西主要由"火"构成,而同时也由"土"和"气",以及少量的其他所有种类的构成]。如果在此处,我们要么删掉子句ἔχει,要么删掉ἔχει δὲ和ἁπάντων三个词语,我们就可以获得一个明晰的句子。或许作者对这两种选择均不太满意,而开始把这二者混在一起,但又不使它们结合得让人满意。

第七,992c3-6:我在前面已经指出了这个句子是同义重复的一个例子。但是,如果他对这部作品作过修改的话,很难想象,作者最后几句中的同义重复会如此粗糙。如果我们跟随伯内特,采用贝克尔的解读方法,用αὑτός代替αὐτός,那么其中一个困难就迎刃而解。但是极有可能的是,柏拉图用αὐτός一词,是想告诉我们,论述本身在其自然的过程中可以揭示真理,并且他没有对句子作进一步的改进,是想把这层含义清晰地表达出来。

毫无疑问,就最后两段文字的混乱而言,也可以从《法义》中提取出相似的文字。但是《法义》中也有许多没有经过作者最终修订的内容,尽管[58]就我所发现的来讲,《法义》中没有什么内容同关于行星运动的文字(5)相当。在两部对话中,文本陈述的可解释性都是建立在以下的假定之上,即柏拉图在学园中的后继者,虔诚地保存了那些柏拉图死后留下的作品,既没有大规模地编辑出版,也没有通过修改其中个别文字来解决一些问题。

通过对《厄》风格和内容的完整回顾,结果已经十分清楚,我们所拥有的这部对话作品,就其所呈现出来的形式而言,不可能出自奥波斯的菲利普之手。另一方面,无论是风格还是内容,都正符合我们所认为的出自柏拉图之手的未完成作品,该作品写于他漫长的一生行将结束之时,而此时的他,尽管年老力衰,仍然能够用严肃的语言表述高贵的思想,也没有丢掉任何对晚年哲学及宗教核心的热情信念——最重要的是,没有哪一个他的信念如后来的柏拉图主义者所认为的那样,"整个可见宇宙的结构,都在低声说出关于单个神(Deity)的概念"(史密斯,《精选对话》[J. Smith, *Select Discourses*],页129)。

六、数学和天文学方面的学术著作

柏拉图和学园在早期的数学和天文学方面发挥着作用,①《厄》要不是同这样的作用有相似点,就会变得不可理解。[59]柏拉图的两段重要自传论述存留于《法义》中,在那段文字里,我们必须假定他以其主要谈话人之口,即雅典异方人,来说关于他自己的话。

---

① 关于希腊数学方面的完整细节,可以在希斯的《希腊数学史》(*History of Greek Mathematics*, 1921)卷1中找到,而天文学则可以在他的《萨摩斯的阿里斯塔科斯》(*Aristarchus of Samos*)中找到。然而,后一部作品关于柏拉图的天文学观点并不一定可靠。我大部分得益于伯内特的《早期希腊哲学》(*Early Greek Philosophy*)和他的《希腊哲学:从泰勒斯到柏拉图》(*Greek Philosophy from Thales to Plato*),还得益于康托尔(M. Cantor)的 *Vorlesungen über die Geschichte der Mathematik*,及里特尔的《法义注疏》(*Commentary on the Laws*)页228–250中关于柏拉图天文学的注释。至于《厄》的数学难题,最有用的帮助可以在泰勒的《柏拉图其人与作品》,前揭,页500–516中找到。

第一,在819d5及以下,我们得知,柏拉图熟知不可测量的真实自然,也了解这些东西在他人生的后半部分极其重要,我们还知道,柏拉图数学的意义和范围的概念也被彻底改变。这段文字精心编排的重点令其读者惊讶不已。那些对不可测量没有相应知识的人,会被认为愚笨至极。

第二,从821e1及以下来看,在晚年的岁月里(οὔτε νέος οὔτε πάλαι ἀκηκοώς),柏拉图关于天体运动的知识,尤其是在行星体系方面,有某种相似性,但并非不重要的发展。

第三,在一些伟大的思想家之中,正如在众诗人和艺术家中一样,那些活到高龄的人,在他们晚年的创作活动中会获得再一次的丰收,[60]这时,他们会形成一种新的个性,并创造出极具重要性和价值的作品。贝里尼(Giovanni Bellini)就是以这样的方式重新创作的一个艺术家,并在晚年创作出他最好的作品。他是从其年轻的天才助手那里获得新的推动力的。

在柏拉图的文本中,我们也发现了一个这样的思想家,他在晚年的伟大著作中形成了新的兴趣,创作出比早年更美的对话,而且还具有一种完全不同的新力量。也许他的这种转变,可以部分地溯源于和他一起工作的年轻人的影响。柏拉图的生命进入了一个新的时期,在其中新的知识世界正处于发现和探索中而又他拥有智识和想象的天赋,因此对此类发现的意义,以及对知识在将来更大领域扩展的可能性十分敏感。如果我们考虑实际的成就和赢得的坚实基础,这些领域之中最重要的就是数学世界。在柏拉图出生之前的时代里,希腊人就创造了几何学,这种科学是建立在示范的基础之上的,并证明了宇宙合法性的法则。最初的步骤是由伊奥尼亚人(Ionia)完成的,然而更重要的工作是由毕达哥拉斯及其追随者在意大利完成的,而且此种研究同数学法则的研究亦步亦趋。

最初毕达哥拉斯并没有公布他们的发现;但秘密没有守住,[61]这个新的知识被游走的诡辩家发现出来,如伊利斯的希瑟阿斯(Hippias of Elis),公元5世纪下半叶,此人访问雅典。希俄斯岛的希波克拉底(Hippokrates of Chios)作为早期最优秀的几何学者,发现了解决那个有名的立方体的复制问题的第一步,而他正是在雅典学习几何学。作为一个附属国的臣民,他来到皇城的法庭中寻找正义,由于法定等候期较为漫长,便参加诡辩家所教授的几何学课程。

柏拉图《泰阿泰德》的开头部分,有一段文字阐明了公元4世纪初雅典的数学教育。根据对话所假定的时间,泰阿泰德在公元前399年仍然是一个年轻人,当苏格拉底询问一个笼统概念的意义时,即用于无限数的具体事实的笼统概念,泰阿泰德尝试通过数学性的例证来解释。泰阿泰德的老师即是著名的数学家昔兰尼的泰奥多洛斯(Theodoros of Kyrene),后者一直在向学生传授几何学方面的不可比较性,并证明正方形的边从"3、5、6、7、8、10、11、13、14、15至17(英尺)",其面积与边长为"从1至17(英尺)"的正方形不可对比。因此,他的学生们尝试着寻找同样的描述,用于不可比较的所有近似的例子之上,还会把它们同那些边长不可与"一英尺及其倍数"相比较的例子区别开来。问题的解决就是替换掉[62]那些拥有三、五、六等平方英尺的正方体,而代之以同样面积的长方体,它的边长与"一英尺"的线是可以比较的。值得注意的是,这段文字预设的几何学概念,正是我们在《厄》990d中所找到的概念,即"在本质上互不相似的数字,在平面上具有了相似点。"立体几何学的创立人泰阿泰德是数学早期历史上最重要的人物之一,大概比柏拉图小十二岁,而柏拉图也是在泰奥多洛斯门下学习数学的。那么毫无疑问的是,在公元前387-前368年的最早年月里,他同柏拉图一起在学园工作。在对话中,泰阿泰德的名字和性格被描述成了一个思想者的典型;显然,泰阿泰德的数学成就在柏拉图的脑中留下了极为深刻的印象。①

---

① 有关泰阿泰德,可参泰勒的短论,《柏拉图》,页322。我们没有必要假定柏拉图自己最初的数学研究,会如他归于《泰阿泰德》的那样广阔。柏拉图早年的对话对数学并没有表现出特别的兴趣。最初的暗示出现在《美诺》和《王制》中。

学园在公元前 387 年开始运作，或是在这个时间后不久。柏拉图定然在这个时间之前就将其学生聚集在周围。柏拉图早年的著作，使其以思想家的身份而广为人知，且毫无疑问，众学徒着迷于柏拉图的个人魅力。《美诺》展示了在数学教学方面的实践；[63] 也许正是此类工作让柏拉图形成了关于学园建制的想法，在学园中以系统的方式教授一定的课程。《王制》第七章中，苏格拉底描述了这样的课程，而这部作品可能正是在这个时候写成的。无论我们对这部对话的其他部分有什么样的看法，这一点毫无疑问，即在此处，柏拉图提出了一个哲学家的教育计划，而且这也是他早年的教育经历的结果。整个教学大纲的基础便是一个完整的数学课程。

在建立他的学园之前，柏拉图第一次游历了西部，并拜访了塔伦特姆的阿尔基塔斯（Archytas at Tarentum）。尽管推测性的传记十分不可靠，也许我们的假设还是得到了证实，即柏拉图的目标就是亲自着手最好的工作，而这工作就是数学及其相似科目。阿尔基塔斯是意大利毕达哥拉斯学派的掌门人，也是欧洲思想早期历史上一个重要人物。阿尔基塔斯作为力学（机械学，数学分支）的建立者，在几何学的圆锥截面的发展上做了富有成效的工作。在前面提到的有关数学历史的两本书中，可以找到他解决立方体复制问题的全面描述。他以哲学家和数学家而知名，也是一个成功的治邦者，这是众多证明其哲学家身份的例证之一。他大概与柏拉图同龄，并且[64] 两个人明显长期地、强烈地敬重对方。

柏拉图带着建立学园的想法回到雅典，并立刻买下了城外的一处地方，在此处为学园定下了名称和居所。在柏拉图之前已经有哲学家把他们的学生聚集在周围，但柏拉图为高等教育而建立一个有组织的学园的行动，绝对是一个非常原创性的工作。他当然是欧洲大学教育的奠基人。

在这样的学园中，研究性的工作并非不比教育重要；而在学园历史的最早年月里，最明显的特征就是其在数学方面的研究工作。那段时间里，同柏拉图一起工作的人有：泰阿泰德，我们已经提到过,他是立体几何学的奠基人;塔索斯的拉俄达玛斯(Laodamas of Thasos),被认为在几何学中发展了解析的方法;欧多克索斯,天文学家,除了其他对数学的贡献之外,欧多克索斯详细阐明了比例的理论,这种阐述的形式,在欧几里得《几何原理》的第五章中同样可以找到。欧多克索斯从基泽柯斯(Kyzikos)来到雅典,而且似乎还把在基泽柯斯聚集的弟子带来了,这些弟子中有墨耐基莫斯(Menaichmos),此人发现了圆锥截面,以及戴诺斯特拉托斯(Deinostratos)和天文学家赫利孔(Helikon)。这样的一群人聚在一起工作,一定会比他们分散开来取得更多的成果;[65]雅典学园建立后的四十个春秋,极大地扩充了人类的知识,也许没有哪段同样长的时间内取得的成果比它更重要。柏拉图声名远著,他把同时代最能干的科学家齐聚一堂,让他们在同一时间沉迷于不同的工作方向,而柏拉图又始终同这些人所取得的各种成就保持一致。完全沉浸于对新世界的发现中是一件令人兴奋的事情;一个拥有柏拉图那样的哲学想象力的人,必定深知在柏拉图本人指导下进行工作将会有一个广阔的发展前景。以下事实就容易理解了,即柏拉图把数学不仅仅看作是自然科学的基础,而且还是宗教和政治哲学的基础。

天文学的进展更加缓慢。当柏拉图写作《王制》时,他发现科学的方法必定是数学性的。第一个值得考虑的行动就是,在学园中让这样的考虑得以在其指导之下实现。毕达哥拉斯发现地球是一个自由悬挂在空间中的球体,这为柏拉图准备了道路。他们也得出了同样的推论,即众天体总的说来均是球体的。整个天体每日的可见运动,使他们都以把地球当作宇宙的中心为起点;接下来,也就不难根据太阳和月亮在宇宙中每日的运动来安排它们的位置,他们认为太阳与月亮分别在年与月的时间内,以不同的方向沿着圆周形的轨迹以较慢的速度运动。[66]在关于五大行星的问题上,本欲勾勒出第二个类似的结构,但是由于他们的中断和衰退而被搁置下来。对表面的运动作简单的解释已经不太可能,这些运动尽管有背离之处,但它们仍然沿着太阳年的轨道运动,如金星和水星同太阳保持一致,而其余三颗行星都有较长的一段时期同太阳的轨道全然不同。

由于缺乏对行星显现出来的运动的了解,现代人要理解古代天文学十分困难。柏拉图最早关于这个主题的概念来自于一个图表,此图表展示地球和其他行星绕太阳以椭圆形的轨道运动;而且他忘记了这些轨道并不是由勾勒出它们在宇宙中的位置而得到的。真正的运动完全不同于表面运动的位置,这就不容易在现代普遍接受的作品中找到后一种运动的图表。一个例证显示在洛奇的《科学的先锋》(Sir O. Lodge, *Pioneers of Science*)中提到过的土的表面运动,而在菲利普编的《绚烂的天宇》(T. E. Phillips ed., *The Splendour of the Heavens*)中的一些图表显现了部分其他行星的运动轨迹。如果对行星显现给地球上的观察者的运动不熟悉,那么就很难理解前哥白尼天文学说的困难之处。

希腊天文学来自于毕达哥拉斯的信念,[67]即天体一定是在圆周形的轨道上旋转,因为这是所有运动中最完美的运动。这样的信念对于任何科学上的真正进步来说都是偏见,但运用这样的假说对那些先行者来说也许十分有用;当然毕达哥拉斯在几何学原则的知识中有颇具价值的手段。天文学是否能由这样的原则所推动而进步,取决于他们所采用的数据的完整性。在《厄》中,柏拉图论及仅仅观察外在天象的天文学者时,显出鄙薄的态度(参990a2及注)。① 但是从关于埃及与叙利亚观察者的谈论来说,很明显,他已经认识到,系统记录对于思想传承的重要性。设若没有关于土星三十年周期运动的记录,那么就无法对行星所显现出来的运动有一个哪怕是最初步的知识。也许在亚历山大大帝征服巴比伦以前,希腊人并没有关于此种记录的准确知识(公元前331年)。然而,欧多克索斯也许带来了埃及的信息,也就是带来了工作

---

① 应该记住的是,当设备只是用来作本初子午线的观察之时,只要唯一可能的观察方式是水平面观察的话,那么就很难预知几何学的工作领域能打开多宽。这个工作直到柏拉图死后半个世纪才得以完成。

得以依赖的数据。但是,柏拉图的看法是正确的,这些数据是如此重要,希腊人带着这些结果结合着柏拉图的[68]数学知识,不久就能取得更快的发展。

毕达哥拉斯学派在公元前5世纪及公元前4世纪的前二十年里,似乎并没有足够的数据使他们能够哪怕是建立一个最初的行星体系科学理论。在《王制》的厄尔神话中,柏拉图让苏格拉底以毕达哥拉斯早期的一种形式说出了毕氏的概念。这仅仅是一种观察,而并不是一种科学性的描述;但是,这表明谈话者熟知前望远镜时代所了解的五大行星,并且还知道它们同地球的远近次序。此处并没有提到它们的名字或是运动周期。但是,对它们的描画立足于一种理论之上,此理论假定它们由同心的半球体所推动来解释运动。在对立的半球体上,塞壬女妖所演唱出来的每个音符构成音阶,这正表明此理论符合毕达哥拉斯的原理。

在《蒂迈欧》中,毕达哥拉斯的理论以一种更精细、更几何化的方式得到阐明。宇宙被认为是以两个同心圆的形式被创造出来的,它们共同的直径就是天空赤道面(celestial equator)同黄道面的相交线。外层的圆包含恒星,并且还有一条垂直于赤道面的轴。它沿着这条线二十四小时旋转一次,并推动整个内圆运动,除了同中心相连的一小部分以外。内圆旋转的部分包含七个独立的圆周,它们一环套一环,[69]而且除了外层圆周所赋予它们的运动以外,每个都还有各自的旋转运动,绕垂直于黄道面的轴并以同外层圆周相反的方向而运动。在这些圆周的最中心就是地球,地球推动月球的运动并同月球保持同样的距离,而自己并没有旋转运动。① 结果是对于地球上的观察者来说,每一颗行星

---

① 在这里没有必要讨论关于 $ἰλλομένην$(Tim. 40b8)的意义这个棘手的问题,关于这方面的参考文献,可参看伯内特,《从泰勒斯到柏拉图》,前揭,页348,以及《早期希腊哲学》,前揭,页301-304。他所持有的观点似乎是希腊人唯一认可的观点。

似乎都有一个相反的运动。与恒星每二十四小时就回到原点的精确圆周运动不相同，它们的每个轨道偏向于一种螺旋，而每天都同黄道面有一个新的交点。这个点逐渐自西向东运动，其速度对于每个星体来说均不相同，最终完成黄道的一周（参希思在《萨摩斯的阿里斯塔科斯》，页159,160中的描述，前揭）。

这里所描述的毕达哥拉斯学派的观点最终达到了天文学的相当高的水平，而且他们还被称为科学式的人物。他们很熟悉黄道面和天空赤道面，并且对行星的运动也有所了解，但是他们的理论只能对行星沿轨道运动做整体上的解释，而这种运动大体上符合太阳[70]每年沿黄道的运动。虽然谈话者附带暗示了轨道中的逆行和循环现象（《蒂迈欧》40c），但这个几何学的理念还是完全忽略了反常现象（aberrations）。

如果我们从《蒂迈欧》转向《法义》和《厄》，我们就会发现行星运动的困难会以一种完全不同的方式出现。作者坚信行星体的真正轨道大不同于它们所显现出来的运动，而且也要更为简单。作者并没认为这个问题已经被完全解决，而正如我们看到的那样，他也说自己对正确解决途径的了解已经很晚。在《法义》卷7,822a中，他说：

> 最好的人啊，以下的教条是不对的，即认为月亮、太阳和其他群星，有时会四处游荡。事实恰恰与之完全相反，它们中的每一个，均沿相同的轨道前进，且只有一个，而不是许多——尽管看上去有许多。（参潘戈译文，前揭，页214）

在《厄》中，在论述每个行星的单一圆形轨道之时，他反复强调这些轨道只能被那些参加过数学课程学习的人所理解，而且还认为他们也没有能够完全解决所有行星的问题。此外，如若对987b,c所采纳的解释正确无误，那么我们可以说整个宇宙每天的运动并不真实，而仅是看上去如此。当然，这也是《法义》强调每个行星单一圆形轨道的必要结果,如果我们假定作者对[71]主题有所了解的话,那么这种结果也是在如下的假定之上得出的,即宇宙所显现出来的运动只是由于地球的运动而产生的一种幻像。在《法义》或是《厄》中,他并没有提到这个运动的本质。有可能的话,如果作者采纳了通常被认为享有著作权的那个人,即蓬托斯的赫拉克勒德斯(Herakleides of Pontos)的观点,那么可以自然推出,该作者相信地球的运动应该是绕轴旋转。然而,他也许跟从毕达哥拉斯的观点,认为地球绕着一个中心之火旋转。任何一种情况下,地球自西向东的运动都会造成一种宇宙自东向西运动的幻像。就算假定每天表面上的运动理所当然,并只是忽略掉所描述的目的,也不会起任何作用。因为这段文字尤其关注真正的运动,所以必定会提到所有这样的运动。正如提到太阳和行星一样,所提到的异常现象并不仅仅是行星运动过程中所显现出来的逆行和循环,还包括整个复杂运动的体系,此体系由宇宙每日的运动和太阳、行星绕黄道的运动混在一起所构成。

我们不得不面对这样一个事实,即在《法义》中所谈到的内容短得令人失望,而《厄》中的文字又不太清楚。不用怀疑的是,柏拉图故意保持沉默,主要是担心清楚而全面地陈述会导致当局干涉他的学园和他自己。

[72]那么,我们可以确定的是,柏拉图在其晚年就天文学的立场发生了巨大的变化;但是他自己的作品所提供的资料有些贫乏,让我们很难断定他最终的观点是什么。然而,这些资料可以从以下三个方面的旁证中得到补充:

第一,亚里士多德,在《论天》,卷2,293b32里,把《蒂迈欧》40b8中的 $ἰλλομένην$ 一词理解为地球绕整个宇宙轴而旋转。目前,无论对这个词的意义的解释正确还是错误,都不太可能给出这样的陈述,除非柏拉图事实上相信这种地球的旋转。在柏拉图最后二十年里,亚里士多德与其关系亲密,而且也一定熟悉柏拉图关于这个话题的观点。

第二，普鲁塔克在《柏拉图问题》8中谈道："泰奥弗拉斯托斯（Theophrastos）讲柏拉图在其晚年后悔把地球放在宇宙的中心位置，这本不应该属于地球。"泰奥弗拉斯托斯也是柏拉图的一个学生，不太可能在这一点上犯错。在记述努玛（Nama）生平的第11章中，普鲁塔克做了相似的陈述而没有提到他的老师，还说柏拉图认为中心位置应该属于另外一个更高级的形体。

第三，辛普利修斯是欧德墨斯（Eudemos）的老师，也是亚里士多德的学生，他认为柏拉图给所有最好学的学生提出了一个难题，也就是找出"在行星显现出来的运动可以得到解释的假定之上，什么是统一而有次序的运动"（Simpl. *In Cael.* 448，H. Heiberg）。

[73]克尼多斯的（Knidos）欧多克索斯和蓬托斯的赫拉克勒德斯是柏拉图的两个十分聪明的学徒，他们的天文学作品受到柏拉图最后观点的影响。欧多克索斯的数学作品已经被提到过了，他在天文学方面的作品对该科学所采用的形式产生了长久的影响，持续上千年。而赫拉克勒德斯的作品也毫不逊色。

欧多克索斯是一个有鲜明个性的人。亚里士多德（《尼各马可伦理学》10.2）称颂他的人格魅力和公正之心，而他的那些同乡们则请他草拟法律章程。欧多克索斯是一个充满热情的天文学家。从克尼多斯的观测点，他发现了老人星，而此星距南极只有38.5度；普鲁塔克（《伊壁鸠鲁不可能的幸福》，1094A）说，如果欧多克索斯要第一个去考查那个发光体的大小和构成，欧多克索斯本人则将会像四轮马车一样被太阳烧掉。欧多克索斯对行星的运动作几何学式解释，假定27个同心半圆一环扣一环，并绕不同的轴而旋转，以此解释它们所显现出来的不规则性。在希思的《萨摩斯的阿里斯塔科斯》（前揭，页195及以下）中可以找到对这个独特理论的全面描述，并认为此理论是"一个配得上欧多克索斯之大名的思辨成果"。事实上，这正是前望远镜时代的天文学整个结构赖以存在的基础。它还被亚里士多德以及卡利普波斯（Kallippos）所采纳，后者尝试着通过把半球的数字增加到55以进一步完善这个理论。这些并没有穷尽[74]不规则的现象,佩尔佳的阿波罗尼奥斯(Apollonios of Perga)用传输的和本轮的(deferents and epicycles)系统来代替半圆体,这个系统更易于接受扩充,并在时间上扩展成对托勒密系统的全面解释,连同弥尔顿(Milton)所假定的天体一起使创造者(the Creator)发笑:

说什么用同心圆和异心圆,/天圈和周转圈,圈中的圈,来/圈住这个大球等说法,离奇可笑。(参朱维之译文,前揭,页286。)

初看起来,柏拉图在《法义》中关于行星体以圆周运动的评论表明,他正如亚里士多德一样接受了欧多克索斯的天才假说。柏拉图赋予每个行星单一圆周轨道,还有欧多克索斯的27个球体所产生的精细运动,不过这二者之间想要建立真正的联系,可能性不大。

柏拉图的另一个伙伴,蓬托斯的赫拉克勒德斯,不大受古代那些操控哲学史的丑陋商贩们的欢迎。此类攻击可以忽略。没有理由怀疑苏达斯的论述,他认为柏拉图在去西西里期间,选赫拉克勒德斯来掌管学园;这也可以当作是柏拉图个人性格的充足证据。柏拉图可能在数学方面更为在行,而赫拉克勒德斯在天文学方面的作品就表现出一种更可靠的科学直觉。以下两件事通常被归于赫拉克勒德斯的名下:第一,相信整个宇宙所显现出来的每天的运动就是地球绕其轴运动的直接结果;第二,[75]认为太阳是金星和水星运动的中心。

柏拉图从赫拉克勒德斯那里接过这些观点的最初形式是极有可能的。还有可能,柏拉图也跟着赫拉克勒德斯为金星和水星勾勒出绕太阳运动的圆周形轨道(参《厄》990b5-8注,那段文字坚定地支持这个观点)。但是柏拉图和赫拉克勒德斯就停留于此吗？斯基亚帕雷利(Schiaparelli)坚持认为赫拉克勒德斯走得更远，并通过一个与哥白尼相同的假说，预言萨摩斯的阿里斯塔科斯的概念，而他的一些日耳曼(German)追随者(格拉普[Gruppe]和沃尔夫；参里特尔，《〈法义〉义疏》页247)把同样的观点归于柏拉图名下。然而，希思(《萨摩斯的阿里斯塔科斯》，前揭，页275及以下)最终表明，没有理由把哥白尼主义的观点指派给赫拉克勒德斯。当然，正如伯内特所认为的那样(《从泰勒斯到柏拉图》，页348)，哥白尼假说在学园中也许就已经提出来了。但在《厄》中并没有露出痕迹，在其中太阳总是被认为是绕黄道旋转的星体。这个观点总是同以下的信念相联：当那些受过更好训练的天文学者获得更全面的天文知识之时，一个极其简化的星体系统正等待发现。困扰柏拉图的难题现在已经被解决了，而且这样的一个时代的到来并非不可能。到那时，一个类似的简化的体系也许会发生效用，这样的效用是在我们了解太阳及其卫星所属的恒星群更广袤的运动的基础之上发生的。

《厄庇诺米斯》导引①

劳埃德

《厄庇诺米斯》的主题是"智慧"。从形式上说,该对话是《法义》的附录,有时也被称作《法义》的第十三卷,因为它回答了如何获得《法义》第十二卷要求的夜间议事会成员所具备的德性和福佑的最高境界。但它也是最早的"规劝"文学的范本,是马基雅维利笔下的《君主论》之先祖,也是波爱修(Boethius)和基督教教父们的《慰藉》和《劝勉》。如果泰勒能够活着看到自己翻译的《厄庇诺米斯》出版,他也许就会想到要讨论亚里士多德本人的《劝勉篇》(Protrepicus)与《厄庇诺米斯》紧密的联系(《劝勉篇》深刻地影响了西塞罗的《荷腾西乌斯》[Hortensius],我们想到,西塞罗这本书又"改变了圣奥古斯丁的情感")。

《厄庇诺米斯》的旨趣在于这一点——它发展了柏拉图一个众所周知的观点,即,人的目标是要理解并沉思"理念"世界的统一性和善。初看上去,这个观点在柏拉图著作中经历了三个阶段(如果我们算上《厄庇诺米斯》的话)。这些阶段并不必然就表示理论上的变化,但至少代表着作者的兴趣在重点和方向上的变化。首先,该书有一种在《会饮》和《王制》中可以找得到的熟悉理论,即,通过辩证法,也就是通过连续不断在"一"中发现"多",心灵就会达到绝对的美或善这座金字塔的顶峰(《会饮》210-211)。但在《王制》之

---

① [译按]本文是劳埃德(A. C. Lloyd)为泰勒(A. E. Taylor)翻译的《厄》所写的导言(*Plato: Philebus and Epinomis*, London: Thomas Nelson and Sons LTD., 1956)。

后,我们常常发现我们本来以为会用"善"的地方,却要么用了"存在",要么用了"统一",而且其重点也更不那么强调个体的理念,而是更强调那些理念所形成的整体或体系。第三个阶段可在《厄庇诺米斯》中较容易地找到。因为在这里,以前叫做"初步的"沉思,也就是对天体系统的具体统一性所作的沉思,取代了对理念统一性的沉思,结果天文学似乎篡夺了辩证法的地位。① 要把这样一种观点附会到《法义》之上(正如某些人所做的),这在泰勒看来,肯定是错误的。尽管他承认,在《厄庇诺米斯》中,数学和数学性的天文学与辩证法的关系比此前任何时候都更近,但他会认为,由此就推导出"第三阶段"太过夸张。然而,很多研究者就推导出了这样的结论,对那些学者来说,一个麻烦的问题是如何至少要把它与第二阶段协调起来,在第二阶段中,所有实际的事物都被认为与理念的现实性有着尖锐的区别,也就被这些人认为更是柏拉图本人的思想。

现在,有些人倾向于轻描淡写地对待亚里士多德对学园形而上学的阐释,但泰勒本人不在其列。而如果我们为对话重点的变化感到不解,那么注意到以下这一点可能会有些价值:在亚里士多德看来,柏拉图要么把统一体等同于善,要么把前者视为后者的本质(《形而上学》1091b13–15;另参988a11–15)。至于实际的天体在最高研究中的地位,如果要更为思辨得多的话,那么,一旦我们把后期对话中的"统一体"在某种康德式的意义上错误地理解成范畴,并且把它之中到处都有的理念理解为一种抽象的普遍物(或者把这两种东西都看成抽象的普遍物),那么就很可能产生出困难。因为实际存在与理念后来形成了两种逻辑类型,如果不是形成了两个世界的话。也许柏拉图的终极现实性毋宁是具体得多的普遍物,结果,比如说,他称之为完美运动的那种东西,除非也是现实的,否则

---

① 在991以下,辩证法的方法仅仅成了"最好的基石",天文学还成了"目标",不惟如此,而且也只是在天体研究和天上时间研究之间,轻描淡写地提了一下辩证的方法。

就不会是完美的。要考察柏拉图著作中的这种阐释及其证据,在这里很不合适。但以下几点想法也许会对读者有所帮助,而不至于回避问题的实质。

首先,我们必须想一想,在《蒂迈欧》中(30-31),实在世界的图景被捏造成"可理解范型"的摹本。如果这种捏造不被视为一种文学手法,而被看成表达了希腊传统的逻辑分析方法——对柏拉图来说,就是伦理分析的方法,那么我们就可以懂得,这种"范型"无非就是整体本身(《蒂迈欧》30c,31a)。因此,摹写这个范型就意味着通过"最好的纽带"(同上,31b及其以下)制造了一个整体或系统,以及制作出了各要素的联系纽带,因此,一个数学性的进程就不可避免。因为在第二方面,我们得记住以下发现对柏拉图所产生的影响,即星球并非"漫游的星辰",而必须遵循数学的法则(星辰的地位在《王制》中并不明晰。《厄庇诺米斯》是第一部流传下来的完全叫出了已知星球名称的希腊著作)。那就是为什么允许天体在柏拉图的意义上成为神圣者的原因(就好像在《蒂迈欧》以及《厄庇诺米斯》中一样)。最后,在《蒂迈欧》中,人们视为质方面差异的东西,已降低为量或比例上的差异——而且那肯定指向了一种方法,把辩证法变成不多不少刚好就是关于数的科学,而辩证法本身乃是"划分种类的科学,而不要想到一个类就是二或两个类就是一"(《智术师》253d)。

在《厄庇诺米斯》中,能够让人看到那种统一所有科学的纽带的,是关于数的科学(991b,c)。既然柏拉图在《法义》中已经暗示了辩证法可以应用到更广泛的地方,也就是要把诸如天文学在内的"最初的研究",变得不是意味着研究的终点,而是把那些研究本身变成真正的"智慧"的一个种类。如果这些说法正确,那么,星球就会是"可见的神明"。星球由于被赋予了作为运动原则的灵魂,它们(就会靠季节之类的手段)引起宇宙所有部分的变化。掌握了它们的现实运动,而并非表面看起来的运动,也就掌握了整体的数学结构,即《智术师》(249a1)很久以前就叫做"崇敬的对象"的

παντελῶς ὄν[绝对的存在]。

这种学说让人想起亚里士多德的说法,他说柏拉图把理念变成了数。泰勒之所以认为《厄庇诺米斯》关于数学的这段话特别重要,这也许可以在他所加的脚注中看出来。其原因可以在他为施坦泽(J. Stenzel)的著作撰写的书评中就柏拉图后期哲学所提到的一个影响深远的说法中找到。① 《蒂迈欧》已经表明,所有的可见物都可以由比例上不同的数字所构成;其次,亚里士多德说,柏拉图把"理念－数"变成了所有东西尤其是质料性东西的形式要素。然而,《蒂迈欧》中的解释不能用来作为亚里士多德解释的特例,因为希腊人一般都承认几何学(长度)应与算术(数)相分离。如果承认存在不可通约的比例,比如四边形的边和对角线的比例,这实际上也是《蒂迈欧》中的基本比例。亚里士多德对"理念－数"的描述还有第二个困难:他说柏拉图把质料原则变成了理念－数的原则,也变成了特殊物的原则,而我们大概只会想到后者。亚里士多德还说,柏拉图除了把它叫"无限者"之外,还赋予它"至大且至小"这种特殊的名号。泰勒的推测意味着:如果我们认为柏拉图在《厄庇诺米斯》中否认几何学不能简化为算术,并认为柏拉图这样做,是试图构建一系列"份额"(cuts)真实的数——尽管错了,从而让无理数在其间可以找到一个位置,作为汇集起来的连续小数的界限,那么,这两个困难就迎刃而解了。② 因为从那种接近于$\sqrt{2}$的连续小数的值,要么太大,要么太小。泰勒在其《形式与数》的文章中详细阐述了这种看法,③后来于其《柏拉图:其人及

---

① 施坦泽,《柏拉图与亚里士多德的数与形》(J. Stenzel, *Zahl und Gestalt bei Platon und Aristoteles*, Leipzig–Berlin, 1924, Gnomon II [1926]),页396–405。

② 参斯密沃那伊俄斯《柏拉图辑语中的数学阐释》(Theo Smyrnaeus. *Expositio rerum mathematicarum ad legendum Platonem utilium*, ed. Hiller, Leipzig, 1878),页43以下;另参柏拉图《王制》546c。错误或许就在于想找到一个适用于三次方程的方法。

③ 《论灵魂》第35篇(*Mind*. XXXV, 1926),收录在其《哲学研究》(*Philosophical Studies*, London, 1934)中。

其著作》的第十九章中提供了概要。

其他学者普遍认为泰勒对《厄庇诺米斯》这段话的理解太过"我注六经",因为就无理数而言,该书显然不如《泰阿泰德》147-148说得多。托布里兹(O. Toeplitz)在对整个这段话做出卓越的阐释后,得出了这一结论。① 此外,琼斯(R. M. Jones)提出理由,认为990d中的ὅμοιοι ἀριθμοί [相同的数]不是指可通约的数,而是像欧几里得那样,指那些拥有比例数量的东西。尽管两种阐释在数学上都同等重要,但后者会让柏拉图把无理数说成长度。

《厄庇诺米斯》在宗教思想史上占据着一个有趣的地位。② 该书可以被视为公元前4世纪的哲学家和天文学家所接受的宇宙论,与希腊宗教的星辰朝拜、泛神论或灵知主义的中途之点。作为前者的观念的智慧从整体上说就是科学知识,后者所谓的智慧指的是虔敬。这里不能忘掉柏拉图主义黑暗的一面。因为它缺少希腊科学中的实验方法,而且柏拉图对那种缺失的热情赞同(不管柏拉图使了多大力气来否认自己与那种后果的联系),鼓励了一种东方式的让科学从属于宗教的做法,并由此让两者都淹没在迷信与魔法之中了。

几乎可以肯定地说,古典希腊宗教中根本就没有星辰朝拜。但从亚历山大大帝以来,由于人们对传统神明不满意,这就在很多有文化的希腊人中催生了一种对天体神圣性的信仰;在这个进程中,那种把神性等同于"规律"的科学的哲学充当了助产士的角色。③

人们可以从不同的角度来解读这篇对话的中转地位。首先,该

---

① 参《数学性的〈厄庇诺米斯〉》(Die mathematische Epinomisstelle, in *Quellen und Studien zur Geschichte der Mathematik*, Abteilung B. II. Iv, 1933)。

② 关于这个问题,可参费斯蒂吉耶《可见神赫耳墨斯的启示》(A. J. Festugiere, O. P., *La Revelation d'Hermes Trismegiste*, tom. II, Le Dieu cosmique, Paris, 1949)。

③ 尼尔森,《希腊宗教史》(M. P. Nilsson. *Geschichte der griechischen Religion*. Bd. I (*Handbuch der Altertumswissenschaft*, hrsg. W. Otto, V. ii, i, Munich, 1941),页789-790。

书对待"蛮族"观念的态度,既不是简单的拒绝,也不是简单的接受(987d9)。该书对"精灵"(984e-985b)的看法(与后来圣托马斯在自己的论文中对天使的用法完全一样①),比希腊文献中任何已知的作品都更详实,但其中还看不到任何东方式的好精灵和坏精灵的理论,尽管这种理论很快就会流行起来。该书要把个体的灵魂"统一起来"(986d3,992b5-7)以成为宇宙的微缩版或小型模仿的理想,立即就成了新柏拉图主义伦理学和廊下派伦理学的基石。最后,神明本身的位置却变得不确定起来(983b)。历史的选择仍然向以下两者敞开着:第一推动者的超越性,以及自然的神圣灵魂的内在性。

不幸的是,《厄庇诺米斯》的旨趣并不能保证它是出自柏拉图之手。事实上,从其内容和形式来看,其真实性一直受到质疑。从策勒尔(Zeller)以降,②人们普遍的反对意见在于:书中对精英所要求的"智慧",其实不是柏拉图主义的"智慧",毋宁是某种神智论(theosophy)。其中的精灵学(demonology),把非物质的东西实体化了,兴趣也从"城邦-国家"转向了"世界之城",以及一种教条性的宗教狂热的强调,凡此种种都指向了"希腊化时代"。其间可以看得出东方的甚至廊下派的影响。③ 刚才所说的已足以回答这些指控。泰勒在其译本的最后一个注释中,简短地讨论了星辰的神圣性以及精灵学的神圣性问题。他也许会对981b和983d中明显否

---

① 普拉斯《〈厄庇诺米斯〉的宗教之门》(E. des Places. La portee religieuse de l'Epinomis, in *Revue des etudes grecques*, L,1937),页324。

② 策勒尔《柏拉图与早期学园》(E. Zeller. *Plato and the Older Academy*. English transl., London, 1876),页616。

③ 另参苏耶《〈厄庇诺米斯〉与学园中的科学—宗教活动》(J. Souilhe. L'Epinomis et le mouvement scientifico-religieux de l'Academie. In *Travaux du IXe congres international de philosophie*, tome V, partie iii, 'Actualites scientifiques et industrielles', no. 534, Paris, 1938); J. Bidez, *Eos, ou Platon et l'orient* (Gifford Lectures 1938), Brussels, 1945, Chs. Xi, xii.

认理念做出解释,说那里唯一相关的"存在种类"就是推动者和被推动者。

把"以太"当做第五元素(981c),也有着特别的困难。因为亚里士多德说,好像在他自己之前没有人相信那种多于四根的说法(《论生成与毁灭》330a30以下)。另一方面,必须记住,《厄庇诺米斯》中的"以太"仅仅是"气"与"火"(星辰由它们构成,有如在《蒂迈欧》中一样)的中间介质。"以太"不像在亚里士多德的《论天》以及可能在《论哲学》中一样,乃是与"土"有距离的"第五物体",并且在纯度上位列第一。也许亚里士多德不会把"以太"看作一种真正的、独立的元素。人们可以由此引证这样的事实,即亚里士多德甚至不认为柏拉图主张四根,而只是主张三根,因为亚里士多德把柏拉图的"气"和"水"视为"土"和"火"的中介或混合物(《论生成与毁灭》330b15-17)。泰勒指出,把"以太"从"气"中分离出来,这是一个自然的发展过程("气"在以前曾是更高级和更纯粹的元素),以便以太能够与第五种常规固体即十二面体(dodecahedron)相联系,《蒂迈欧》也遮遮掩掩地承认了那种东西。①

至于风格方面的证据,米勒从《厄》中收集了大量词语和短语,认为这些内容均为非柏拉图风格。② 泰勒在与不列颠学园的通信中详细回应了米勒的分析,③泰勒认为米勒误解了部分词语及短

---

① 现在把十二面体放在气和火的中间位置,还让(五边形的)各个面不能还原到它们的组成要素,即三角形,这并不会让物理学产生混乱(很对不起H. Cherniss, Gnomon xxv, 1953, p. 372)。它可以像"土—立方体"那样对待,后者出于同样的数学原因,不能变形,但仍然允许其他元素通过自己(《蒂迈欧》56D)。

② 参《奥普斯的菲利普〈厄庇诺米斯〉的风格考察》(*Stilistische Untersuchung der Epinomis des Philippos von Opus*, Diss. Berlin 1927)。

③ 参《柏拉图与〈厄庇诺米斯〉的真伪》,收录于 *Proceedings of the British Academy* XV, 1929。

语,其中某些例子也出现于柏拉图的其他作品中,尤其见于《法义》之中。德国学者普遍认为《厄庇诺米斯》并非柏拉图所作,但也有学者刻意重建柏拉图晚年的写作原则与风格。温斯勒·泰勒回顾米勒与泰勒的观点,曾就此问题有过全面的论述。①

另一方面,我们必须认识到,这个风格问题,十分复杂,但又无法回避。只要有人引述证据证明《厄》同《法义》、《书简》风格上的一致,②就可以解释为模仿做得太好了;只要有人引述证据表明《厄》与柏拉图的主张相去甚远,就可以说模仿者才智不足。③

争论的很多焦点都是哲学问题,没有必要在这里予以概述。这里只阐述一下泰勒本人对于那些否定该书出自柏拉图之手的观点的看法。泰勒认为,那种观点很大程度上乃是德国学术界拒斥《法义》这一做法的遗风,那种做法依赖于所论问题的证据,同时在另一方面根本就没有承担起证明该著作真实性的责任。泰勒认为,天文神学的教义并不比《法义》中的更多,而且那种结构凌乱、平淡乏味的文风以及相当频繁的句法不连贯,人们可以想象得到,这正是那种耄耋老人的手笔(《法义》已着先声)。泰勒说,"我们手中所拥有的是一部从未经其作者校订的文本,而是在死后由其门徒传布,这些门徒对先师'本人的亲传'(ipsissima ver-

---

① 参《日晷》第七,1931,页337 – 355。另参帕维鲁《论托名柏拉图的〈厄庇米诺斯〉》以及《论托名柏拉图的〈厄庇诺米斯〉的草图》(J. Pavlu, 'Zur pseudoplatonischen Epinomis' in *Philologus* LVI, 1936, cols. 667 – 71, and 'Zur Abfassungszeit der pseudoplatonischen Epinomis' in *Wiener Studien* LV, 1937, pp. 55 – 68)。

② 例如对文意断裂的避免(参雷德尔《莱茵语文学博物馆》[H. Raeder, *Rheinisches Museum für Philologie*, N. F. LXI , 1906, pp. 442et seq.]);以及句子结尾的韵律(参毕利格,《诗句尾部与柏拉图年表》,前揭)。

③ 参温斯勒·泰勒,所引相关文献,页346:"对话之中很少有句子不让读者感到惊讶,也很少有句子会完全依赖柏拉图的模式。这种奇怪的混合包含着一致,也包含着冲突,它表明《厄》出自模仿者之手……"

ba)极为崇敬,禁止哪怕一些细小的文辞改动,而所有的作者都需要这种润色,才能把自己的著作变成'清样'"。① 在格罗特和伯内特的支持下,这种观点在不列颠学者中比在大陆或美国更为流行。② 但读者也许能够在雷德尔精妙的小册子《柏拉图的厄庇诺米斯》中找到最广泛的论述。③

泰勒的那篇学术文章(译按,即《柏拉图与'厄庇诺米斯'的作者问题》)大部分篇幅都在讨论对话本身。还有某些外在的证据。我们找不到《厄庇诺米斯》著作权的早期证据,而文法学家阿里斯托芬(约公元前257－前180)对证明它是柏拉图的真作几乎没有什么价值。但自西塞罗以来,该书一般都被当做柏拉图著作来引用。在普罗克罗斯(Proclus)之前,我们不知道任何有名有姓的作者曾怀疑过它的真实性。泰勒认为,普罗克罗斯并没有拿出证据来支持他的怀疑,这一点至关重要。④

近年来,耶格尔已经证明,《厄庇诺米斯》的大部分内容都与亚里士多德《论哲学》(*De Philosophia*)相重合,说明该书肯定是写于

---

① 《柏拉图与'厄庇诺米斯'的作者问题》,页6－7。

② 这种观点最近在法国也得到了想得多的支持。例如,可参普拉斯《论〈厄庇诺米斯〉的真实性》('Sur l'authenticite de l'Epinomis', in *Revue des etudes grecques*, XLIV [1931],以及《为〈厄庇诺米斯〉辨》('Une nouvelle defense de l'Epinomis', in *L'Antiquite classique*, XI [Louvain, 1942]); A. J. Festugiere. Op. cit. , 158 n. 1, 196 n. 1.

③ *Det Kgl. Danske Videnskabernes Selskab. Historisk － filologiske Meddelelser*, XXVI, i (Copenhagen, 1938)。亦参氏著《柏拉图的哲学阐释》(*Platons philosophische Entwicklung*, 2nd ed. , Leipzig, 1920),页413－419。Mueller 在 *Gnomon*, xvi (1940),页289－307 中作了回应。

④ 参奥林匹奥多洛斯《绪论》第25篇(Olympiodorus. *Prolegomena* 25, in *Platonis Dialogi*, ed. C. F. Hermann, Leipzig, 1884, Vol. VI, p. 218)。泰勒在其"论柏拉图《厄庇诺米斯》的真实性"一文中大量地讨论了普罗克罗斯的看法。

柏拉图去世之后。① 在耶格尔看来，亚里士多德在那本书中第一次对柏拉图提出批评，而《厄庇诺米斯》就是来自学园的反驳。如果是这样的话，《厄庇诺米斯》不可能是柏拉图的著作。这个论点的不足之处在于，它并没有证明这个立场没有另外的可能性，也就是说，当亚里士多德写作《论哲学》时，也许脑子里并没有想到《厄庇诺米斯》的作者。然而。埃纳尔森（B. Einarson）认为，我们手上的这个《厄庇诺米斯》对话倒是依据了亚里士多德，因为它误用了《劝勉篇》中的观点。② 他并没有否定《厄庇诺米斯》也同样受了《论哲学》的影响；但既然亚里士多德这两部著作有很多相同之处，《劝勉篇》更早，那么当它发表之时柏拉图尚健在，这倒并非没有可能。然而，这一篇文章中，反对《厄庇诺米斯》真实性的要点，不在于它利用过亚里士多德的观点，而在于它在某种据说与柏拉图的理智能力不一致的意义上"误用"了亚里士多德。

　　一般人都把《厄庇诺米斯》归到天文学家奥普斯的菲利普名下，这种做法必定是完全依赖于外在的证据，因为找不到此人所作的《厄庇诺米斯》，也无他作留存于世。我们拥有的是第欧根尼·拉尔修的说法："有些人说奥普斯的菲利普把柏拉图的《法义》从蜡版上誊抄下来。他们还说《厄庇诺米斯》是菲利普的。"（III. 37）苏伊达斯曾（在哲人的名下）提到，有一个人把《法义》分成了十二卷，并且自己加上了第十三卷；这个人的名字已不可考，但从该文章的剩下部分来看，可以相当肯定那就是菲利普。但没有更多的东西能够为策勒尔、维兰莫威兹、耶格尔和其他人的教条看法提供确实的

---

① 《亚里士多德思想发展史要义》(*Aristoteles. Grundlegung einer Geschichte seiner Entwicklung.* Berlin, 1923)；R. Robinson 英译，原书作者耶格尔做了修订和增加, Oxford, 1934。

② 《亚里士多德的〈劝勉〉与〈厄庇诺米斯〉的结构》('Aristotle's Protrepticus and the Structure of the Epinomis', in *Transactions and Proceedings of the American Philological Association*, LXVII 1936)。

基础。另一方面，我们可以用上这样的原则，即，当可能性的范围变得狭窄时，就会出现一个更低的可能性。因为，一旦假定《厄庇诺米斯》是伪作，并且确定其很可能成于较早的时候，①我们就应该注意到，菲利普所属的那个学园圈子，不可能容纳下很多人，要么有足够的资格或足够的厚颜无耻去创作一篇具有刚才所说的那些特征的著作：

> 我们能够由此就真实性问题得出什么结论吗？就我们刚才所见，该对话内容和观点的价值，取决于我们对柏拉图思想的阐释。对于这个悬而未决的问题，如果我们否认自己拥有足够的知识来支撑一个明确的裁决，这似乎才是公正的做法。

---

① 我们在文法学家阿里斯托芬之前，还没有听到任何人提到过《厄庇诺米斯》之名。但泰勒认为亚里士多德在《形而上学》1073b9 尖酸刻薄地提到了《厄庇诺米斯》987b9。

柏拉图的论题和《厄庇诺米斯》的结构①

塔 兰

我们的发现意义重大,不仅仅在于它指出了《厄庇诺米斯》(Epinomis,以下简称《厄》)的某些文段同柏拉图不合,②而且在于它表明,作者急欲在柏拉图的概念和论题(notion or loci)之上构建自己的学说,以至于曲解或忽略了柏拉图的本意。因此,《厄》作者必定一直在尝试解释柏拉图;而且他似乎断定,倘若——尤其是在柏拉图晚期的作品中,那些潜在的东西被发掘,结果出现的哲学就同《厄》所提出的哲学相一致。③

因此,《厄》作者极有可能真的误会了《法义》戏剧结尾的韵味,而非故意曲解柏拉图,以为后者续篇。④ 但就算《厄》作者误会《法义》,也定能发现柏拉图自己在最后几页中做的承诺,即要按一定方

---

① [译按]本文后三篇文章均选译自塔兰所著《学园:柏拉图、菲利普及托名柏拉图的〈厄庇诺米斯〉》,前揭。

② 应注意此问题,但并不是每一不同之处均可证明《厄》为托名柏拉图之作。因此,笔者关于《厄》的论述,建立在《厄》作者与柏拉图原意不合的那些事实之上,这些事实无法有理有据地归于柏拉图名下。不能仅由于《厄》同柏拉图不合,就断定它是托名柏拉图的伪作。

③ 关于学园中作者好友和后来其他作者对柏拉图的解释,以及《厄》在二者联系中的重要性,本书第4、5章节,详下。

④ 参973a1-b6及注,992d7-e1及注。在973a1中提到的"一致"未出现在《法义》中,这表明《厄》作者误会了《法义》,于是笔者以为,似乎《厄》作者的误读并非有意为之。若非如此,作者本可用更文学性的手段联系《厄》与《法义》。然,就此问题,即《厄》是对柏拉图的解释,研究误读《法义》的真正根源并无多大意义。

向深入发展该作品,而我们发现,此方向也正是《厄》的发展方向。于是,大量柏拉图式论题(topoi)的出现,成为该作品之显著特征;此特征被作为论据,或力陈支持或竭力反对该文本的柏拉图著作权。因此,分析这些论题在文中的运用之前,判定《厄》作者的真正身分更为恰当。这样的研究应该能揭示此艰涩古奥文本的思想晦涩之处,也应能理清文本的脉络结构。

类似的研究并未形成系统;甚至也只有埃纳尔森尝试过部分分析,①埃纳尔森试图[49]解释《厄》结构中的两个困难,然而他却假定《厄》没有受过亚里士多德的影响。② 许多学者已经指出,柏拉图文本中的大量文段与《厄》的相关文段十分一致,但是指出对应的文段是一回事,研究作者为建立自己的哲学体系而对柏拉图论题的独特运用则是另外一回事。

一开始,《厄》作者就明显预设其读者对柏拉图《法义》十分了解,因为其意图十分明显,就是要在同样的戏剧结构中完成该作品。《厄》对《法义》的不断引用,尤其是雅典异方人的断言,即他的对话者拥有反无神论者论述的备忘录(a written account),亦能证实该论。③ 因此,我们不能将《厄》作为独立的作品来研究;相反,正如其主题所示,我们必须把它作为《法义》的附属,参照《法义》进行研

---

① 参看其论文《亚里士多德的〈劝勉〉和〈厄〉的结构》,T. A. P. A. 67 (1936),页 261 – 285,另参他对雷德尔的回顾,A. J. P. 61 (1940),页 365 – 369。[译按]《劝勉》,是一种关于哲学的劝勉,由公元 5 世纪的智术师发展起来,早年的相关文存没有保留下来,不过,柏拉图的《欧蒂得谟》(Euthydemus)提到了一个例子(278e – 282d),最有名的例子就是亚里士多德的这一篇《劝勉》,现在已经失传,主要是对塞浦路斯王泰米森(Themison)宣讲的。参《牛津古典辞典》,Simon Hornblower 和 Antony Spawforth 主编,牛津出版社,2003 年版,第 1265 页。

② 参看该章节 1、2 部分。

③ 参 980d4 – 5 及注。无论对 ἔλαβετε...ὑπομνήματα 采用何种解释,作者在这些文字中暗示,他的对话者拥有在《法义》中"发生"的对话的备忘录。

究。其次,在《法义》中展开的论述或是处理的主题,《厄》均是直接采用,毫无提示或介绍。此外,据《厄》所述,天文学是智慧,而且该结论的得出是在作者对大量的受造物做了描述之后。那么,我们应毫不奇怪地发现作者大量采信《蒂迈欧》,在该文本中,柏拉图结合《法义》第十卷,充分地论述了宇宙的话题。最后,既然在《法义》中,柏拉图并未对夜间议事会成员们即城邦护卫者的教育问题作详细的论述,《厄》作者只好求助于另一部柏拉图作品,即《王制》,在其中柏拉图讨论了该问题。前述内容(参本书前言)已足够回答《蒂迈欧》、《法义》同《厄》的问题;但是《厄》作者对这两部文本的采用,比表面上看起来的要广泛得多,正如他对《王制》的采用,远远超出《王制》本身对高等教育的描述。这种讲法也可以为如下事实坐实:二十部零散的斯蒂凡努斯本中,《厄》所采用的语言和思想与三部作品存在大量的对应之处,相关注解亦可佐证。总之,接下来的分析,连同一些论题的独特运用,会进一步证实,《厄》是托名柏拉图的伪作。

《厄》是对"何为智慧"问题的考察,①这种考察明显分为两个部分。② 在起初的文字中(973A1 – 979D6),作者[50]对智慧问题做了预备性考察。作者指出,此种考察困难重重,并引出悖论,即幸福,因此还有智慧,仅属于极少数人,而后,作者深入考察科学和伪科学,因为它们一直被赋予智慧之名。作者指出,就算这些基于知

---

① 参 973a1 – b6,尤其是 b2 – 3,ο δὲ μέγιστον..., τί ποτε μαθὼν θνητὸς ἄνθρωπος σοφὸς ἂν εἴη·[但对于我们曾说要找寻的蒙蒙大者,即,有死的人类要变得"智慧"而必须学习些什么,却既没谈过,亦尚未找到],及 992d7 – e1,文中,雅典异方人敦促夜间议事会掌握在《厄》中已被发现和检验过的智慧。

② 接下来是对《厄》的概述,强调《厄》的论题及其关联,与后文分析亦应相符。为此,不得不忽略对话次序;作者的平行论述风格(paratactic style)时常影响思维流程,所以有时一个主题同另一个之间的联系并不十分明显。然则,在评注中,讨论文本的每个部分,均关注其同前后的关联。因此,评注和目前该章可以解释此处所用次序,绝非主观臆断。

识的东西,也无法提供智慧,以使凡人有德而幸福;作者排除了这些,还断言,对人来说,基本的知识是数的科学。这个学问是宇宙神所赐的礼物,宇宙神也是我们其他所有事物的创造者,而且,倘若专注于研究神本身,将使我们这些最高智慧的拥有者明白,神赐予我们数的目的就是要拯救我们人类;因为如果没有数,我们将会过着野兽般的生活。我们很容易明白,正是神赐予我们数,因为,神赐予了我们学习数数的能力,并为了这个目的创造天体和它们之间相互关联的旋转。此外,任何拥有数的事物,就其拥有数本身来说就是好的,这又表明神是善之源,而非恶之根;但是,倘若人对神的教诲视而不见,人自己就应该对所有降临在人世的恶负责。幸福的人是明智的人,而离开解释事物的能力(the ability of giving an account),没有人能成为明智的人,也就是说,没有掌握知识,就算是真正的意见也不能确保幸福。《法义》的问题是怎样使人向善,也就是怎样引导他们掌握德性的四个组成部分:勇气、节制、公正和智慧。关于这一点,没有什么分歧,但是至于何为智慧就难以一致。我们的预备性考察已经明确,数的科学是智慧,它最终走向天文学这个关于宇宙神本身的学问。但这还是通过解释事物,才得以论证充分,即正如我们所说,如果我们希望幸福地生和死,就必须掌握知识。

作品的第二部分(979D7 - 992E1)以一段插曲为开端,这里重新提及智慧的困难;而且雅典人指出,拥有对诸神的正确认识(picture)是必不可少的,因为正是宇宙神赐予我们数以拯救我们。这种对诸神的正确认识(picture)要求一个完整的 θεογονία καὶ ζωογονία(神谱和生物谱),此研究关涉生存之物(living beings)的种类,亦可展示何为诸神本质。如下结论不难获得,即天体是拥有最高智慧的神性生物,因为他们总是沿着同样的轨道运行。这迫使我们阐述这些神是谁;他们是恒星和七行星的轨道(circle),是星体各自运行及[51]单个统一系统的知识,他们形成的体系能在人的思索中,引领人走向统一本身,而这种思索本身就能带来此世来生的幸福。这些神没有合适的名称,希腊人迟迟未能获得关于他们的知识,这是由于埃及和叙利亚的天空清晰,所以蛮族人倒反而率先发现了这些内容。然而,既无酷暑也无严寒的希腊拥有培育德性的最佳气候。那么,希腊人就不应害怕接受来自蛮族的关于宇宙诸神的知识,因为无论他们从那里学到什么,总能让事物发展得更好。而在这个问题上,他们有望借助教育、德尔菲神谕和正统宗教的帮助,把东方关于宇宙诸神的知识转变为真正的智慧。因此,一个供奉这些神的宗教应该建立起来。所以希腊人不要由于自己仅仅是凡人,就畏惧将自己同神联系起来,因为宇宙诸神赐予我们数明显就是为此目的。灵魂是神圣的,且比形体(body)更古老,也是万物之源,明白这些的人也能明白宇宙在整个生存物中,包括我们人在内,实行一种仁慈统治(a beneficent governance)。那么,善定要总能湮没恶。因此,毫无疑问,有德的人是明智的,而使一个人真正明智的智慧就是虔敬。这种虔敬的先决条件,除了灵魂的神圣和灵魂统治形体以外,还有关于神本身的知识,即关于宇宙的知识,而掌握这种知识的人被称为天文学家。但是为了掌握这种天文知识,必须在算术、几何、立体几何学以及音乐方面有预备性的训练,只有极少数资质极佳的人能够完成这些训练。但是,如果按规定完成训练,并始终关注整全,那他们就会发现统一所有科学的单一纽带,并因此了解整个本质。谁能发现这样的整全,谁就能在我们所提到的沉思中把握整全。因此,我们业已阐明何为智慧,而且我们也表明,我们最初关于幸福只属于极少数人的说法完全正确。那些掌握了这些学问的人,才是真正明智的,而宇宙整全的知识会给他们带来此世来生的幸福。对话以同《法义》的草草联系收尾,《厄》敦促夜间议事会成员掌握这个新发现的、经过了审察的智慧,以使他们能够在最高的行政机构中管理城邦,并用他们的知识让其他公民敬奉真正的神灵,鞭策他们尽可能过有德的生活。

一、幸福和智慧

在解释《厄》中观点之间的关联之时，学者们遇到了一个最为棘手的问题，即在该作品最初两页文字中提到的幸福和智慧的关系问题。① 因[52]为，克莱尼阿斯在开场的陈述中强调对智慧考察的正当和困难，当雅典异方人以对克莱尼阿斯的赞同开始《厄》的第二段时，他立刻开始讨论悖论，即凡人并非生而有福，幸福只属于极少数人。在澄清了幸福在此生只对极少数人是可欲的之后，雅典人开始了一段十分冗长的关于人生痛苦话题的离题论述；然而并不容易看出这个离题论述同前面关于幸福的阐述有何关系，也难以看出它同（974a7 及以下）雅典人没有用任何过渡就提到的智慧问题有何关系。

凡人并非生而有福，幸福仅属于极少数人，这个悖论的突然引入让那些考订《厄》的人和认为《厄》出自柏拉图之手的人得出了不同的结论。米勒②把这看作是《厄》结构安排上的典型失误，而哈瓦德和诺弗特尼则尝试从柏拉图真作中找出对应文段，以发现类似跳转。③ 第二个困难，即关于人生痛苦的离题论述同上下文的关系使得埃纳尔森假定，《厄》受亚里士多德影响，并以此解释其观点，即《厄》作者自己对该论题的误用。

似乎应立即审视埃纳尔森的解释。从对柏拉图《欧蒂得谟》的劝勉部分的分析开始，埃纳尔森就坚持认为亚里士多德在《劝勉》中和《形而上学》第一卷前两章中攻击伊索克拉底，那个被柏拉图责备的人；亚里士多德在这个过程中深化了劝勉的主题，因为，当

---

① 以下对幸福与智慧关系的分析主要同《厄》973a1–974c7 相关。
② 参米勒，页 44。
③ 参相关评论。

《欧蒂得谟》陈述只有智慧能赐福于我们的时候,亚里士多德增加了一段有说服力的文字,论述世间的事物同智慧相比不值一提。埃纳尔森坚持认为在原来的文本中,对人生痛苦这一论题的论述,被亚里士多德当作探寻智慧的一种动机,尽管在《厄》中寻找智慧的困难是人生苦痛的象征。①

现在,必须将评论限制在埃纳尔森的论题同《厄》相关的那部分之中。② 首先,《厄》作者所运用的论题及其目的,均非埃纳尔森所想的那样;因为这个仅包含在 973d1 - 974a7 中的论题,正是在忒俄格尼斯(Theognis)③和许多其他早于《厄》的希腊作者著作中已经发现的论题:

> 生命是如此之苦,竟不值得活下去,因此,最好就不要降生,倘若降生了,最好[53]尽快死去。④

该论题没有出现在柏拉图的著作中,⑤却被《厄》作者仅用来解释为何在 973c4 - 5 中阐明的 λόγος [言辞] 是 οὐκ ἄτοπος (毫不奇怪; οὔ φησιν εἶναι δυνατὸν ἀνθρώποις μακαρίοις τε καὶ εὐδαίμοσιν γενέσθαι πλὴν

---

① 参埃纳尔森,页 261 - 280,尤参页 280。
② 将这一点独立出来是可能的,因为埃纳尔森的整个基点在我看来都是对《厄》的误读。有关所谓亚里士多德的影响,参《厄》、亚里士多德和早期学园","亚里士多德"部分。
③ [译按]忒俄格尼斯是麦加拉的贵族,生活在公元前 6 世纪中期。
④ 参 973d1 - 974a7 的评论和旁注。
⑤ 一些评论认为在《斐多》页 62a 中找到了该概念,但是从语法和内容上来看,柏拉图在此并非阐明死亡对每个人都是可欲的。参英译者论文,A. J. P. 87(1966),页 326 - 336。此外,《斐多》并不是仅仅限制死亡对哲学家的可欲性,而且清楚地表明,既然灵魂是不朽的,既然来生有回报和惩罚,那么死亡并非对每个人均可欲的,参 72d,107c - d。正是对于哲学家来说,生命并不是一个特别需要关注的事物,参《王制》(Republic)486a,和肖里(Shorey),《王制》,卷 2,页 10,注 1。

ὀλίγων[我认为,人类不可能是天眷和幸福的,除了少数人之外])。①换句话说,作者本意是说他坚持认为,凡人并非生而幸福并非悖论,既然所有有理智之人,无论是希腊人还是野蛮人均一样,都同意生活充满了苦痛因此不值得活下去。973c4－5 所述(λόγος)悖论即是,幸福是可能的,但仅属于极少数人。正是作者在 974a7 及以下,开始解释这个悖论,于是解释连同问题答案占据该作品的剩余部分。但是埃纳尔森和据我所知的对该段文字作过解释的评论者,都错误地将 974a7 及以下的内容(τούτων δὴ τί ποτέ μοι τεκμήριον; Κτλ.)当作前文刚刚提及的东西。② 然而,这毫无必要,也没有给出合理的解释。正是由于对τούτων暗示的曲解,埃纳尔森不得不假定作者对人生痛苦这一论题的误用。连同τούτων δὴ τί ποτέ μοι τεκμήριον; Κτλ. 一起,作者回到 973c4－5,意指:我有何证据表明幸福仅属于极少数人? 回答即是,那极难获得的智慧,仅属极少数人。因此,作者在 974a7－992c3 中展示何为智慧以及智慧为什么仅属于极少数人,通过这些展示,他说:"我在开始所讲,此刻又出现,讲的均是真理,也即是人类是无法获得完全的幸福与快乐,唯有极少数人例外。这已直接讲过了(ὃ δὲ κατ' ἀρχάς τε ἐλέγομεν, καὶ νῦν αὐτὸς πάρεστι λόγος ἀληθὴς ὄντως, ὡς οὐ δυνατὸν ἀνθρώποις τελέως μακαρίοις τε καὶ εὐδαίμοσι γενέσθαι πλὴν ὀλίγων, ἔστιν ταῦτα ὀρθῶς εἰρημένα)"。这把我们带回到 973b7－c5 从智慧跳转到幸福的原因。现在应该很清楚了,在 974a7 以下又转到智慧,暗示获取智慧,对获取幸福必不可少;我们

---

① 关于在 973c4－5 中何为ἄτοπος[奇怪]和οὐκ ἄτοπος[毫不奇怪]的问题,参 973b7－8 中的评论。

② 参,如斯塔尔鲍姆,及哈瓦德翻译中的相关文字,还有洛弗特尼和斯佩基亚的 71、73。埃纳尔森提出误用论题的论点,遭到费斯蒂吉埃(卷 2,页 198,注 4)反对,然事实上,他也用埃纳尔森同样的方式来解释这段文字:"在这里,难以获得对神的全面理解,就是生活痛苦的铁证。"范·弗里泽(页 2365)也同样如此,既然他不认可埃纳尔森有关亚里士多德影响的论点,只是由于他不认同埃纳尔森对《劝勉》残章第 61(罗斯)的解释。

也定可推断,在 973b7 – c5 中,作者从克莱尼阿斯对智慧的强调转到雅典人关于幸福的悖论,是想简单地假定作者眼中智慧和幸福的必要关系。

[54]在这里没有必要将整个问题建立在此推论之上,尽管此推论合理,因为,作者在随后的章节中公开而清晰地陈述,只有真正有德的人是幸福的,而要想成为有德的人必须掌握德性的最高部分,即智慧,另外还有勇敢、节制和正义。① 此外,在另外一些文字中,作者坚持德性、智慧和幸福之间的必要联系;② 而事实上,甚至是在977c3 – d4 之前,《厄》第一次明确表示"智慧 – 德性 – 幸福"(σοφία-ἀρετή-εὐδαιμονία)之间关系的地方,作者就用德性来替换智慧,不只是以一种假定的方式而是以充分利用德性和智慧关系的方式。③

然而,我们仍需断定,在 973b7 – c5 中,从智慧到幸福的突然而无法解释的转向,是否正如米勒所说,暴露了文本结构和编排上的瑕疵。而我们的答案应该是否定的。因为,正如我们前面所说,必须把《厄》当作《法义》的附属作品来研究;《法义》业已充分并反复地陈述了立法的真正目标是引人向善,从而使人幸福。甚至是在《法义》第一章所给出的立法的提纲中,雅典异方人论述所有城邦法律都必须以德性作为目标,主要的德性有四个:勇气、节制、正义和智慧,其中智慧或理智(νοῦς)位居首位;法律是如此的有序,以至于所有事物都要以德性为目标,而所有的德性又以智慧(νοῦς)为鹄的,以此赐福给所有生活于智慧

---

① 参《厄》977c3 – d4。

② 参 978b1 – 6(尤参καὶ δεῖ τοῦθ' οὕτως διανοεῖσθαι τὸν μέλλοντα εὐδαίμονα τελευτήσειν),979c1 – d2,980a7 – b6,986c5 – d4,988e6 – 7,989b1 – 2,992a3 – c6。

③ 参 975a1 – 5, 勇敢、英勇(ἄριστον, ἄνδρα),975c3 – 4,976b4 和 976d1 – 5。

状态中的人。① 此外,《法义》最后几页表明城邦中存在德性,这就要求其夜间议事会高级成员掌握德性的整体知识,以及德性四个组成部分的知识,这种知识被称为智慧。② 再者,整个《法义》中,德性和幸福的必要联系被视为既成事实。③ 这不说是当时的希腊伦理观,终归是柏拉图主义的一个老生常谈的话题,它认为幸福是所有人类努力的最终目标,而且真正的幸福[55]应同善相一致。④ 因此,德性和幸福同时发生正是《高尔吉亚》的主题;⑤它是《欧蒂得谟》的劝勉论述的目的所在,即智慧能赐福于我们;⑥而整

---

① 参《法义》631b3 - 632d1 及注:雅典人说:本应这样讲,异乡人啊,在希腊人中,独享盛誉的克里特法律,并非一纸空文。这些均是正确的法律,能让守法之人享受幸福,因为此法提供所有美好之物,现在这些美好之物,分为两类,一类属神,一类属人……[译按:转译自潘戈英译文,前揭,页 10](Κρητῶν νόμοι οὐκ, τοὺς αὐτοῖς χρωμένους εὐδαίμονας ἀποτελοῦντες. πάντα γὰρ τἀγαθὰ πορίζουσιν. διπλᾶ δὲ ἀγαθά ἐστιν, κτλ.)。

② 参《法义》960b4 - 968a1。

③ 参《法义》660e - 664b(正义的生活是有德的生活),742d2 - 743c4(尤参 742d7 - e1,e4 - 5,743a1 - 4,c3 - 4),743c5 - 6,816c1 - d2,858d6 - 9,870b6 - c1,879b9 - c2 等等。斯佩基亚关于《厄》973c2 - 3 的评论是混乱的(οὐκ…μακάριον…οὐδ᾽ εὐδαίμων),因为他认为,那句话在这里同《法义》不同,在《法义》中幸福和善是同时的(742e5);然《厄》973c2 - 3 却并不与柏拉图相矛盾,德斯·普拉斯[8],页 141 以下指明了这一点,而斯佩基亚也引用这段文字来支持他的观点。

④ 这只是《会饮》204e1 - 205a4,《斐勒布》11a - d 所展示的一个普通的假设。斯彪西波,残篇第 57(Lang);色诺克拉底,残篇第 77(海因策);亚里士多德,《尼各马可伦理学》1097a15 - 1098b8,等内容。参肖里,*The Idea of Good*,页 208 - 212。

⑤ 尤参《高尔吉亚》526d3 - 527e7。

⑥ 参《欧蒂得谟》278e3 - 282d3 和 288d5 - 293a6。正是在这几段文字基础上,埃纳尔森建立起其论题。正如埃纳尔森指出(页 263,注 9),在柏拉图文本中有类似文字,而此类"劝勉"文字正是所谓悖论(aporetic[译按]或译苏格拉底式)对话的特征,而且正如我们所见,此类文字同《厄》并不相关。

个《王制》的论述都为了证明,正义的生活是幸福的生活。①

我们的论述即同德性和智慧的关系相关联,作者预设了有关《法义》的知识,这一点在 79b3 - c8 得到证实,在这里,作者从关于神赐数的离题话转了回来,并几乎是通过题目与《法义》相关联,②重申了他的主题:我们如何使人向善。正是这个关联和人生四个主要德性同它一致的事实引领我们断言,唯有何为智慧的问题是有争论的。③《厄》的目的正是为了处理这个问题,并断定谁是智慧善良并因而有福的人。④

在 973c4 - 5 中具有悖论性的概念是,幸福只对极少数人来说是可能的。幸福只对极少数人可能,因为智慧是如此之难,只有极少数资质极高的人才能掌握。这点在《厄》974a7 及以下文字中已有暗示,此处,作者着手解释在 973b7 - c5 中阐明的悖论。因为,通过描述获取智慧的困难,作者暗示智慧甚至难倒了哲人,即极少数人;⑤作者仍然坚持认为,智慧是那些渴望最优秀之名的人的目标。⑥ 在该作品的第二部分,作者解释了掌握预备性课程及天文学要求极高的天资,而这仅极少数人才拥有。⑦

关于智慧和德性只属于极少数人的概念在柏拉图作品中也能

---

① 参《王制》页 352d,367e,369a,427d,445a - b,472b,576c,588b,612b 等等。

② 参《厄》979b3 (ἡνῖν δ' οὖν ζητοῦσιν περὶ νόμων κτλ. ,对于我们所探讨的法律来说),及 979b3 - d2 注和 979b3 - 7 注。

③ 参《厄》979c8 - d2。

④ 参《厄》979d4 - 5 (εἰ δ' ἔστιν σοφὸς ὁ ταῦτ' ἐπιστήμων καὶ ἀγαθός),979b3 - d2 和 979b3 - 7 的评论。

⑤ 参 974c5 注。

⑥ 参 975a2 - 5 和 975a2 - 4 注。

⑦ 参《厄》989b2 - 7,990b1 - 2,c2 - 5。这点正可解释为何智慧只被极少数人获取。参 992a2 - d3。

找到，无论是在《法义》还是其他作品中，均是如此。① 但是，既然柏拉图在《法义》中没有给出有关高等教育的细节，也[56]没有解释，正如他在《王制》中所做的一样，为什么高等教育仅属于极少数人，《厄》作者决定在这部作品中做出回答，他认为这部作品理所当然是《法义》的补充。

然而《厄》作者坚持认为，第一，智慧的人是天文学家，第二，天文学的知识只有极少数人才能掌握；那么我们必须追问这些概念是否也是出自柏拉图。第二个问题的答案是确定的，因为据柏拉图所说，只有极少数人能够掌握数学和天文学的高级学问。甚至是在《法义》第七章，②雅典异方人描绘了数学的三个分支，这些针对所有公民的基础教育部分（数的学问，测量长度、面积及体积之术和天文学），而且还增加其他内容（ταῦτα δὲ σύμπαντα οὐχ ὡς ἀκριβείας ἐχόμενα δεῖ διαπονεῖν τοὺς πολλοὺς ἀλλά τινας ὀλίγους），并在几行文字之后重复了这种先决条件。③ 作者在此处做出的承诺，即要在该作品的结尾指出这些"极少数人"是谁，然《法义》的最后几页却业已点明，即认为这些人是夜间议事会成员。《厄》同样敦促夜间议事会成员掌握智慧，而且作者坚持认为，这智慧是被发现和审查过的，④即天文学和初步的数学知识。

这里仍然需要展示，《厄》作者是如何从柏拉图的作品中读出他自己关于天文学是智慧的概念的。尽管为了提供这个问题的答

---

① 参《王制》476B10 – c1，494a，503b；《治邦者》292e，297b – c，300e；《蒂迈欧》51e，《法义》642c – d，951b 等等。

② 参《法义》817e5 – 818a7。关于这里所述的三项原则，参本章第 4 部分。

③ 参《法义》818a5 – 7，尤参 δι' ἀκριβείας δὲ ζητεῖν πάντα οὔτε ῥᾴδιον οὔτε τὸ παράπαν δυνατόν[但，对大多数人而言，尽管有失颜面，无法尽可能多地学会这些"必备"技艺，但，这的确不易，也不太可能，译按：转译参潘戈英译文，前揭，页 209]。

④ 参《厄》992d7 – e1 和相关评论。

案我们应该返回《法义》,但目前我们最好把注意力转向《蒂迈欧》,因为正是这部作品,尤其是其中的四篇对于理解《厄》的结构有着基础性的重要作用。但是有必要记住,作者的核心论点同数学、天文、智慧和幸福相关,也同暗示的以下概念相关,即天文学的目标是要精确计算"大年历"(great year)。①

数的知识是所有其他知识的必要条件,此概念在许多柏拉图的对话中均能找到,而且毫无疑义的是,关于这个话题,《厄》作者要特别感谢《王制》和《法义》,正如评论在这些文本中所引用的对应文段所展示的那样。② 在《蒂迈欧》中我们可以找到同样的概念,恰如《厄》的写法,此概念同数乃神赐的概念相联。此外,我们是通过沉思天体而学会数数的,天体是神为此目的而创造出来的,这样的概念也可以在[57]柏拉图的创造神话中找到,尽管在《蒂迈欧》中没有如我们在《厄》978b7 – 979a6 所发现的那样,有对学习数数的过程和步骤的详尽描述。另一方面,《蒂迈欧》在说明数知识的起源和重要性时,强调了视力拥有最终的或真正源泉性的地位。在《厄》中,这个主题却没有得到明确的发展,而视觉也是与作者的知识概念相关;但是,正如我们将要看到的那样,在《厄》中,视觉的作用同柏拉图至少在某基本问题上存在分歧。

甚至神创造天体是为了赐予我们数这个主题,同一个相关的更高目标,即教极少数人天文学知识,它们二者之间的关联也能在《蒂迈欧》中找到根源。对天文学的论述,尤其对行星运动的论述,已由《蒂迈欧》定下基调,这一点通过对比《蒂迈欧》38b6 – 39e2 和《厄》的相关章节,即可发现。因此,《厄》仅仅描述和命名了八个宇宙旋

---

① 尽管大年历在《厄》中没有给出名字,但作者至少两次含蓄地提到了它。参 986c4 – 5 注和 991c6 – d5 注。

② 参以下注释以:976d5 – 8,76e1 – 3 和 977c4 – d2。

转中的三个,即日(夜)、月和年,①而不顾其余,认为剩下的十分难以掌握,因此这样的知识是为资质极高的人准备的,也即那极少数人。② 但作者不只一次地坚持,其余五个运动同属统一系统,是其组成部分,此系统正能构筑时间,这些运动拥有可计算的确定周期,也受数的控制,而且作者有明确意向指出,关于整个宇宙的知识,正是天文学的目标。③《蒂迈欧》却认为,七大行星的创造是为了时间的存在,也是为了保留时间的数,④并且提及天体的日常运动,既是作为七大行星运动的尺度,也是作为我们数之概念的源泉,⑤而后,它继续给出月亮(月份)和太阳(年)⑥的周期,并说:

> 其余的时间单位,除了少数人以外,一般人是不注意的,因而无以名之。人们也不用数来推演比较这些时间量度,甚至不知道它们也是时间。其实它们是更精确的时间量度,虽然更难计算,但还是可以弄清楚的,即按着八个星体的相关运转速度在同和相似运动中完成其历程时,这个完善的时间就是完善的一年。
>
> 那些在空中运行的星体也是出于这个理由并按同样的方式被造的,即使这个宇宙应尽可能成为完善的理性的生命体,模仿那永恒者。⑦

[58]尽管对于《厄》作者来说,天文学是智慧,而他口口声声

---

① 参《厄》978c6 – 979a6,986b1 – 3,987b5 – 9 和 990b5 – 7。
② 参《厄》990b8 – c5。
③ 参《厄》977b1 – 8,986a8 – 987d2,990a2 – c5,991c6 – d1,e2 – 3。
④ 参《蒂迈欧》38c3 – 6。
⑤ 参《蒂迈欧》39b2 – c2。
⑥ 参《蒂迈欧》39c3 – 5。
⑦ 参《蒂迈欧》39c5 – d8。[译按]参谢文郁译文,前揭,页 26。

就是要告诉我们什么是智慧,然而并没有离我们在《蒂迈欧》(38b6-39e2)中所找到的概念太远。因此,关于金星和水星的轨道,《厄》作者无法从《蒂迈欧》中得到,也就告诉我们得少;①而且,尽管提供了五个上层行星的名字或名称(appellations),②却没有告诉我们,它们各自运动的名字或周期,而这些东西在《蒂迈欧》(39c5-d1)中似乎必不可少。极有可能,至少部分是这样,在《蒂迈欧》39c6 中的 οὔτε ὀνομάζουσιν(即 τῶν δ' ἄλλων τὰς περιόδους)一词促使《厄》作者提供行星的名称并解释它们的东方渊源;但是毫无疑问的是,正如我们所见,应该有更为重要的原因促使《厄》作者如此行事。

既然《厄》作者认为,作为数的知识的最高分枝的天文学是智慧,而且可见的宇宙是知识和沉思的对象,那么有理由认为他应该将视力作为知识的必要组成部分,而且应该会混淆天体的可见运动和理智(νοῦς)。③ 尽管这只是柏拉图智慧和知识概念的拙劣替代品,但是仍然能够发现作者通过对《蒂迈欧》中两段文字

---

① 参以下注释:986e3-4,e4-5 和 990b8。
② 参《厄》986e6-987c6。
③ 这一点可以从作者的几段陈述中推断出来。他否认理念的独立存在,并且,如柏拉图所做一样,不把作为天文学真正目标的不可见的、精神的旋转同宇宙的可见旋转区别开来。《厄》982b1-e6 显示,作者把可见的、常规的星体旋转当作"所有必然中最有力量的和可以获得智慧的灵魂"的活动。所有可见的运动和天体一起被当作最高的神(参 984d5-8 和 984d7-8 注),986a8-d4 重述该论点。此外,最后的几段文字表明沉思的最高目标是可见的宇宙(κόσμος ὁρατός),它由八颗恒星运动构成,既在此生也在来世(τὸν ἐπίλοιπον χρόνον)。那么,有理由认为,视力是知识的基本要素;而所有这一切同作者将宇宙等同于至高神相一致。尽管作者认为灵魂是不可见的而且只能通过智慧(981c2-3)得到理解,但这一点仍然可以通过作者表面上相信灵魂不能脱离于形体之外(ἄνευ σώματος)得到解释。但是无论作者是否自相矛盾,也很难否认他要么混淆了智慧和可见的宇宙旋转,要么是故意否定它们。

和其他柏拉图文本的神秘章节的字面解释,将这些概念归于柏拉图名下。

一开始,我们就应该把注意力转向《蒂迈欧》46e – 47c。在解释了视觉的结构之后,蒂迈欧进一步解释,对于我们来说眼睛最大的作用是什么,以及神把它赐予我们的真正目的何在。倘若我们从来没有看见过包括群星、太阳和天在内的整个宇宙的本质的话,那就谈不上如下内容:

> 如果我们没有见过星星、太阳、天空,那么,我们前面关于宇宙的说法一个字也说不出来。但是,我们看见了昼夜、月份、年份,从而有了数和时间的概念,以及研究宇宙的能力。于是我们就开始有哲学。对于诸神能够给予我们人类的东西而言,这是最大的福气了,过去没有,将来也不会有比这更大的。①

[59]正是在这里,《厄》作者借助关于宇宙本质的研究,思索天体而发现了神赐数字和时间的概念,所有这些都导向最高的善和智慧,善和智慧同样是神赐的礼物。这样的智慧是什么,以及我们拥有眼睛的独特作用又是什么,蒂迈欧作了如下的解释:

> 但是,我还是要说,造物者将视觉赋予我们,是要我们能够注视天上智慧的运行,并把它们应用于相类似的人类智慧的运行,包括正常的和不正常的。进而,我们通过学习而分享它们,然后通过模仿造物者的完善运行来调节我们的游离运动。同样的话也适用于讲话和听觉:诸神以同样的目的和相似的理由

---

① 《蒂迈欧》47a4 – b2[译按:参谢译文,前揭,页32];在47a5 – 6中,*καὶ ἰσημερίαι καὶ τροπαί*应该被删除。参Dicks,《早期希腊天文学》(*Early Greek Astronomy*),页242,注208。

把它们给予我们。①

《厄》作者将这段文字牢记于心,②从中得到概念,即对宇宙的沉思会使我们明智。这难道不是同柏拉图自己的说法相似吗?柏拉图说我们应该通过在灵魂中沉思和模仿星体的运动而变得明智。

对话末尾的一段重复阐述这些概念,该篇也本应该就是《厄》中概念的源泉,这个概念就是人会因智慧而得救,而这智慧就意味着我们必须思考思想的神圣性,谁拥有这样的智慧,谁就掌握了不朽和幸福。蒂迈欧又将所有这些同我们对灵魂的最高部分的关心联系起来,这些关心包括通过我们对宇宙运动的知识,给灵魂以滋养和合适的运动。③

如果《厄》作者,就像看起来所作的那样,且如亚里士多德表面上所做的那样,④从字面上解释这些文字,对他来说,将自己对理智（νοῦς）和宇宙旋转的等同赋予《蒂迈欧》就更加容易；而且,一旦如此,就可以在《蒂迈欧》中找到《厄》作者的概念,这个概念就是通过研究宇宙即研究星体的旋转并因此拥有思想的神圣,就能够获取智慧、不朽和幸福。

但《蒂迈欧》47b – c 和 90a – d 均为隐喻解释,既然柏拉图坚持,天体绕轴的自转运动［60］同拥有最高理智的(νοῦς)超自然的灵魂自转极其相似,而前者只是对后者施加物理影响；因此,不应同其

---

① 《蒂迈欧》47b5 – c4。[译按]译文同上。
② 《蒂迈欧》47a1 – 7,以及 39b,这些文字是《厄》在 978b7 – 979a6 中详细描述我们如何学会数数的最终根源。
③ 参《蒂迈欧》90a2 – d7。
④ 亚里士多德对柏拉图灵魂自转概念的批评,是基于对自转的物质运动的误解,即对运动的误解(对它的反对,参彻尼斯书,卷 1,页 391 – 414)。因此,或许亚里士多德业已在创造神话,尤其在对《蒂迈欧》47b – c 和 90a – d 的字面解读中找到证据,支撑其解释。

起源相一致。《法义》确切陈述此事,《蒂迈欧》也明确指出,①而《王制》529a-530c 特意区分天文学真正对象的不可见运动与宇宙的可见运动。此外,在《蒂迈欧》中,柏拉图若要认定创生神话,就不能公开陈述宇宙的灵魂旋转是灵魂超自然运动的象征,因为神话中描述造物主(Demiurge)"创造"灵魂。甚至除了创造神话的隐喻性质以外,②对 47b-c 和 90a-d 的字面解释也同《蒂迈欧》自身中表现出来的柏拉图主义的基本信条不相符合。因此,在《蒂迈欧》51b-52c 隐喻地断定理念的独立存在,又清晰地陈述理念能被理智(νοῦς)所理解,这是一种只有神和极少数人才能掌握的智慧。③因此宇宙旋转知识本身并不能成为智慧。此外,《蒂迈欧》47a-c 表明关于数字、时间和关于本质的研究,可能仅仅得益于我们的眼睛,

> 我们得到了所有哲学,没有比这种神的礼物更大的恩惠曾经降临或者应该降临在凡人身上。

尽管 ἀστρονομία[天文学]一词并未出现,然这段文字似乎暗指《王制》第七章所提概念:数的知识和真正宇宙旋转的知识,

---

① 参《法义》897c-898c,此处清楚谈及两点,一是宇宙的运动同理智(νοῦς)的运动相似,二是灵魂的不可见运动造成天体的运动。首要的超自然的灵魂自转,不同于次要的身体超自然的自转。参 892b,894e-895a 和 896e-897b。参《蒂迈欧》:37a-c,40a-b,42c,43a-44b,47d。另参彻尼斯书,卷 1,页 402-405,尤参页 404 及注 331。

② 关于宇宙的隐喻特性,参塔兰著,《创造神话》(Creation Myth),以及对彻尼斯先前处理方式的旁注。

③ 参《蒂迈欧》51e5-6(其次,我们有与理型同名并相似的东西 νοῦ δὲ θεούς, ἀνθρώπων δὲ γένος βραχύ τι.)。就算《厄》作者忽略此文本,也应看到此处的暗示,关于宇宙旋转的知识仅针对极少数人,《厄》作者把此知识等同于抑或说是混同于理智(νοῦς)的运动。

不应同物质性的星体旋转相混淆,前者向人揭示不可见实体的存在,因此是真正存在的知识即理念所应有的必须和准备性步骤。① 最后,[61]在47b - c中提到,旋转只是灵魂超自然旋转的象征,以如下事实为证,即《蒂迈欧》论述了视力之后,立即给出了声音和听觉的真正根源(和功用),它们被认为拥有同样的根源和目的。②

---

① 参《王制》529a 以下。既然据《蒂迈欧》47a - b 所述,哲学(φιλοσοφία)是从对宇宙本质的考察中"获取的"(derive),而且既然哲学必然由对全然不同的理念的理解所组成,或者说至少应包含它,且如果我们把47b - c和90a - d的"旋转"理解为世界灵魂的精神运动象征,那么《蒂迈欧》和《王制》会展现柏拉图对待物质宇宙的基本态度,我们在这两部作品中也可以发现文中把可见的天(heaven)视为最美的和最完善的可见物。甚至是在《蒂迈欧》中,柏拉图反对仅仅沉思可见的上天,这一点可以通过他在描述鸟的"创造"的反讽口吻中看出来(91d6 - e1):鸟只长羽毛而不长头发,它们是由那些不害人但却智力低下的人转化而成。这些人研究过天体,却简单地认为最确实的证据是眼见为实([译按]谢文郁译文,前揭)。这一点完全不同于《厄》对赫西俄德(Hesiodic)起起落落(risings and settings)的"天文学"的反对(《厄》990a - b)。

② 参《蒂迈欧》47c4 - e2:φωνῆς τε δὴ καὶ ἀκοῆς πέρι πάλιν ὁ αὐτὸς λόγος, ἐπὶ ταὐτὰ τῶν αὐτῶν ἕνεκα παρὰ θεῶν δεδωρῆσθαι. Κτλ.(音乐能够进入人的听觉并被我们接收,乃是因为我们有和谐的本性。和谐是一种和我们的灵魂运行相似的运动。它并非如缪斯的理性崇拜者们所认为的乃是非理性的快感[当今人们就是这样认为的]。相反,和谐的用处是纠正人的灵魂运行,即当它偏离时使它回到和谐正轨上。节律也是这样给予我们的,它可以帮助无序无理的人类灵魂回归秩序。译按:参谢译文,前揭,页 32),和谐之运动"近似于我们之中灵魂的旋转",它不能等同于宇宙的物质旋转,因为在这段文字中除了和谐,还提到了言语和节奏,并且柏拉图无论如何也没有说过我们"听"到宇宙的旋转。如果从字面上来理解47a - e,它们就本应该是可以听得见的(另参 90d3 - 4:τὰς τοῦ παντὸς ἁρμονίας τε καὶ περιφοράς[这样,我们就能完全实现诸神在造人时所安排的最好生活,无论是现在还是将来],译按:参谢译文,前揭,页 65)。所以,47c4 - e2是《王制》530c - 531c 的对应文段,因为蒂迈欧也通过和谐来指音乐尺度的对应比率,该尺度受数的控制。参对灵魂创造的描述和 36e6 - 37a1 的内容:"天体是可见的,但灵魂则不可见。灵魂涵括(转下页注)

当柏拉图的隐喻文字意指灵魂和宇宙的时候,《厄》作者倾向于对其作字面上的理解,这一点也可以在《王制》的最后几页文字中对神秘Aνάγκη[命运]的解释中找到,①而且还可以在关于灵魂死后命运的神秘解释中找到。

此外,既然《厄》作者看起来将《蒂迈欧》的造物主和宇宙混为一体,②而且既然通过对上述两段《蒂迈欧》的文字作字面上的解释,他让柏拉图自己说出了宇宙是知识和沉思的最高目标,那么,似乎通过坚持智慧只属于极少数人,他把蒂迈欧在28c3-5中的陈述作为自己的要点,并纳入自己的计划:

> 要找到宇宙之父和造物者是极艰难的。即使找到了他,把他说出来让其余的人明白也是不可能的。(参谢文郁译文,前揭,页20)

(接上页)了理性和和谐。它是根据永恒智慧的本性所造出来的最好的东西"([译按]参谢文郁译,前揭,页24)。

一旦发现对《蒂迈欧》47a-e没有作字面上的理解,视觉的作用就能得到解释。作为灵与体的混合物,人不能在没有看见宇宙的规则运动的情况下掌握哲学($\varphi\iota\lambda o\sigma o\varphi\iota\alpha$)。甚至据《斐多》所述,没有视觉和其他感觉,我们将不能回忆起理念(72e-77e)。我们应该注意到同样在《蒂迈欧》中,我们可以找到灵魂转世的概念,以及暗指《斐德若》41d-52d中的神秘,参康福德书,页144-146。事实上,正是最后提到的这几段文字解释了47a-c的理解,这是对回忆的隐喻处理的理解;既然人的灵魂是以同世界灵魂(world-soul)相同的方式构成的,那么我们可以通过获得后者的知识——这由于视觉的原因得以可能——来回复我们原初的"运动",此运动在我们出生之时,就已经失去常态(参42e-44d)。那么,视觉是我们关于不可见实体(reality)知识的必要条件,而不可见实体的知识又是我们知识的客体:"如果理智和真实意念是两类不同的东西,那么,我认为就一定存在着不能感觉但能理解的理型"(51d3-5,译按:参谢文郁译文,前揭,页35)。但是视觉正如在《厄》中一样,它并不是那种知识的一部分。

① 参《厄》982b5-c5及评论。
② 参978c1-2注及c5注。

宇宙是至高的存在,如果我们想要变得明智,就必须寻求和拥有关于它的知识,《厄》作者不只认定概念出自[62]《蒂迈欧》,并且由于误释《法义》821a2－3而认定此概念亦出自《法义》。《厄》作者在其作品中,以其自己的解释方式,将两篇柏拉图对话中的原则合而为一。

然则,在《厄》中,智慧被认为是虔敬,而《厄》作者认为,虔敬即为天文学,结合《法义》和《厄》中的神义论:仅凭天文学自身很难使人真正明智,因为他必须同时领悟灵魂先于形体并统治物体。① 对于《厄》的双重目的,即虔敬和天文学,作品的最初一段文字中即有暗示,在那里,克莱尼阿斯说他们已经召集探讨一下"明智"这个问题,在道理上看看它到底应该是个什么样的东西。……我们已详细讨论了与立法相关的其他一切事情。989b1－2中提到:"没有人劝服我们相信,对于凡人种族来说,还有比虔诚更伟大的德性。"《厄》陈述了对第一个问题的回答,即对于何为智慧的回答,尔后,作者开始在989e1及以下回答第二个问题,他运用了以下文字:我尝试着用语言详细叙述,那是何物,它们像什么,以及怎样学习它们,这要取决于我这个演说者的能力和那倾听者的能力,即某人要以某种方式,学习何为虔诚。),并声称那能使我们明智的知识是天文学。在989e1和973a3－5之间,关于思想和语言上的对应文段表明,在后一个文段中提出的问题,不仅仅只是方法,②还是作者智慧概念的基本部分。

一方面,虔敬概念由天文学连同预备性数学知识所构成,另一方面,由《法义》第十卷中的神义论所构成,《厄》作者认定,此概念

---

① 参《厄》989b1－2和990a1－c5,991b5－c1和c6－d5。

② 正如李尔想(页15)。在973a2－5中,哈瓦德和费斯蒂吉埃(卷2,页201)强调了双重目的,然只有后者结论正确,这是就其关涉计划的实现来说的,即关于在989e1及以下提到的虔敬和星象学关系的计划。但是,费斯蒂吉埃解释说这个双重主题在980a1－c6中已经出现,这点我不能苟同,他似乎如哈瓦德一样,错误地理解了这段文字。参980a1－b2注和980a1－3注。

出自《法义》966c1-968a1。在前面的章节中,我们以较长的篇幅驳斥了这种解释;但是正如许多现代学者所想,《厄》作者在这段文字中看到了关于宇宙诸神知识的假定,这种知识即是夜间议事会成员的高等教育的目标($\tau \acute{\epsilon} \lambda o \varsigma$)。如果如此理解该段文字,天文学连同必备的预备性知识将提供能使人明智的知识,因为据雅典异方人所说,基本的信条($\pi \epsilon \varrho i \ \vartheta \epsilon \tilde{\omega} \nu \ \H{\alpha} \gamma o \nu \tau \epsilon \ \epsilon i \varsigma \ \pi i \sigma \tau \iota \nu$)有二:①第一,关于灵魂,我们已多次谈到,理性是存在于诸天体中的至高无上的力量。它比所有造物更为古老,更为神圣,也是支配整个物质世界的事物。但是,尽管在柏拉图那里,如果天文学和预备性的数学知识得到正确的研究的话,会给两个主张增加确实性,但《厄》作者却把天文学和第二个主张联系,或者说是混淆在一起,②因此他把天文学自身作

---

① 而且人只有掌握了关于神的全部证言,才能成为一个卫士(966c6-8,$\tau o \tilde{\iota} \varsigma \ \delta \grave{\epsilon} \ \varphi \upsilon \lambda \alpha \varkappa \tilde{\eta} \varsigma \ \mu \epsilon \vartheta \acute{\epsilon} \xi o \upsilon \sigma \iota \nu \ \mu \eta \delta \grave{\epsilon} \ \acute{\epsilon} \pi \iota \tau \varrho \acute{\epsilon} \pi \epsilon \iota \nu, \ \H{o} \varsigma \ \H{\alpha} \nu \ \mu \grave{\eta} \ \delta \iota \alpha \pi o \nu \acute{\eta} \sigma \eta \tau \alpha \iota \ \tau \grave{o} \ \pi \tilde{\alpha} \sigma \alpha \nu \ \pi i \sigma \tau \iota \nu \ \lambda \alpha \beta \epsilon \tilde{\iota} \nu \ \tau \tilde{\omega} \nu \ o \mathring{\upsilon} \sigma \tilde{\omega} \nu \ \pi \epsilon \varrho i \ \vartheta \epsilon \tilde{\omega} \nu$。关于谁能成为卫士的问题,定要严格把关,除非某人努力掌握诸神存在的证据,参潘戈译文,页371)。$\pi i \sigma \tau \iota \varsigma$一词的意思是"证言",而这样的用法是柏拉图式的,如《斐多》70b2 和《斐勒布》50c11。参彻尼斯书,页376和注5。

② 《厄》作者这样做也许是因为,967d4-e2没有明确提到天文学。《厄》作者没有看到e1-2也包含该内容,因为他认为数学知识的研究是因天文学之故(参990a-c,尤参990c5)。此外,他看到天文学在967a2中被提到,而967a7-d2却把无神论和天体旋转的精确知识(即天文学)联系在一起,而其精确性让一些人在过去,就已经怀疑具有理智(967a8-b6)。《厄》作者对第二个主张同天文学的混淆也可以从以下事实看出来,即当在980b-e中返回到《法义》第十章的时候,他只提到了第一个主张(即灵魂比物体更古老),并没有提到第二个。982b-e讨论了后者,并加以展开,论述到天体总是沿相同的圆形路径运动,这也是它们有生命和有智慧的证据。天体总是沿相同的路径运动,这一点是由天文学得到证实的,尤其是由有关星体的知识。这种知识是由未开化的人发现的(986e-987b),而希腊人不应害怕向他们学习(987d-e)。然而,在《法义》中,第二个主张在第七章有所论述,且不同于《厄》982b-e。正由于作者没能区分开绕轴的自转和理智超自然的精神性运动,所以《厄》作者混淆了天文学和第二个主张。

为第一个主张的对应。① 而且,一旦他把整个文段解释为关于星体诸神的最高知识的假定,那么对他来说就十分容易在《法义》967d4－968a1中找到他自己的概念,即 θεοσέβεια[敬神] 或 εὐσέβεια[虔诚] 是智慧;因为,以下观点难道不是出自柏拉图自己笔下吗?没有凡人能够变得 θεοσεβής[敬神],除非他掌握了两个基本的信条,即灵魂比物体更古老和天体的运动受到理智(νοῦς)的统治。

实际上,在作这样的解释的时候,我们可以发现,在967d4－968a1中的每一段文字同《厄》中的相应章节是那么的匹配:

《法义》:
(1)一个可以获得真正的宗教知识而没有堕落的危险的人必须掌握我们现在要说的两条原理:(2)第一,灵魂比所有造物都更为古老,是不死的东西,也是支配整个物质世界的事物;(3)第二条则是我们刚才多次谈到的,理性是存在于诸天体中的至高无上的力量。(4)他还必须掌握基本的和初步的知识,②(5)并以哲学家的眼光审视其中的公共部分,(6)并以此来构建道德行为的一贯准则;(7)而且如果最终能有一个理性的解释的话,他必须能够找到它。③

《厄》:
(1)989b1-2:没有人劝服我们相信,对于凡人种族来说,还有比虔诚更伟大的德性。

---

① 参《厄》991c6-d5。在这里(τὴν ἀκρίβειαν τοῦ χρόνου)清楚地指出了天文学的对象(参991c6-d5注)。掌握了它并且已经相信灵魂比物体古老的人,就能理解以下说法的美丽之处,所有的一切,即所有的天体均充满了神性。

② 紧接着彻尼斯,377,注1,我已经交换了这些词的位置,它们在手写稿中,是接在976d7中的πάντων之后的。但是词语的顺序不会影响我的论述。

③ [译按]参看柏拉图著,《法律篇》,张智仁、何勤华译,上海:上海人民出版社,2002年,第426页。

(2)980d6 - e3：其中最重要的一点就是说，所有的灵魂都比所有的物体更加古老。

(3)982b1 - e6,986c4 - 5,990a - c,991c6 - d5。

(4)990c5 - 991b4：神圣的数学等,991b8 - c1。

(5)991e1 - 992a1：这样的显示，如我们所述，会使研习者眼望着"一"，并思考那显示出来的，能产生一切的纽带。

(6)976d2 - 5, 977c3 - d4, 980c3 - d1, 992d3 - 6。

(7)977c - d, 991c2 - 6。

[64]把这一点记在脑中，我们现在就可以理清论争中的一些焦点问题。既然，据《厄》作者所述，第五个层次，即科学的共同体，为学习课程提供目标，这些课程即是关于宇宙整全的知识和沉思，① 那么就可以理解，第六、七层次不应被当作学习课程的基础部分，因此也不能作为《厄》对话的辅助。至于第六个层次，作者只是假设，当那些资质极高的人掌握学习的课程之后，他们就能够解决城邦中的道德问题。② 但是，解决德性的整体问题，同《法义》中高等教育的特别目标并不相同。《厄》作者未能为在《法义》中假定的德性问题提供答案，这个失败本身暗示作者没有能够将他新发现的智慧（等于虔敬）同德性的整体问题相联。那么，这个问题就并不是如埃纳尔森和其他学者所坚持的那样，③ 与其说他"熟练"地将自己新理论中的智慧同古老的柏拉图式的关涉道德的智慧混同，不如说他并没做成此事。我们必须尝试找出他失败的原因。

《厄》作者坚持柏拉图的概念，即有四种德性，智慧是其中最高的部分，但是，由于把智慧等同于虔敬 - 天文学，他使自己处于一个连柏拉图都不曾面对的困难之中。在柏拉图对话中，存在于

---

① 参991d8 - 992a1 和相关评论。以及章一，节6，前揭。
② 参《厄》976d2 - 5,979b3 - d6,989b1 - d1（尤参 c3 - d1）及992d3 - 7。
③ 参埃纳尔森，页281；米勒，页304，注2。

λόγον δοῦναι[逻各斯的天赋]中的是至高的科学,它能够提供德性整体问题的答案,而在《厄》中,尽管有辩证法(dialectic)的存在,虔敬和其他德性之间的关系仍没有建立起来。我认为,此事之原因,是作者破坏了德性的整体性,他暗地里否认德性是知识,也即是说每一种德性都不再是知识。因此,在 977c3 – d4,作者强调,尽管逻各斯的天赋对于[65]获取智慧是必须的,但是没有它照样可以获得其余的智慧。① 在 979b3 – d2 中,作者明确提到《法义》,他表明关于勇气、节制和公正有一个基本的共识;他由此将作为一个整体的德性问题缩减为发掘出何为智慧,也正是这个问题在《法义》973a1 – b6 中悬而未决。

我认为可以把这个误解追溯到作者对《法义》某一特定文段的误释。显而易见,《法义》963e1 – 8 对于《厄》的文脉结构来说十分重要,因为作者两次借鉴了这段文字,尽管两次都错误地理解了它。第一次是在 975e4 – 976a1,正如我们在本章下一节所要看到的那样,然后是在 977c3 – d4。后一文段表明他拿《法义》963e 来说明理智和逻各斯的天赋对智慧必不可少,但对勇敢来说并非如此。但是,《法义》963e 原文的本意是要强调,找出某一德性同另一德性之间的差别相对容易,但要找出那使它们成为德性的基本共同因素却十分困难;在该文本中,雅典人表明勇敢同恐惧相关,而智慧要求逻各斯。但是,这只是一个"低水平"的描述,它没有给出任何一种德性的定义,②而 964a1 – b1

---

① 参《厄》977c3 – d4 和 978b1 – 6,作者自始至终坚持,只有获得智慧才会使一个人真正具有品德。作者在 977c3 – d4 中暗示,又在 978b3 中明确提到"正义"(justice)或者是"正义的人"(the just)。但是这只是因为正义(justice)预设了对智慧的拥有。参 977c7 – d1 注。

② 关于智慧,《厄》作者自己必定已经理解了《法义》963e,既然他承担起阐述何为智慧的任务。严格的一致性本应使他明白,这里并没有给出勇气的定义。但是,他是如此沉迷于智慧的问题,便很容易假定其他的德性不需要 σοφία,即定义。

恰需要一个真正的定义,而据 965b7－10 和其他文段,一个定义（即逻各斯）要求我们首先找出什么是所有德性的共同因素,一旦这一点被我们所掌握,πρὸς ἐκεῖνο συντάξασθαι πάντα συνορῶντα。尽管柏拉图暗示德性整体问题的处理仍同《王制》中给出的相一致,但由于《法义》的特殊戏剧身位,他没有进一步展开论述。如果他这样做了,那就很明显,离开善的知识没有人能够变得真正有德,所以知识和逻各斯对于获得其他三个较低级的德性也是必要的。

前述分析深入解释了为什么据《厄》所说,《法义》悬而未决的问题是"什么是智慧",也解释了作者为什么没有提到德性的整体问题。在《厄》中,低等级的德性已经同智慧分离开来;而且,当在 988e6－7 中作者坚持好人(the good man)即贤德的人是明智的人的时候说道:"事实上,这样的检验让我们不得不相信,好人是智的。"[66]他继续采用了一个柏拉图式的论点,没有意识到这样的做法把混乱(havoc)引入了柏拉图的德性和智慧概念中。那么,假定就完成《法义》来说,仍需解决的问题就是最高德性即智慧的问题,他就在989b1－2 中就把智慧等同于虔敬,因为他已用"神谱和动物谱"(theogony and zoogony)扫清了道路。①

一些学者坚持认为《厄》是真正意义上的劝勉性文字,而并不如它表面所显现的那样,是柏拉图《法义》的继续。由于这篇文字已经脱离于《法义》城邦建构的框架之外,所以它的劝勉性质,恰表明该作品是托名柏拉图的伪作,又由于用它来表明亚里士多德《劝勉》的影响,就更能说明此问题。②

---

① 上文的分析表明(原页码[64]－[66]),《厄》作者的立场并不是如"晚期"学园学说那样坚定,认为在德性中只承认 φρόνησις 是知识(参 Διαιρέσεις' Αριστοτέλους 和彻尼斯,卷1,页16－18)。在《厄》991e5 中没有提到德性的整体原则,正如诺弗特尼(页223)所认为那样。参991d8－992a1 注。

② 尤参埃纳尔森,页278－280,米勒,页67－72 和米勒²,页304－305。

不可否认,《厄》确实劝勉人过一个更纯洁而幸福的生活;①这个事实能否证实从中得出的推断和结论,取决于劝勉的性质和程度。"《厄》、亚里士多德和早期学园"将讨论该问题,即关于亚里士多德影响的问题,除此以外,《厄》的劝勉性质同柏拉图合若符节。εὐδαιμονία[幸福]是善好、终结和人类努力的最终目标所在,正如我们已经提到过的,它也是柏拉图主义的老生常谈;正是牢牢记住了这一点,我们必须回到 973b7 – 974c7 中去发现《厄》劝勉性质的线索:所有的人都渴望幸福,但是只有智慧能赐福于我们,而智慧仅属于极少数人。作者暗示尽管所有的人都渴望幸福,但只有极少数人会追求智慧。这个暗示解释了为什么我们认为有必要在 973b7 – c5 中把论述从智慧转向幸福,因为只有这样,他才能避开许多东西而指出悖论:智慧对幸福来说必不可少,由于前者只是属于极少数能够掌握它的资质极高的人,因此对于后者来说也是如此。② 就算最无知的人也明白,复杂而精密的数学和天文学知识要求[67]极高的智力,而这只有极少数人才有。然则,如果不明白智慧是幸福的必需,许多无知者会渴望并假定他们也能获得后者。③《厄》中的劝勉是针对资质极高的人的;它告诫那些少数人去发现智慧,如果他们

---

① "劝勉"一词正如我们所讨论的那样,可以在 973b7 – 974c7 中找到。另参 992a3 – d3, 977c3 – d4, 978b1 – 6。

② 幸福是可能的,但只是针对极少数人来说,这个悖论是 ἄτοπος[奇怪的,参 973b7 – 8 注]。该词正为作者所偏爱,用以引介其眼中的悖论概念。参 976e5,此处同样的正反两面的对立被用来引证以下的概念,即乌兰诺斯(Uranos)是至高的神,它赐予我们数和智慧,在 990a 中,天文学者和明智之人的等同是 ἄτοπος。最后,有一点不同的是 976b5 的 ἄτοπος δύναμις。这里没有理由在 ἄτοπος 的运用中找出亚里士多德的影响,既然这些原则是《厄》作者的特点(不同于埃纳尔森,页 279,注 57,它在其中找到了 Eth. Eud. 215b6 – 14 的影响。同样参看费斯蒂吉埃,卷 2,页 199,注 5)。

③ 然则,有理智的人,尤其是当他们步入老年之时,他们会明白,无论如何生命都充满了苦痛,因此不值得活下去。参 973c1 – 2 注和 973d1 – 974a7 注。

想要幸福地生活和死去的话。

所以,在 974a7 之后,作者又回到了克莱尼阿斯的开场陈述,而作品的剩余部分论述了何为智慧,以及为了获得智慧应该遵循的课程和为什么它只属于极少数人。如果由于这里的论述,我们同意作者的观点,认为在《法义》的最后一页承诺过要重新讨论高等教育,那么《厄》的劝勉性质就并不与《法义》相矛盾。因为《厄》是在《法义》的戏剧性结构中写成的,而且它还意欲制作夜间议事会成员教育问题的序言和法规。此外,正如柏拉图所说,智慧只属于极少数人,这个事实也否认了米勒的夸大说法,他认为《厄》中的高等教育对统治者和被统治者是一样的。①

《厄》没有忽视政治(πόλις)作为获取智慧的背景,②也没有用宇宙来代替城邦,因为作者提出的是公共性的对宇宙的宗教崇拜,而不是私人化的。③ 作者把讨论维持在城邦的框架结构以内,而最高

---

① 参米勒,页 302,他的解释是基于 976c9 – d5 和 992b8 – c2。然而,这两处文字均没有暗示智慧(σοφια)对统治者和被统治者是一样的。前段文字是说明,明智的人无论是做统治者还是被统治者都是好的,但并不是每个公民都是明智的。第二段文字,正如我们所看到的那样,同柏拉图一致。如果《厄》作者的论述远远超出了夜间议事会成员的教育问题,那是因为他对智慧的问题是如此感兴趣,而不只是专门为了《法义》中的克里特殖民地。但是毕竟在《王制》中,柏拉图对卫士的教育问题特别关注,并说:καὶ ὅτι δεῖ ταύτην (即τὴν τοῦ ἀγαθοῦ ἰδέαν) ἰδεῖν τὸν μέλλοντα ἐμφρόνως πράξειν ἢ ἰδίᾳ ἢ δημοσίᾳ (517c4 –5:任何人凡能在私人生活或公共生活中行事合乎理性的,必定是看见了善的理念的。译按:郭、张译文,前揭,页 276),另参 992c1 – 2 注。

② 正如帕维鲁(Pavlu),44 和其他人所认为的那样。帕维鲁认为《厄》作者把注意力集中在泛泛的人性上面,而不是在希腊城邦的公民身上。这并不是关键,因为帕维鲁误解了ἅπαντες(参看关于 973a1 – 2 的评论),而且作者确实把他的智慧概念同城邦相关联,参看注 289 前揭和下文 305。此外,他提到智慧也只是同希腊人相关联,参看 987d3 – 988a7。

③ 详下,[88]及以下。

级的行政官员的职位是为完成了学业的人准备的。① 然而，必须承认米勒的观点，即作品结尾同夜间议事会的联系十分草率，而且[68]作者清楚地暗示学习课程可以用于任何城邦，不只是马革尼西亚城（Magnesians）。从这种程度上来说，他对任一城邦中智慧的获取是如此的关心，超过了对《法义》中马革尼西亚城的关心。然而，强调的不同并不足以挑明《厄》作者的身份，因为在高等教育的论题范围以内，似乎柏拉图没有什么必要的东西是仅仅提供给《法义》中的城邦的。

如此，该作品的劝勉本质并不与柏拉图相抵触。然而，《厄》对劝勉的处理方式同《欧蒂得谟》以及其他悖论性的对话没有什么共同点；关于亚里士多德的《劝勉》也同样如此，如果这部作品拥有埃纳尔森所赋予它的这种性质，又有《欧蒂得谟》的劝勉性结论，即只有智慧能使我们快乐，这恰是《厄》论述的起点。《厄》中的劝勉更是针对极少数资质极高之人的告诫，敦促他们学习关于宇宙神的知识，因为只有通过对它们的沉思，才能使人幸福和不朽。这个劝勉部分地是由于对柏拉图《蒂迈欧》字面解释的结果，也是由于作者还把这种字面解释同对《法义》最后几页的误解综合起来。

那么，据《厄》所述，什么是幸福呢？作者在986c5 – d4 和991e1 – 992d3 两段文字中处理了这个问题。无论在此生还是来世，幸福都存在于对终极实体（ultimate reality）的思索中。而且，既然在《厄》中，终极实体就是宇宙，那么幸福就存在于关于宇宙整体（unity）的知识和思索中。两种关于幸福的陈述，由于思索的主体的整体性和客体整体性而联系了起来。如果我们在研究数学和天文学的同时，始终关注着

---

① 尤参989c3 – d1 和992d3 – 7。除了作者意图完成《法义》的事实以外，《厄》的论述只在城邦和法律的范围以内，参 973a1 – b6, 976c9 – d5, 980a1 – b6, 987a6 – 7, 987d3 – 988a5, 989b1 – d1, 992d3 – 7。尽管在992a3 – 4 中提到未特别说明的城邦（ἐν πόλεσιν）时，背弃了《法义》，也很难说这就是非柏拉图式的。

整体,我们就会发现这个唯一的纽带,即数,它将所有的事物统一起来;这个统一整个生物的唯一纽带将在对宇宙整全的思索中教会这些研究者(student)整全本身,正是这种思索会带给我们此世来生的幸福。但是,尽管在此生由于纷繁芜杂的感受,我们对于宇宙的知识和思索都是不完美的,但是在来生,研究者将会通过一种单一的、能够确保完全幸福的智慧而获得一个整全的景象(a unity of vision)。① 作者从《斐德若》、《斐多》和《王制》的末世论文字中借鉴意象和术语;但是,他用宇宙代替理念的超感世界作为沉思的对象,这样就对在柏拉图那里仅仅是对灵魂命运的神话表现作了字面的理解。② 然而,如此这般的对柏拉图末世神话的字面理解,[69]是由于作者把自己的概念赋予《蒂迈欧》90a-d 的结果,正是我们所见到过的概念,即通过对宇宙运动的思索和知识,人能够获得智慧和幸福。这是给人的神圣的礼物,就是永远的最好生活。尽管ὁμοίωσις θεῷ一词并没有在《厄》中出现,但对神的模仿的概念恰是统一整个作品的核心所在,正如明智之人关于宇宙神的沉思和知识所理解的那样。在《蒂迈欧》中也一样,像47a-c 和90a-d③ 这样的文段就是ὁμοίωσις θεῷ原则的表现。

---

① 在此文本中所叙述的是综合了986c5-d4 和991e1-992d3 的内容。前者展示了,在此生有福的人思索可见的宇宙秩序,在来世而且只有在来世,他才能够掌握整全本身和智慧的整全,它们能使思索尽可能地完美。后者展示了,通过掌握寻找整全的学习,学生能够发现宇宙的整全(991e1-992a1),而且通过这种知识,他在此生掌握整全本身,即那个将在来生完美的整全。

② 参以下注解:986d1-2,986d2,d3-4,992b6,992b6-7,992b8-c1。

③ 正是因为,除了它的特别的名称以外,回顾它的训练也被称为τέχναι或ἐπιστῆμαι或σοφίαι,所以作者认为它有望成为智慧。至于文本中对此的引用,参974b5-6 注和974d3-4 注。此外,要么一些在过去拥有(参974d8-975a5 注)真正的智慧之名,要么至今仍然享有该名(参976b5 的例子λοιπὴ δ' ἔτι πρὸς δόξαν σοφίας κτλ.)。据我们的作者所述,一些训练甚至不是基于知识,因此根本就不是τέχναι(参975b5-7,d2-9,976b5-c6 的例子和975e1-976b4 的"反驳")。在这里,我把"技艺"(art)一词作为τέχνη的对应词,也没有在这里乱下定论,即断定一些训练是否是τέχναι。

但是,《厄》作者对其做出字面理解的东西,在柏拉图那里仅仅是创造神话所施加的限制范围内的象征性表现。

二、科学的回顾

在 973a1 – 974d2 中,作者假定了智慧的主题,这是在希望深入发展该主题的框架内完成的,而后作者继续检查关于科学的断言,由于科学的名字和声誉,它被认为能够使掌握它的人变得明智。作者首先讨论并摒弃了那些声称享有能使人明智的智慧之名的断言,而后在那最终走向天文学的数的科学中找到了能赐福于我们的智慧。在对科学的回顾过程中,作者采用的是反驳论证法,①此用法同作者随后对断定目的追问的描述相一致,他认定 τὰ νὴ καλῶς ῥηθέντα 是 πάντως…καλλίοτη καὶ πρώτη βάσανος ἀνθρώποις ὀρθῶς γίγνεται, ὅσα δὲ οὐκ οὖσαι προσποιοῦνται, ματαιότατος πόνος ἁπάντων。② 此处的描述和反驳论证法的运用,同柏拉图一致。

在《厄》(974d3 – 977b8)的整个探寻之中,作者区分并分析了五个不同的种类:一,提供生活必需品的技艺;二,提供快乐和消遣的技艺;③ 三,对抗邪恶和危险的技艺;四,ἄτοπος δύναμις,因为它的影响有时同智慧相似,所以一些人把它同后者相混淆;五,数的科学。[70] 在前三个类别中,作者提到、描绘并评论了许多技艺;但是在进入细节讨论之前,我们必须试着判断作者的分类是基于什么样的根本分歧点(fundamentum divisionis)做出来的。这里没有单一的原

---

① 参以下注:974c3,c4 – 5 和 974d3 – 976c6。
② 参《厄》991c3 – 6 和 991c3 – 4,c4 注。
③ 参 975d2 – 9。这些就是我们称为好技艺(fine arts)的那些技艺;它们是为了快乐和消遣,正如作者称它们为 παιδιά τις…ἀλλ'οὐδαμῇ σπουδαῖα。参 975d2 – 3 注和 d7 – 9 注。

则能够解释上述五种分类的区别所在,除了以下这个原则,即在974d-977b 中提到的所有人类的事业都被认为在某种程度上说是为了构成智慧。当作者不相信在前四个种类的任何地方能够找到真正的智慧之时,他引入了数作为第五个种类,把这作为自己的成绩,并认为它能够导向智慧。① 不过,一个看起来纯系统化的分类仅仅是由于把一个建立的标准同另外两个种类结合在一起,这个标准是基于人类文明的发展(种类一、二和五),而另外两个种类(三和四)既不相互关联,也不同第一个相联系。

必备的技艺—"好"技艺—智慧,这个次序是基于,至少部分地基于对人类文化从蛮荒到文明的发展和起源的反思。正如我们可以看到的那样,在柏拉图那里也可以找到这三个步骤和用于区分它们的标准。《厄》作者在写作过程中始终把人类文明的发展铭记于心,这一点也可以从以下事实看出来,他宣称那些满足人类生活基本需要的科学最终都是真正首要的;②这解释了后来提到的在 $σοφός$ 一词中的意义转换。③ 总之,必备知识的第一个,是那种关于禁止我们食用某些生物的知识,它也提到了同类相食的阶段,这个阶段在古代文本中同文明生活发展的起始点相联系。④ 最后,从最初的科学到农业生产准备食物的知识,我们都可以看到对文明发展

---

① 参 976d5-977b8,尤参 977a7-8: $δοῦναι\ δὲ\ ἅμα\ καὶ\ ἀριθμὸν\ ἡμεῖς\ γε\ ὄντως\ αὐτόν$(即宇宙) $φαμεν$(我们完全同意,他是我们所有其他一切好东西的原因:因为我们认为,他的确就是那位同时还赐给我们数字的神明)。这并不与我们的解释相矛盾,即认为作者把这些概念赋予柏拉图,既然他写《厄》就是为了把它当作是对柏拉图思想的表达,设若这不是柏拉图本人的作品。

② 参《厄》974d8-975a1 和相关评论,及 974e2 注。

③ 参前文注释。埃德尔斯坦(Edelstein)在其书《进步的思想》(*The Idea of Progress*)页 86-87 和注 67 中,提出要注意以下事实,关于《厄》中 $σοφός$ 一词意义的价值评判的颠倒无法在柏拉图中找到。反观埃德尔斯坦、亚里士多德对 $σοφία$ 的处理方式也迥异于《厄》的处理:详下。

④ 参 975a5-b1 和 975a5-7 注,还有 975a6 的引文。

的暗示。① 这"善好的"技艺几乎是模仿性的,它是一种游戏,而且只有在人学会了满足他更多的基本"需求"之后才会发展起来。② 在此过程中的最后一步,即智慧,出现在人类的如下反思之后,即没有神赐的数,他们就[71]不得不永远过着兽类的生活。③ 如果说这段文字没有强调智慧在发展中所占的地位,那是因为作者目前希望强调宇宙神在赐予我们数的同时赐予了我们其他事物;④因此,这取决于人自己来发现它,通过反思我们是如何学会数数的,以及理解,没有数,所有的知识均不可能。但是,据我们的作者所说,智慧来得最晚这一点是很容易推断的,不只是由于它是科学回顾中的最后一步,更是由于在对话的第二部分,作者断言先前对诸神的描述是错误的,⑤而野蛮人对行星和其真实轨道的发现只能由希腊人转换为智慧,虽然他们很晚才吸收这来自东方的知识。⑥ 最后,在一种悖论性的和令人惊异的新奇方式中,作者宣称真正的天文学家是明智的人。⑦

在《厄》中出现的对不同学问的考察是同对智慧的探寻联系在一起的,如此详尽的考察尽管我们不能在柏拉图的真品中找到,但是必备技艺—"好的"技艺—智慧的结构本身却可以在许多对话中找到。因此,在《王制》369e 及以下,理想城邦的建构采用了"遗传学"的方法,经历了从 $\dot{\alpha}\nu\alpha\gamma\kappa\alpha\iota o\tau\acute{\alpha}\epsilon\eta$ $\pi\acute{o}\lambda\iota\varsigma$ 到 $\varphi\lambda\epsilon\gamma\mu\alpha\acute{\iota}\nu o\upsilon\sigma\alpha$ $\pi\acute{o}\lambda\iota\varsigma$,从这里到"净化的"城邦,并最终走向 $\sigma o\varphi\grave{\eta}$ $\pi\acute{o}\lambda\iota\varsigma$,走向第七卷关于护卫者的

---

① 参 975b1 - 7。应注意到,那些限制我们食鱼习惯的人,首先被排除在智慧之外($\pi\varrho\tilde{\omega}\tau o\iota$ $\chi\alpha\iota\varrho\acute{\epsilon}\tau\omega\sigma\alpha\nu$)。农业在这样的文本中被认为是"晚近"(later)的发现(参《法义》679a 和 680e - 681a,782a - b)。

② 参 975c9 - d9。尽管在 d2 中, $\tau\acute{o}$ $\gamma\epsilon$ $\mu\epsilon\tau\grave{\alpha}$ $\tau o\tilde{\upsilon}\tau o$ $\pi\alpha\iota\delta\iota\acute{\alpha}$ $\tau\iota\varsigma$ $\ddot{\alpha}\nu$ $\lambda\epsilon\acute{\iota}\pi o\iota\tau o$ 可能指在成体系的次序中,"历史性"的次序仍是一样,详下。

③ 参 976d5 - 977b8,尤参 976d5 - e4。

④ 参 976e4 - 977a2,和 977a6 - 8 及其相关评论。

⑤ 参 980a7 - 9,c7 - 9,988b7 - c8。

⑥ 参 986a8 - 988a5。

⑦ 参 990a1 - 5。

高等教育的结论,而这教育又是以智慧和德性的获取为目标的。可以确定的是,在《王制》中,这个结构是理想城邦建构的一部分;① 虽然如此,柏拉图运用人类历史的演化对抽象的、系统的目的来说尤其重要;而且,无论如何,在其他作品中,例如《高尔吉亚》和《法义》,他也把这三个步骤同人类文化和知识的发展联系了起来。② 我承认,在柏拉图那里和在《厄》中,历史性的[72]和系统性的次序并不互相独立,从这一点上来说,他们之间并无区别。③ 然则,当柏

---

① 参《王制》369c9 - 10:"那就让我们从头设想,来建立一个城邦,看看一个城邦的创建人需要些什么。"(译按:郭、张译文,前揭,页58)其次序即,必备技艺—好的技艺,参《王制》373a - b。"必须"和"需求"作为最基本的力量驱动最初的人类走向文明生活,参《治邦者》274c - d,尽管柏拉图在这里和其他神秘文本中把许多神性中人的智力探寻和发现人格化。

② 在《法义》中,这三个等级(必备技艺—"好"技艺—智慧)是在同立法的关联中得到讨论的,并没有同智慧直接相关,但是最终真正的立法者和卫士是真正有德和明智的人,正如《法义》最后几页中明确表示的那样。记住这一点特质,我们可以在《法义》677a - 683b 中找到这"历史性"的三步。我们必须注意到在 682e 中,雅典人宣称当 677a 及以下给出第一和第三步的时候,已经回到了音乐和饮酒的话题上。亦参 702a - b。

在处理人类文明的发展或者是对科学的考察时,都没有如《厄》作者在处理后者时那么系统和彻底。而且柏拉图总是记得这个戏剧性的背景;这也可以解释以下这件事,梭伦(Solon)从埃及带回了关于古代雅典和亚特兰提斯(Atlantis)的战争故事(参《蒂迈欧》21d - 25d),同他的描述相一致,《克里提阿》在人类的需求得到满足之后,描述的步骤是"历史"。参《克里提阿》109d - 110a 及注释:μυθολογία γὰρ ἀναζήτησίς τε τῶν παλαιῶν μετὰ σχολῆς ἄμ' ἐπὶ τὰς πόλεις ἔρχεσθον, ὅταν ἴδητόν τισιν ἤδη τοῦ βίου τἀναγκαῖα κατεσκευασμένα, πρὶν δὲ οὔ.

③ 在《厄》中,时间顺序和系统性两个方面总是交替呈现。因此,我们从必备技艺这个时间上的起点(974d8 - e1),走向数的科学,这个科学正是重要性次序上的起点和我们对智慧探寻的起点(976d5, 977d5)。正如已经说过的那样(参前文注释),在必备技艺中有时间安排的踪迹。那么从"好"技艺开始,这个次序就越来越系统化,参 975c9 - 976d5 ὅτε δὴ τὴν τῶν ἀναγκαίων ὁρῶμεν κτῆσιν διὰ τέχνης μὲν ἀπεργαζομένην ... τό γε μετὰ τοῦτο παιδιά τις ἂν λείποιτο ... πάντων δὲ ἐξειργασμένων τὸ λοιπὸν βοήθεια γίγνοιτ' ἂν ... λοιπὴ δ' ἔτι πρὸς δόξαν (转下页注)

拉图集中注意力于人类文化和文明的"历史性"发展之时,他把这样的发展同如下观点联系起来,即在摧毁文明果实的周期性灾难中,只有一些未开化的人活了下来,而这个过程将在这些人身上重新开始。① 然而,一些学者②坚持认为周期性灾难的理论也可以在《厄》974d3 及以下提出的结构中找到,尽管这里没有同这个概念不一致的地方,但是应该说《厄》没有哪一段表明或是暗示了任何这样的概念。尽管如此,也没有必要假定作者的该段文字是出自柏拉图之外的权威。在评论中,来自《王制》、《法义》和其他对话的相关对应文段均得到引用,无论何时,只要恰当就行;这里,作者对柏拉图的背离将被视为误解的结果,或者被认为是作者基于自己的概念来"纠正"柏拉图的结果。

甚至是在作者对一些必备技艺的处理中,也不乏同柏拉图的矛盾之处。因此,举例来说,《厄》975a5-7 所暗示的关于同类相食的最初论述同样出现于柏拉图的《法义》中;③但是,在《厄》和《法义》

(接上页) σοφίας... κατίδωμεν δὴ ταύτην πρώτην κτλ. [我们现在知道,既然获得(生活)必需品靠的是制造的技艺,而这些技艺又无一能使人有丝毫智慧,那此后就还只剩下某种游戏。游戏在很大程度上是摹仿,丝毫当不得真。许多人用道具来摹仿,许多人也用自己的身体来摹仿,倒并不总是摹仿得像那么回事]。最终,ἄτοπος δύναμις 和作为 βοήθεια 形式的技艺出落于文明进程之外。就作者的目的来说,对科学的系统考察比这样的文明发展要重要得多,因为他倾向于认为除了数的学问以外没有其他原则能导向真正的智慧。

① 参前文注释和《蒂迈欧》22c,23a-b。柏拉图提到了两个细节,发现的两个要素即闲暇(σχολή)和悠然(slowness)并没有出现在《厄》中。可能做出这种省略是因为《厄》作者对这样的发现进程并不感兴趣。

② 参埃纳尔森的例子,页 271,注 29。

③ 参《法义》782b-c。在 c1-2 中,"当然,我们看到,即在今天,许多人中还残存着用人来献祭的现象。我们推测,在其他地方盛行着相反的习俗"(《法律篇》前揭,页 198),这句话被当作证据来证明,在农业发明之前,动物们同类相食。因此,埃德尔斯坦在《进步的观念》(页 87,注 67)中,错误地主张:"对话并没有暗示,在最初,人类过着动物般的生活,甚至要采用同类相食的手段来维持。"

中,作者并没有特别阐述从同类相食到农业的发展,[73]尽管这同柏拉图的描述也不矛盾,只是阐述那限制我们杀食一些动物的科学也规范了我们对其他食物的饮食习惯。① 另一方面,《厄》同柏拉图关于人类文明发展的对应文段,并不能证明早期共同源泉的存在,无论这源泉是德谟克利特(Democritus)还是其他作者,既然《厄》作者主张用它来完善《法义》,因此,他必定明白柏拉图在这里陈述了些什么。②

作者在这部文本中同柏拉图的另一个不同之处是把占卜放入了必备技艺中。而在柏拉图那里却没有这样的东西;③而且,尽管《厄》作者也许已经把这个概念赋予了柏拉图的某段文字,④但最终把占卜当作一种必备技艺是由于他自己的生物范畴,既然居间的生物成了宇宙神和人之间的解释者,所以他随后把占卜当作人类接受神的讯息的方式。⑤ 然则,占卜拒绝了智慧之名,因为它的实践者并不追求真理,尽管"好"技艺因其只是一种游戏而被忽略了,但这并不成为与柏拉图的不同之处,因为对"好"技艺的处理也同《王

---

① 参 975a8 – b1 注。

② 科勒(Cole),在 Democritius,页 105 中,坚持认为《法义》和《厄》拥有论述文明发展的早期作品的独立证据(原文如此,对科勒的反对参 975a8 – b5 注)。总体上来说,当然也是确切无误地来说,《厄》作者依靠柏拉图;假定前者依赖于前柏拉图源泉,是因为有时在晚期作者(如 Polybius)和《厄》之间会出现偶合,不过这种假定对正讨论的问题来说过于武断,因为没有理由解释,为什么《厄》作者或是柏拉图本人不会把新的因素引入到文明的发展结构中,也无法解释为什么希腊人和其他晚期作者不能直接或是间接地部分依靠这个或那个。关于对科勒的书的批判性评价,参看 Graeser, G. 41 (1969), 9 – 16。

③ 海德尔,页 75,注 9,引用了《法义》677d3 ('Ορφεῖ);但是,尽管柏拉图有时把人关于诸神的概念放入文明的早期阶段,他并没有说明或是暗示占卜是一种能够满足人类某种"需求"的技艺。

④ 参 975c6 – 8 注。

⑤ 参 984d8 – 985b4,985c2 – 4 和 984e1 – 2,e2 – 3 注,及 985c3。

制》和《法义》相一致。①

在必备技艺—"好"技艺—智慧的结构之外,根本分歧是文明的发展既是归于 βoήϑεια 之下的技艺,也包括归于 ἄτοπος δύναμις 的集体名词之下(976b5 – c6)的技艺。在这个次序中,它们居于"好"技艺和智慧之间,而问题是为什么它们被全部包括了进来,既然它们破坏了存在于其余三个区分中的"历史的"连续性。②

[74]在集体名字 βoήϑεια 之下特别提到的技艺有四种,尽管作者似乎相信还有其他技艺存在,③它们是:第一,谋略之术;第二,医术;第三,航海术;第四,修辞术。把这些技艺归于 βoήϑεια 名下的初衷,似乎是对抗邪恶或危险,此功用在谋略之术方面十分明显,而且尽管是从不同意义上来说,在法庭上的辩护也十分明显。④ 然而,显而易见的是作者煞费苦心证明把 βoήϑεια 之名用于医药术以及大副水手的技艺之上的正确性。⑤ 那些提供防御或保护"服务"的护卫之术,同提供"生产"的必备之术的不同之处,应返回到《法义》第七章的文字中。⑥ 但是,更重要的是,在这里以"护卫(defense)"的

---

① 参 975c5 – d9 注。

② 必备技艺—"好"技艺—智慧的次序用作系统性的目的,不能解释第三和第四步的存在;因为,尽管这能够使对诸如谋略和航海术之类的包括和省略变得可以理解,但是我们仍然不得不解释为什么这些原则会被划归到抵御的形式之下。

③ 参 975e1 – 2:βoήϑεια... μυρία μυρίοις。

④ 对于 βoήϑεια 所拥有的"对抗"属性参 976a1 – 2 注。

⑤ 关于医药术,参 976a1 – 2 注。大副和水手也是"协助者"(helpers),作者把对这个概念的强调,正如这里所论述的,同对以下概念的含蓄否认联系起来,即存在一种独立于天文学的航海术。

⑥ 参《法义》920d – 922a,尤参 920d7 – e7:"靠手艺和技能而使我们的生活丰富多彩起来的工匠阶层,把雅典娜和赫淮斯托斯奉为自己的保护神,而阿瑞斯和雅典娜则是那些借助于一种不同类型的技巧(保卫的技术)保护这种工匠的产品的人的保护神。这后一阶层把这些奉为神圣是完全正义的。(译按:译文参《法律篇》,前揭,页 365 – 366)";海尼曼(Heinimann, M. H.(转下页注)

形式包含和描述这四种技艺,背后的原因,正如帕维鲁和其他人所想,①是由于作者意图"纠正"柏拉图《法义》的另一段文字。《厄》975e1-976b4 的论辩意图也足够判定(athetize)《厄》,因为似乎对谋略、医药、航海和修辞作为"护卫"之术的处理方式是由《法义》960b4 及以下文字所提出来的。如果立法者想维护国家,就必须把一个目标始终铭记于心,而就在他意图找出这个目标的时候,雅典异方人带来了柏拉图式的对航海、将兵和医药之术的类比。在这样的关联中,导航员、将领和医生被称为是"救助者",并借助各自在专门领域(σκοπός)的技艺知识,完成他们各自的任务(σωτηρίαι);这样的结果表明 πολιτικός 必须知道立法的 σκοπός,[75] 既然这样的知识本身就能够确保城邦的(σωτηρία)。② 然而,《厄》作者希望把 σωτηρία 的概念限制在数的知识范围以内,③把谋略、医药和航海之术烙上 βοήθεια 不同方面的印迹,而且,既然不能在这里包含《法义》的 πολιτικός,因为这是指真正的立法者,他就用修辞学者来代替,即

(接上页)18 1961 118 n. 58)阐明这个区分不同于"die Dreiteilung Epinom. 974D-976B, die auf die zwei [demokritischen?] Gruppen der lebensnotwendigen – Ackerbau, Hausbau, Handwerk und Jagd – und der dem spidl, die Kriegkunst, Medizin, Nautik und Rhetorik umfabt"。这样的描述很难公平对待海尼曼所引《厄》的文字,就算把他对整段文字动机的忽略排除在外(974d-977b))。但是,既然《厄》作者把对 975e1-976b4 中作为 βοήθεια 四种技艺的引介同他对《法义》960b4 及以下的将军术、医药术和航海术的论辩态度相联,正如《法义》920d-e 的文字恰好可以作为区分必备"生产"技艺和防御技艺的源泉。在必备技艺中,甚至是占卜和解释也提供产品,即提供言词和解释。

① 参帕维鲁,页44,埃纳尔森,页94,李尔,页30。

② 参《法义》961e-962b。像埃纳尔森一样,与帕维鲁和李尔不同(参前文注释),我认为 961e9 的 ὑπηρεσία 和 962a2 的 ὑπηρετῶν 并不是柏拉图拿来作为 σωτηρία 的替代名字,也没有被《厄》作者用作此目的,因为他们只被用于医药之术,而且无论如何 σωτηρία 都是被当作医药的目标。

③ 参 976d5-e4,尤参 e3-4: θεὸν δ' αὐτὸν ... ἡγοῦμαι δόντα ἡμῖν (即τὴν τὸν ἀριαδνὸν δοῦσαν ἐπιστήμην) σώζειν ἡνᾶς。参 976e2-4 注。

误称πολιτικός之名。①

然而,《厄》975e1-976b4却值得仔细审视,既然在其中对四项技艺的分析也可以表明,作者为了削减它们的重要性,而与柏拉图的相关论述大相径庭。表面上,作者把谋略、医药、航海和修辞之术仅仅视为对抗邪恶或危险的"护卫"之术,不只是含蓄地否认了它们是σωτηρίαι,甚至认为它们根本不是τέχναι。② 在此关联中,我们可以发现有趣的是,四种技艺以重要性递减的顺序排列,因为对于每一个后继的步骤来说,作者似乎暗指每一种"护卫"所宣称的对知识的依靠都要低于前一种。事实上,只有前两种,即谋略和医药之术,得到了一个名称并被完全当成技艺。③ 在航海的问题上,作者只提到了它的实践者,即大副和水手是βοηθοί;最后,在谈到修辞时,作者并没有提到这种技艺的实践者之名,而只是暗示这些人甚至配不上"护卫者"的名称[76]: ὁπόσοι βοηθοὶ δίκαις ἐν τῇ τοῦ λέγειν ῥώμῃ φασὶ γίγνεσθαι。尽管在975e2-976b4中,作者关于四种技

---

① 参976b1-4注。

② 对柏拉图来说,谋略、医药和航海是技艺或是τέχναι。这意味着,它们拥有一个可以通过理智的方法来理解的目标,尽管严格地说来,除了论辩术以外,他们不会承认任何形式的东西是知识(《王制》533b-d)。关于那些承认和不承认一种技艺或是科学建构的主题,参肖里,《王制》卷2,页22,及注释。

③ 参975e2-976a2。但是作者明显认为这些名字并不合适,因为谋略和医药之术都只是βοήθεια的形式:前者的不合适之处可以在κληθεῖσα στρατηγικὴ τέχνη中找到(参975e2-3注),而后者的不合适之处则可以在以下的暗示中找到,即ἰατρική之名并不能揭示它的真正本质,那正如谋略是一种"护卫"一样(参976a1-2注)。米勒(301)否认975d2中的τις是起限制作用的小品词(参975d2-3注),因为在那个问题中,我们本应该期望它同975e1中的βοήθεια一起,当他作这样的否认之时,并没有抓住作者的这一点:在975d2中,τις是起限制作用的小品词,因为这里还有其他形式,不是技艺的游戏(play),并且暗示此"护卫"并不是一种τέχνη,目前给予它的两个重要分枝的名字,即医药和航海,阻碍了对它们真正本质的认识,或者说是使这种认识更加困难。

艺的陈述均依赖柏拉图,不过,他在很大程度上误读或是错误地归纳了柏拉图的概念。因为柏拉图为了同某一文本的相关论点相一致,会轻视这四种技艺中的某一个,而对于另外三个,却并未否认它们的τέχναι性质;尽管也许对《厄》作者来说,展示以下观点是充足而适当的,即四个技艺均非智慧,也不会为我们带来幸福,与此相关,作者可以认为,正如对必备技艺的处理方式一样,①即它们根本并不基于知识,并含蓄地否了它们基于知识或者拥有理性的方法。

对科学的回顾以谋略为开端,它 εύτυχίας πλείστης δεομένη,要想获得成功,与其说取决于自然的勇气,不如说取决于智慧。② 现在,在《欧蒂得谟》中,苏格拉底否认谋略技艺是智慧,因为作为 θηρευτική 的一种,它并没有告诉成功的将军用怎样的方式才能取得胜利。③ 同样在《治邦者》中,战略技艺尽管从属于治国之才,但是仍然被认为是一种 τέχνη;④ 同样在《王制》中,这个形容词被用于修饰战争技艺,⑤ 而《厄》作者把它用于修饰 θηρευτική,⑥ 这个技艺不同于 στρατηγική,它被作者认为是必备技艺的一种。然则,在《法义》中,正如在《欧蒂得谟》中一样,战争的技艺被认为是"捕猎"的一种,而且被反复称为 σωτηρία。⑦ 在谋略的技艺中,极有可能,把"机遇"放在具有决定性意义的位置上,哪怕只是暗示,作者在关于医药术和航海术的问题上,也明显受到《法义》709a-d 的误导,雅典异方人在该段文字强调,航海、谋略和医药之术中,好运尤其重要,用

---

① 参 975b5-7 关于农业的部分和 975c6-8 关于占卜的部分。
② 参 975e2-976a1。
③ 《欧蒂得谟》290b-d。
④ 《治邦者》304e-305a。
⑤ 参《王制》374b1-2 和《法义》921d4-5。
⑥ 参 975c4-5。
⑦ 关于战争是"捕猎"的一部分,参《法义》823b。关于战争的技艺作为一种 σωτηρία,参 961e-962a,及《法义》920e1-3,921d4-5 和 922a1-2。

这样的方式来提醒在立法问题上也有同样的因素。① 然而,《法义》中的该段文字暗示,只有那掌握某事 τέχνη 的人,才能把时机转化为合适的机遇,只有那握有知识的人才能利用 τύχη 以取得 τέχνη 的结果。② 认为战略技艺是 μᾶλλον δὲ ἀνδρεία κατὰ φύσιν ἢ σοφίᾳ δεδομένη 也并不合适。如此陈述,或基于对《法义》963e 的误解;③[77]但是我们发现,④在《法义》中,雅典异方人强调了如下事实,即 ἀνδρεία 和 φρόνησις 是不同的德性,而灵魂从本质上(φύσει)是 ἀνδρεία,并且没有 λόγος,如果要从根本上变得明智,它就必须拥有 λόγος。将军必须要勇敢,但是如果没有谋略技艺的知识,他不会成为一个好而成功的将军。因此,《厄》对谋略技艺的描述相当不准确,也同柏拉图的描述不一致。

医药术并不是那种能使我们真正明智的智慧,ἄνευρα γὰρ δόξαις φορεῖται τοπαζόμενα。⑤ 这种关于医药术猜测性的描述极有可能得益于《斐勒布》(Philebus);⑥但是,苏格拉底对医药术的猜测性描述基于以下的区分,即基于数的 τέχναι 不同于算术,它来自于不基于数的事物。柏拉图认为医药术不是一种精密的科学,却并不否认它是一

---

① 如《法义》709a8 - b4 中这样的处理方式,即 τὸ θνητὸν μὲν μηδένα νουθετεῖν μηδέν, τύχας δ᾽ εἶναι σχεδὸν ἅπαντα τὰ ἀνθρώπινα πράγματα· τὸ δ᾽ ἔστιν περί τε ναυτιγίαν καὶ κυβερνητικὴν καὶ ἰατρικὴν καὶ στρατηγικὴν πάντα ταῦτ᾽ εἰπόντα δοκεῖν εὖ λέγειν κτλ.[若是他抬头看到所有这些,那就定会急于谈起,刚刚我所讲到的事,即没有哪个凡人制定什么法律,几乎所有的人类事物均仰赖机遇。参潘戈译文,前揭,页94],《厄》作者或已误解该内容。
② 参《法义》709b - d;典型的柏拉图式概念,另参《欧蒂得谟》279d - 280b。
③ 《厄》975e4 - 976a1 的论述是基于《法义》963e5 - 6,参相关评论和《厄》977c4 - d2。
④ [译按]参原页码[64] - [65],前揭。
⑤ 参《厄》976a5。该评论是关于医药术及其(缺乏)方法仅有的陈述。
⑥ 参 976a5 注。

种方法。① 应该注意的是,甚至是在早期的《高尔吉亚》中,医药术也被当作τέχνη,并且能够对它的过程进行理性描述,②在《斐德若》中,希波克拉底(Hippocrates)的理性方法,被视为τέχνη模式,③而《法义》在区分两种医生的时候重述了同《斐德若》相同的原则,一种是奴隶医生,他仅能 τὰ δόξαντα ἐξ ἐμπειρίας,而既不能给予疾病 λόγος,也不能接受它,而另一种医生的方法包含 ἐξετάζων ἀπ' ἀρχῆς καὶ κατὰ φύσιν,他在开出药方的同时会尝试劝慰。④ 对于柏拉图来说,成为τέχνη的必备条件是通过理性方法掌握真理,而这一点正是《厄》在医药术方面拒绝承认的。⑤

[78]对航海术的处理方法更加令人困惑,因为作者似乎彻底批评这项技艺的践行者,认为他们既掌握不了友善的风的知识,也

---

① 因此,《斐勒布》(55d5-8)对哪些技艺更多依赖于知识,哪些技艺更少依赖于知识,作了区分。那么,55e-56c论述到,在医药、农业、航海和谋略之术中,我们更少"考量"(measuring),而且也比在"建构"中拥有更少精确的知识等等。但是这段文字既没有陈述也没有暗示医药之术纯粹是想象的。关于医药术的方法,参托名 Hippocratic 的《论古代医学》(*On the Ancient* Medicine),页9。在公元前4、5世纪,恰是τέχνη受到了一种普遍的攻击,这个概念宣称医术所取得的所谓成果真正是由于机遇。为了应对这种攻击,托名 Hippocratic 的《论技艺》(*On the Art*)基于医学的观点,作出回应。参埃德尔斯坦,《古代医学》(*Ancient Medicine*),页158及注21和22。
② 参《高尔吉亚》464b-465c,500a8-b5,500e-501a 和517e-518a。
③ 参《斐德若》270b-c。在270c2中,τοῦ ὅλου并不表示"整个宇宙"而是表示"整个人类"。参看埃德尔斯坦(*ΠΕΡΙ ΑΕΡΩΝ und die Sammlung der hippokratischen Schriften*),页29-135,《古代医学》,页6-119,Kranz,*Ph.* 96 (1944). 103-200,和彻尼斯所列文献《普查》(*Lustrum* 4, 1959),139-140。《法义》在接下来的注释中提到两段文字,同埃德尔斯坦对《斐德若》的理解相符。
④ 参《法义》720a-e 和857c-d。
⑤ 对比《厄》和《高尔吉亚》501a中关于医药术方法的描述。

掌握不了肆虐的风的知识。① 然则，他认为此知识是 προσφιλὲς ἁπάσῃ κυβερνητικῇ，以此暗示知识是可能的。那么，究竟是什么阻碍了一个好船长学习它呢？为什么作者不加区分地责备了所有践行航海术的人呢，而不只是责备坏的践行者呢？尽管也许不可能得到证实，但极有可能是作者误解了苏格拉底的评论，即在《王制》中对国家之舟的比喻的评论。② 然而，有可能作者暗示关于友善和不友善之风的知识是 τέχνη 的一部分，而这并不属于船长。我们可以猜想这种知识属于天文学，因为《厄》认为，天文学家是明智的人，而且关于

---

① 参《厄》976a6 – b1。καὶ τούτων ἄνδρα σοφὸν μηδένα τις ἡμᾶς παραμυθούμενος ἐξ ἁπάντων διαγγελλέτω· οὐ γὰρ ἂν εἰδείη τις πνεύματος ὀργὴν οὐδὲ φιλίαν [我们当然也可以把舵手和船员叫做防卫者，不过无论如何，谁都甭想鼓动我们把这帮人看成聪明人：因为他们既不知道风的愤怒，也不懂得风的友爱，尽管航海术与这一切是最接近的技艺]。这就是说船长和水手被排除在外，因为他们的行动不需要知识。

② 参《王制》488a – 489a，对于这段文字及解释，参肖里《王制》卷2，页16 – 23 及参考文献。在这段文字中要注意以下内容："事实上，那些出类拔萃之辈在城邦中面临的处境是如此艰难，以致没有任何一种处境和它相像，相反，我必须从许多地方搜集形象材料来描绘这一处境，并且为它们作出辩护，如同那些画家用东拼西凑的方法画羊鹿以及其他诸如此类的东西。想象这样的事发生在许多船上或一只船上：一个船长在体形和力量方面超过船上所有的人，但他耳朵有些聋，眼睛也同样看不太清楚，懂得的航海知识也和前两者一样有些缺陷，其他船员为了掌舵的事而相互争执不休，每一个人都认为必须由自己来掌舵，尽管他从来没有学过这一技术、无法指出他自己的老师是谁或什么时候学过航海，不仅如此，他们还声称，这并不是一门能被教会的技术，谁若宣扬它能被教会，他们就准备让他粉身碎骨，与此同时，他们一直簇拥在那个船长周围，缠着他不放，千方百计地迫使他把船舵交托给他们，有时，当其中一些人说服不了他，而另一些反倒说服了他，前者就把后者杀了，或把他们从船上抛入水中，接着，用曼德拉草，或用酒，或用其它什么东西弄倒了高贵的船长，然后开始统治全船，享用起船内装载的东西，又是喝酒，又是大摆宴席，按这号人的习惯驾船航行，不仅如此，他们还吹捧他为航海家，称他是舵手、熟悉船上一切的专家，因为这人在谋事方面特别出色，使他们说服或征（转下页注）

时间的天文学也同风和气候的观察相关,详述可参下一章。① 无论如何,作者在把航海术排除在智慧之外,这再一次远离柏拉图,对柏拉图来说,航海术是 τέχνη,而他不只在《法义》中宣称 τέχνη 是 σωτηρία。②

最后,辩护人身上的修辞术被轻蔑地屏除了。修辞的对立面和真正的正义既同《高尔吉亚》一致,也同《法义》相一致,[79]在后者中,我们可以发现作者决定的源泉,甚至没有提及法庭上的辩护者。③

至于 976b5 – c6 中所描述并加以排除的 ἄτοπος δύναμις,也脱离了基于人类文明发展的结构。由于它同智慧结果的相似,使得作者把它纳入了科学的回顾之中,正如可能由于它同智慧相比,在方法上的

(接上页)服了船长,以至于他们控制了全船,指责一个没有这种能力的人为无用的蠢货,他们并不了解一个真正的舵手的本质,真正的舵手必须集中精力研究一年的日期、季节、天空、星座、气流以及一切和这门技术密切相关的东西,如果他想在本质上真正成为一船之长,以致他能充当舵手,不管一些人愿意还是不愿意,因为那些人不相信,这方面的技术和研究能使他拥有这种能力掌握舵把和航海的艺术。当船上发生了这类事情,你不认为这么一个真正的舵手实质上会被那些受到如此管理的船上的船员们称作天象的观赏者、喋喋不休的智术家、不中用的家伙?"(译按:参《理想国》,王扬译注,北京:华夏出版社,2012,页218 – 219)如果,如我所想,《厄》作者在写作之时,将这段文字记在心中,我们可以发现,从"真正的领航员"所研究的主题,推断出"领航员"是天文学家。这真正的领航员,并不认为可以通过航海的科学,掌握所谓控制舵柄的知识。《厄》作者过于简单地认为,实践中,船长和水手不用学习真正的航海科学,此种科学同天文学没有区别。除此而外,实际上他们否认了这种航海科学的存在,而且认为只有掌舵是必不可少的。然而,我们的作者认为他们永远也不能掌握天文学,既然这样的科学是为极少数资质极高的人准备的。简而言之,上面所引的《王制》的文字,如果拿到文本之外来解读,而且又不注意到它仅仅是一种比较,这就能够解释《厄》对船长和水手们的奇怪处理方式。

① 参前文注释,及原页码125和相关注释。
② 参《高尔吉亚》511c。
③ 参976b1 – 4注。

缺乏使得作者将其排除在外。① 如此做法与柏拉图相同;②作者用整整一段来陈述,也许正是反思《法义》747b 的重要性,后者谈到了学习数的影响,能够把反应迟钝的人变成 εὐμαθῆ καὶ μνήμονα καὶ ἀγχίνουν。既然数的知识是智慧的起点,既然这些品质正是资质极高能够掌握它的人的品质,③那么作者理应在这里进入此原则,而后,开始关于数和智慧的第五步的论述,并以此作为科学回顾的结束。既然第五步已经在前面的文字中作过分析,这里就没有必要再讨论了。

三、"神谱"

在对话的第二部分,为了阐明何为智慧,④作者开始了对太初(ἐξ ἀρχῆς)的研究。在 980c7 - 988e4 中,他对神谱和动物谱展开长段论述,而它们同作者其余部分的关系令众多解释者困惑不已,认为该段离题文字,很难同 980a - b 提出的计划相谐调。哈瓦德和其他人认为 980a - b 所提出的次序,同这里实际上由"神谱"所占位置的不一致,恰好可以证明一种假说,即认为《厄》是未经修改的第一稿,而埃纳尔森则试图把它解释为一段离题文字,尽管该文字处理了 θεῖα 的问题,由于亚里士多德《劝勉》的影响,这段文字的引入仍不恰当。⑤ 两种理解均不通,因为它们都以哈瓦德对《厄》980a - b 的解读为共同点,而原文却不见得如此。⑥ 980c - 988e 并非是真正

---

① 注意此评论是基于以下事实,即 ἄτοπος δύναμις 的拥有者只做那些出于本性所做的事;所以他不能给出描述,而描述是知识和智慧的必备条件。参 977c4 - d4。
② 参 976b5 - c6 注。
③ 参《厄》989b4 - c3,及以下注释:989b4 - d1,989b4 - c3 和 989b8 - c3。
④ 参 979d2 - 980a5。尤参 979d4 - 6 和 λόγον δεῖ λαβεῖν,及 979d3 - 6 注。
⑤ 参埃纳尔森,页 280 - 282。
⑥ 参 980a1 - b2 注。

的离题论述,它恰恰是以下论述的必备部分:既然据《厄》作者[80]所述,虔敬是智慧,而天文学是能够使我们明智的科学,那么接下来,在得出该结论之前,作者应提供关于宇宙神的正确描述,以及该描述所依赖的对生物范畴的描述,还有关于神义论的描述,作者以此证明宇宙的善的统治。在这个计划中,宇宙诸神的话题引起了作者最长时间的注意,恰如天体是天文学的目标一样。在这个关联中,值得注意的是在该作品的第一部分,作者已经充分地暗示了宇宙的知识是我们获取智慧的途径。①

在整个《厄》中,尤其是在"神谱"中,作者充分引用《法义》,尤其是《法义》的第十卷和第十二卷,而且还引用《蒂迈欧》。但是我们必须注意,他引用两部作品的"主题设定",而不仅是一些特别的概念。② 然则,尽管他自己的论述同两部作品密切相关,但仍有 τέλος

---

① 参976d5 – 977b8,及以下注释:976c7 – 977b8,977a6 – b8,977b6 – 8 和977b8。

② 通过"主题设定",我的意思是在文学的框架范围内,柏拉图限制对既定话题或主题的处理。因此,在《法义》中,柏拉图认为灵魂是生成实体(a generated entity),但得出这个结论,是在反对无神论者的过程中,即认为并非物体而是灵魂才是运动和变化的最终原因。为了证明论点,即作为自身运动的灵魂要先于物体,柏拉图提到了一个假设,即所有事物都趋于静止。如果真是如此,灵魂的自身运动就不得不首先发生,而肉身的运动居其次,而后者正是受前者的推动(895a – b)。正是柏拉图的对手,而不是他自己谈到了事物的绝对开端,这可以从柏拉图自己的话中清楚地看到: εἰ σταίη πως τὰ πάντα ὁμοῦ γενόμενα, καθάπερ οἱ πλεῖστοι τῶν τοιούτων τολμῶσι λέγειν(柏拉图在《法义》中用于证明灵魂至高性的论述,同《斐德若》[245c – 246a]中用于证明灵魂的非生成性和不可毁灭性是基本一致的。如果说柏拉图没有得出同《法义》相同的结论,那是因为他不需要用其证明文中所述。自我运动的灵魂是所有运动的最终源泉,柏拉图此概念暗示灵魂是非生成性的;否则,任何事物都不会是被生成的)。结果,柏拉图把灵魂当作最初的起源在主题的框架内得到解释,并在其中讨论了灵魂的至高性。(当然,灵魂对柏拉图来说,在某种意义上就是过程和起源,虽然灵魂是理念和可感世界的中间物,但也是超自然的、精神性的运动。)同样,在《蒂迈欧》中,文学框架是创生神话,因为柏拉图决定解释在(转下页注)

概念，并不同于任何作品。既然如此，那么论述与概念中出现矛盾与模糊，则毫不奇怪，这些概念和论述至少部分受柏拉图作品的鼓励和影响。在考察作者关于神、灵魂的概念以及对宇宙永恒的态度和其他重要问题以前，该问题值得反复论述。一些在"神谱"中出现的话题，诸如五个简单的星体、[81]生物的范畴、恶魔的研究和对《法义》第十卷的运用等，均在其他地方得到讨论。①

我们以作者关于神的概念为开端，已经讨论了《厄》中的至高神是宇宙神，而且又揭示作者怎样通过误读，可能已经把自己的概念强加柏拉图之上。此外，在宇宙中，天体被认为是最高的神，它有八种互相关联的轨迹运动，并以此构筑了单一的统一系统。尽管宇宙神是最高、最重要的神，尽管作者宣称所有的八种运动方式以及以这些方式运动的星体都是神，并且星体们又是"兄弟"和"姐妹"，②然而，很明显的是，在对可见的天体神的划分中，当作者谈到最高神的时候，心中想到的是外太空（outer cosmos）或是恒星的轨迹。因此，据《厄》所述，赐予我们数的神，以及赐予我们其他事物的创造者是乌兰诺斯，对他，我们要给予特殊的崇敬和独特的祈祷，正如所有对其他精灵和神灵所做一样。这里的乌兰诺斯，尤指外太空，可以在977b1-5的措词中找到对宇宙思考的正确描述：ἐὰν γὰρ ἴῃ τις ἐπὶ θεωρίαν ὀρθὴν τὴν τοῦδε, εἴτε κόσμον εἴτε ὄλυμπον εἴτε οὐρανὸν ἐν ἡδονῇ τῳ λέγειν, λεγέτω μέν· ἀκολουθείτω δὲ ὅπῃ ποικίλλων αὐτὸν καὶ τὰ ἐν αὐτῷ στρέφων ἄστρα πάσχς διεξόδους ὥρας τε καὶ τροφὴν πᾶσιν

（接上页）宇宙中和人身上的目的论因素的首要性，这是通过描述二者由工匠的建构来实现的。但是如果我们接受柏拉图的暗示，认为"创造"并不是它字面的意思，那么我们就能领会其解释，没有必要对例如灵魂的创造给出字面的理解，参拙著《创生神话》（*Creation Myth*）。

① 关于《法义》第十章的原则，除此处所述以外，参以下注释：980c7-981b2, 980c8-9, d1-3 和 d4-5 等。

② 参 981e3-6, 982a4-983c5, 983d7-984b3, 984d1, 984d5-8 及其评论。984d7-8, 985d4-987d9 及注，和 986b3-c5 注。

παρεχεται[他的确就是那位同时还赐给我们数字的神明,而且如果我们愿意紧跟他,他还会再(进一步)恩赐。如果我们用某种正确的方式来默思他,无论我们把他叫做"宇宙"还是"奥林波斯"抑或"天",爱怎么叫就怎么叫吧,但我们要跟随他,看他如何改变自身,如何让星辰按所有轨道围绕自己运行,以产生季节,并为万物提供滋养]。那么,在978b7-977a6关于我们怎样学会数的长段论述中,也正是乌兰诺斯即外太空不停地教会我们"一"和"二",它不停地推动天体运动,其中包括太阳,因此永不停息地产生日与夜。① 正是从这个神身上,现在叫做大全($τὸ\ πᾶν$),我们拥有了学习数的自然能力;也是从这个神身上,现在叫做天父($ὁ\ πατήρ$)和神明($ὁ\ θεός$),我真正学会了数数,因为神为此目的,总是向我们展示天体的运动。为了使我们能数"一""二"之外的数,他创造了月亮并安排了它的周期,即月份,而在某种意义上同年相关,则创造了太阳的运行。② 最后,在987b6-8中关于八大星体运行的描述中,外层宇宙的运动被认为最配得上 $κόσμος$ 之名,相对于其他的七个运动而言,正是这个运动推动了它们。③ 最后这一点同[82]上述文本中用于神的内容和术语,表明了作者对《蒂迈欧》的依赖。这八个运动包括七个相异圆圈的运动加上宇宙的同一运动,相同于在《蒂迈欧》中,世界灵魂(the world-soul)被分为了八个圆圈,而造物主把后七颗行星和恒星放置于其中。④

外太空运动的至高无上,是同以下概念相一致的,即愈简单的运动愈富于智慧,而这个概念既在《蒂迈欧》中出现,也在《厄》中出现。⑤ 但是,正如我们所看到的那样,尽管关于外太空的运动推动

---

① 参978c6-d4。关于外层宇宙推动其余七行星运动,详下。
② 参978c1-2注和c5注。
③ 在991a1中,宇宙是指 $πᾶσα\ ἡ\ φύσις$,参990e4-991a1注。
④ 参986a8-9注和986b3-c5注。
⑤ 参978c6-d4注和986e5-7注及相关文献。

其余七行星的运动,《厄》并不同《蒂迈欧》相矛盾,然这并不是同作者的神的概念相关的问题;因为,即使除了在柏拉图那里宇宙并不是最高的神这一点外,《厄》作者命名最高神所采用的术语,表明他或是把造物主或是把《蒂迈欧》中的"神"同宇宙搞混了,就算不是同外太空本身搞混的话。①

然则,在"神谱"的开端,作者就回到《法义》第十章,特别讲明神谱和动物谱的基础是反无神论者的论述,而这样的论述本身基于如下原则,即同自身旋转运动同一的灵魂先于肉身并统治肉身。② 作者这时也采用了《法义》第十章的术语,并继续谈到灵魂是"工匠";作者着重宣称仅存在两种实体,即灵魂和物体,而且只有前者致力于塑形和创造(πλάττειν καὶ δημιουργεῖν προσήκει)。所以灵魂(ψυχή)和神明(θεός)变成了可以互换的概念。③ 然则,既然同柏拉图一致,作者宣称[83]ζῶον是灵魂和肉身的统一体,而且既然灵魂

---

① 参前文相应部分。毫不奇怪,作者把宇宙当作"创造者"(无论是从字面上,还是仅只是暗示),既然在《蒂迈欧》中,造物主最终从"创造"三种低等级生物的任务过渡到受造诸神,其意思特别地指宇宙诸神(参 41a - 42e)。在《蒂迈欧》中,从这一点开始,"神"和"诸神"的区别就时常被忽略掉了,参 Grube,的《柏拉图的想法》(Plato's Thought),页 169,康福德,页 38 和注 1。因此造物主和受造诸神恰是智慧起因的象征(参 46e4 ὅσαι μετὰ νοῦ καλῶν καὶ ἀγαθῶν δημιουργοί[理性原因产生美好的事物;当理性原因缺乏时,没有设计没有目的,从而总是导致偶然无序,译按:谢方郁译文,前揭,页 31])。

② 参 980c7 - e3。此处并未明确提出自我运动的灵魂概念,而仅是暗示。参 988d2,另参 983b2 - 6 和 983b2 - 3 注。

③ 参 983b2 - 3 注和 986b3 - c5 及注。尤参 984c4 - 5 πάντα δὲ δημιουργήσασαν ταῦτα ψυχήν(参 984b6 - d2,灵魂在这里被认为繁衍了所有的生物,而且使它们充满整个宇宙,这是以可见的诸神为开端,尽管 978d6 - 7 和 979a3 - 5 的文字认为是 ὁ θεός 创造了月亮并把它安置其中,而作者安排月亮的运行路线同太阳处于固定的关系中)。θεός 和 ψυχή 的互换,同柏拉图并无矛盾,因为《法义》论述,控制天体的灵魂或众灵魂都是神,就好像任何其他无论是附身的还是游离的(embodied or disembodied)绝对好的灵魂一样,而《蒂迈欧》中的造物主,如果不是神秘的,也必定是灵魂,既然他的工作就是理(转下页注)

是所有运动和变化的原因,我们必须推定正是灵魂使宇宙神圣。①因此,可以理解的是,作者以最高的神和"创造者"谈及宇宙,以宇宙的"工匠"谈及灵魂。这样就不可能接受洛弗特尼的如下论点,即《厄》作者用《法义》的"灵魂工匠"代替《蒂迈欧》的造物主,因为很明显《厄》作者采用两个主题设定。② 在"神谱"之初,作者把《法义》第十章的原则同他自己的神谱和动物谱系相结合,即同《厄》的生物范畴相结合,这个事实清楚表明《厄》对两个主题设定的混同,既然神谱和生物谱的话题与其说同《法义》相关,不如说更同《蒂迈欧》相关。然而,通过阅读《厄》的这部分,很显然作者对如此这般的五种生物种类的繁衍并不感兴趣,而是对那些事物作了纯粹描述性的说明。换句话说,在《厄》中既无"创造",也无创造神话,尽管作者运用《蒂迈欧》的术语谈及了五种生物的繁衍。③ 无论如何,这些术语不能轻易地作字面上的解释,火质受造物(the fiery creature)在981d5-7的介绍正可以说明这一点:ἄλλο δὲ χρὴ ζῴου γένος θεῖναι <u>δεύτερον γιγινόμενον</u> ἅμα καὶ δυνατὸν ὁρᾶσθαι[另外我们应该提到第二种受造而且可见的生物种类。这种东西主要由"火"构成,而同时也由"土"和"气",以及少量的其他所有种类所构成]。划线部分不能作字面上的解释,因为天体在创造的次序或是在重要性的次序中均不是第

(接上页)智的工作,而理智只能存在于灵魂中(参《蒂迈欧》47e3-4,30b3,及46d5-6)。正是由于忽略了《蒂迈欧》和《法义》的主题设定,《厄》作者陷于困境。

① 关于ζῷον作为灵魂和肉身的统一体,参981a7-b2;关于世界灵魂作为宇宙的原因,参988d1-e4。

② 《厄》作者已经用δημιουργήσασα ψυχή来替换《蒂迈欧》的造物主,这一点正是米勒(23)的观点,而洛弗特尼(页124,注259)也陈述过同样的主题,但他认为在《法义》中就已经发生了对造物主的替换;除了忽略《蒂迈欧》和《法义》不同的主题设定,《厄》作者没能发现《法义》也谈到了"神"。

③ 参981c5-e6,984b2-d2。

二位的;①所以δεύτερον γιγνόμενον定是指叙述中展示的次序。(甚至是考虑到该作品的目的时,也是有可能的,正如我们所见。)或如柏拉图为了强调宇宙中目的论因素的至高性,于是隐喻地运用遗传学术语一样,《厄》作者效仿此法。果真如此,《厄》就会保留柏拉图的概念,即灵魂是每一事物的"工匠",包括自然的和人工的。②

[84]整个问题在《厄》中被进一步复杂化,这是由以下事实造成的,即作者采用了《蒂迈欧》的主题设定,同时又尝试着避开柏拉图创造神话中宇宙永恒问题的学院式争论。因此,他在981e6 – 982a3 中,做出了以下关于天体问题的论述:δυοῖν δὲ αὐτοῖς μοιρῶν τὴν ἑτέραν χρὴ δόξῃ μεταδιδόναι σχεδόν· ἢ γὰρ ἀνώλεθρόν τε καὶ ἀθάνατον ἕκαστον αὐτῶν εἶναι καὶ θεῖον τὸ παράπαν ἐξ ἁπάσης ἀνάγκης, ἤ τινα μακραίωνα βίον ἔχειν ἱκανὸν ἑκάστῳ ζωῆς, ἧς οὐδέν τι πλείονος ἂν προσδεῖσθαί ποτε[对于它们,我的意见是必须指出它们可能有两种命运之一:要么它们每一种自身都是不可坏灭、不死的,并且在所有必然性面前都全然是神圣的;要么每一种生物都能够有一定的寿命,而无论如何也绝不可能要求得更多]。在《蒂迈欧》中,造物主宣称尽管星体诸神是被创造的,但是它们还是不会消亡,因为这是造物主的意愿。③ 如我所述,将创造神话作隐喻性解释,则易于发现,该论述乃是杜撰,它仅揭示了柏拉图对后来亚里士多德反对他的困难之处有所警惕,该困难就是

---

① 既然据984d1 – 2 所述,天体本是首先产生的。

② 关于柏拉图的这个原则及其暗示,参阅尼斯,卷1,页251 和603。灵魂是所有事物的根源,包括自然的和人工的两个方面,这对柏拉图来说,意味着宇宙中的最高地位属于智力和目的,而这些只能存在于灵魂之中,不会存在于盲目的机械之中。不必要暗示,事实上也没有暗示以下这个原则,即自然或是宇宙实际上被创造了出来。柏拉图运用造物主或是创造者的形象,是为了展示,在《蒂迈欧》以外的许多作品中,目的论相对于机械论的优先地位。《厄》中,关于"遗传"的表达的其他例子,并没有作隐喻性的解释,参 990e4 – 991a1 注和991a3 – 4 注。关于γένεσις等于φύσις,参990c7 – 8 注。

③ 参《蒂迈欧》41a7 – b6。

凡是生成（came into being）的就必定会消亡。既然柏拉图暗示宇宙并未有生成，那么造物主关于宇宙诸神不可毁灭的论述方式，也就是柏拉图式的了，并以此论述它不会消亡。回顾 981e6 – 982a3，《厄》作者似乎在"繁衍"问题上遭遇尴尬。《厄》作者的"游离不定"要么是关于天体的不可消亡，要么是没有展示那个他必须意识到的论述，即任何生成的事物必定会消亡，这是一个在关于创生神话本质的争论中起着重要作用的论述，① 而这个创生神话的术语也恰恰是作者自己所采用的。《厄》作者必定已经想过完全避开这个"创生"问题，避开的方法是为 δόξα 的问题提供两种可能：要么天体不可毁灭、不死和完全神圣，要么是它们每一个均拥有够长的生命，长到任何事物都不能超过。然则，回顾作者在 981e6 – 982a3 的论述和关于宇宙作为最高神的原则的论述，会发现作者不得不面临的问题是天体是否在时间上有一个起点。《厄》的问题同《蒂迈欧》和《法义》中的问题均不相同，因为柏拉图在《蒂迈欧》中的论述是置于创造神话的形式中，它含蓄地包括了对宇宙永恒问题的解决，而在《法义》781e – 782a 中，既然对以下问题的答案不会影响这里所讨论的问题（即关于人类文明生活技艺的发展），柏拉图就悬置了该问题，即究竟人类是永远存在还是只能在一个相当长的时间存在。所有这些都不是《厄》[85]中的问题，因为《厄》并不是一个神话，而且如果宇宙是最高的神和思索的对象，并且天体是伟大的诸神，那么关于他们永远存在的问题就的的确确影响到了这里所讨论的问题。② 此外，作者定然已经对此有所察觉，因为他似乎已经为

---

① 参亚里士多德，《论文》279b17 – 280a11，和海因策所收集的文本，前揭，以及色诺克拉底（Xenocrates）残篇 54。另参彻尼斯，卷 1，页 415 及以下，和拙著《创生神话》，页 388 – 399 及 404 – 406。

② 既然，如果天体是生成的而且会消亡，那么宇宙也同样如此。如果对《厄》中的"创生"术语作字面的理解，这就要求一个有创造力的神区别于宇宙；但是那样的话宇宙就不会如它在《厄》中那样，是最高的神和思索的对象。

在981e6-982a3中提出的第一个可能做出决定。因此,在随后的文字中(984b2-3),《厄》作者认为天体属于"不死的生物"一类,并且仍视其在各方面均为神。天体是否会消亡正是一个判断 ἀθάνατον 的问题,作者这样的论述只是《蒂迈欧》的术语的微弱回应;既然《厄》作者没有提供任何论述来支持天体不死的观点,那么这里的问题似乎只是主观偏好,而解决此处问题,对于《厄》作者的整个哲学来说至关重要。但这并不是《蒂迈欧》中的问题,在《蒂迈欧》中哪怕是一个关于 δόξα 问题的学说也由合适的论述所证实,这样的论述至少避免此现象,或同其他论述相近。

作者对《蒂迈欧》作字面的理解,如后来的柏拉图主义者一样,认为宇宙是生成的而且永远也不会消亡,这样的可能性根本不存在。首先,《厄》作者承认没有比宇宙更高的神,正如斐洛和普鲁塔克所说的一样;第二,如果只是简单地同意这种对柏拉图创生神话的解释,《厄》作者没有必要提到在981e6-982a3中提出的两种可能性。确切地说,尽管据《蒂迈欧》所述天体不会消亡,作者却提到了这两种可能性,而且通过提到它们,没有理由推断天体不会消亡,又由于把宇宙当作思索的最高对象,那么可以很肯定《厄》作者必定认为宇宙永远存在,因此不会是被生成的。以下观点也容易理解了,这揭示出作者怎样为自己的阐述,采用《蒂迈欧》的主题设定,而把自己卷入到不必要的困难之中。

同刚刚的讨论密切相关的文段中,可以找到同样的逃避论争的意图,这些论争来自于《厄》对柏拉图论题(loci)的依赖,而作者用这些重要的文段建立起一种关于天体的新崇拜。[1] 在《厄》983e3-984b1中,他再次感到不得不对关于天体的本质提供两种可能性:"若是此类言辞占据上风,且所述有关天体之内容又显得

---

[1] 除983e3-984b1以外,下面的文段也陈述或是暗示了宇宙和天体是应该受到崇拜的:976e3-977a7,985d4-986d4,987e1-988a5,989b1-d1和990a-c,992a6-b1。

可靠而神圣,则需另外设定两个内容:一是视天体为神本身而真正崇拜,二是视其为神的影像,按最美的神像产生,由神亲自创作出来。他们并不是没有理智,也不是没有价值,而恰如我所述,应将他们算作此类事物,必须崇拜他们超过所有的影像。因为,在整个人类的所有影像之中,绝不会再有如此明亮、美丽且又更为常见的[事物]了,也没有哪个事物能像他们同时出现于各地,也没有哪个比他们更纯净、更庄严和更充满生命,因为他们正是以这样的方式诞生的。"这样的论述把天体的本体论地位置于问询之中,而且作者认为任一种选择都可以做到,这同《厄》作者自己的神学观点并不相符。这段文字极有可能是在《蒂迈欧》的影响下写成的,因为,正如作者对 ἀγάλματα 运用的强调所表现出来的一样,它是对《蒂迈欧》37c6 – 7 的解释,而在这段文字中,宇宙(根据这一点,星球[celestial sphere]在其中有七种运行方式,而且均受到世界灵魂的牵引)被称为 τῶν ἀιδίων ϑεῶν... ἄγαλμα,即"一个永恒诸神的圣地"。在《蒂迈欧》的这段文字中,我同意维拉莫威兹和康福德的观点,ἀγάλμα 一词不应该作为 εἰκών 或"形象"(image)的近义词,而其原初的意义是"圣地"(shrine)或是"献祭为崇拜的对象"。① 在《蒂迈欧》中,八种运动圆周是永恒诸神的影像,因为永恒诸神正是置身于这样的"圣地"之中,而正是天体,即 40b5 中的 ζῷα ϑεῖα... καὶ ἀίδια 由造物主"建立"和"安置"起来。② 这正是

---

① 参看维兰莫威兹,《柏拉图》(Platon),卷 2,页 388;康福德,页 99 – 102,及彻尼斯,卷 1,页 604。

② 造物主把天体"置于"先在的运动之中,而这些运动正是世界灵魂的运动。这是一个悖论,它提醒注意灵魂先于肉身,并注意柏拉图避免论述造物主开始了世界灵魂的自身运动。正是由于这个原因,《蒂迈欧》34a 认为造物主把运动"赋予"了宇宙的肉身,而这正是在蒂迈欧描述灵魂的创造之前,由灵魂给予宇宙的运动。然而,在这样做之前,他提请注意尽管在叙述中首先提到对肉身的创造,但是灵魂在出生和卓越性方面都要先于肉身。因此,在两个问题中,柏拉图都避免公开表明如果造物主创造了灵魂,那么他应该也开创了它(转下页注)

38c‑e 声称要做的事,而且尤应注意的是,除了动词 τίϑημι 以外,蒂迈欧所用来命名造物主"放置"天体于它们的轨迹之中的 ἱδρύσατο 一词,也同样在《厄》目前这段 ἱδρυμένα① 提到天体的文字中出现。上面提到,《厄》983e3‑984b1 是对《蒂迈欧》37c6‑7 的解释,因为除了《厄》作者为这些 ἀγάλματα 所提出的崇拜不能在《蒂迈欧》中找到以外,他还提供了两种关于天体确切本质的观点(要么他们本身就是诸神,要么他们必定是 ϑεῶν εἰκόνας ὡς ἀγάλματα ὑπολαβεῖν γεγονέναι, ϑεῶν αὐτῶν ἐργασαμένων),②[87] 而这两种选择都被包括在《蒂迈欧》中,在这里,"运行的圆周"被认为是"安置"(enshrine)星体诸神的

(接上页)的自身运动,而这个运动恰恰是自身运动概念的反对。参拙著《创生神话》,页 375‑378。

① 关于 ἱδρύεσϑαι 的意思,参康福德,页 100。

② 在这个联系中,引用《法义》930e7‑931a4 十分合适:"没有哪个神或有自知之明的人会怂恿别人不敬父母。相反地,我们很容易理解下述有关敬事诸神的序言同我们敬或不敬父母有着多么密切的联系。全世界自古以来的宗教崇拜仪式分为两大类。人类崇拜某些神是因为能够亲眼看到他们,用塑造神像的办法来表示其他的神,确信崇拜这些无生命的'神'能够保证获得真实的和活生生的由相关神所赐予的诸多恩惠和仁慈。这意味着一个有着赡养在家并因年迈而体衰的父母或祖父母的人,不可能想不到,在他家里拥有这样一座'神龛'期间,如果照料得适,没有任何其他崇拜物会比这对行为有更大的影响。"参潘戈译文,前揭,页 333。τῶν δ' εἰκόνας ἀγάλματα ἱδρυσάμενοι 同《厄》提出的第二种选择关系密切。然而,《法义》的这段文字几乎极不可能是最初鼓动《厄》作者提出第二种可能的文字,因为在《法义》中诸神的第二等级是那些传统神话中的诸神,而且它们的"形象"是没有生命的,而在《厄》中天体仍然是活生生的,但它们仍然是《法义》中的可见神,甚至哪怕只是诸神的形象。然而,极有可能的是,《厄》作者受《法义》这段文字的影响,提出了第二种可能,而且又用同柏拉图描绘传统诸神"形象"的方式来表达它,更确切地说是为了强调《厄》作者的概念,即使天体是诸神自身的"形象",它们对我们来说也是最高的形象和最高的存在次序。

柏拉图在《法义》的这段文字中谈及天体,而在其他地方则是对它们礼敬有佳,但并不是以此来指宇宙宗教的建立;柏拉图暗示我们必须(转下页注)

圣坛;因此,并非天体而只有他们的运行是 $ἀγάλματα$。《蒂迈欧》中也找不到以下概念,即天体是诸神自己制造的 $εἰκόνες$,正如也找不到任何暗示表明造物主(甚至"诸神"之间也少有联系[course])和世界的关系是形象和本源的关系,虽然《厄》作者,有可能正如一些古代和现代的评论者所做的那样,把一些概念赋予柏拉图的创造神话的一些文字之中。①

也许就是这样,《厄》作者定会提出把天体当作最高的神和当作膜拜的对象。这一点在其他章节中亦十分清楚,尤其是在神谱中。在976e-977b中,它暗示至高神乌兰诺斯缺乏人间的崇奉;而在985d4及以下,雅典异方人论述说可见神是 $ἀνοργίαστοι$,而且建议这一点应该得到修正。天体是理应膜拜的最高神,根据这个概念,在983e3-984b1中的第二个可能性,即天体是神的作品,就不会前后一致了。[88]这个可能性被提出来是由于作者高度重视柏拉图《蒂迈欧》的权威性;如果《蒂迈欧》37c6-7的 $ἄγαλμα$ 一词被作为 $εἰκών$ 实际上的同义词,正如《厄》作者所做的,那么柏拉图至少暗示天体是诸神的"形象",因为宇宙都是如此。《厄》

(接上页)认识到,天体是神圣的存在,当我们欢庆新的一年、新的一月等等时,我们必须向它们致敬。但是,天体的神圣性是由于那控制它们的灵魂的神圣智力,并把对这种可感宇宙的礼拜的概念排除在外,而后一概念正是《厄》中最基本的。

① 这两个是被主要的文段用来暗示宇宙是造物主的形象的:第一,《蒂迈欧》29e3 $πάντα\ ὅτι\ μάλιστα\ ἐβουλήθη$(即是造物主)$γενέσθαι\ παραπλήσια\ ἑαυτῷ$;但是在它的文本中,这意味着,既然造物主是善好的,而且在神中没有 $φθόνος$,所以他希望所有的事物都尽可能善好;第二,《蒂迈欧》92c7,在这里宇宙被认为是 $εἰκών\ τοῦ\ νοητοῦ\ θεὸς\ αἰσθητός$;但是在这里我们必须在前一行中向 $νοητοῦ$ 提供 $ζῷον$,所以这段文字意味着宇宙是生物存在的整体观念的一个形象,参30c2-31b3,39e-40a;参肖里 A. J. P. 10 (1889), 50, C. P. 23(1928), 344,泰勒,关于《蒂迈欧》646-649的评论,康福德,页359和注1。一些学者错误地用 $θεοῦ$ 替换 $ζῴου$。这里也有古代读法把 $ποιητοῦ$ 读作 $νοητοῦ$(AP 和 Stobaeus)。另参彻尼斯,卷1,页604-605。

作者可能在《蒂迈欧》40b5 中发现了第一种可能性,在那里天体被称为 ζῷα θεῖα... καὶ ἀίδια。

尽管作者提出了这些可能性,但他还是忽视了第二种,而且甚至在这段文字之后,继续把天体视为最伟大的和最荣耀的诸神。实际上,既然这个问题被提了出来,就不能悬置一边,且同此处所论问题密切相关:如果天体是诸神的形象,甚而至于如果是诸神自己创造的,那么作者就陷入了矛盾之中,因为作者对最高的宇宙神顶礼膜拜,却对创造宇宙的更高的诸神漠然置之。尽管如此,作者仍然不只一次地坚持认为,正是通过对宇宙的思索,人类才能够获得智慧、幸福和不朽。作者的重点在关于可见宇宙的崇拜之上,而且甚至是在 983e3 – 984b1 中提到的可能性也是在以其方式强调如下论点,即无论对天体采用什么态度,它们对于我们来说都是存在的最高秩序。与此相关,值得注意的是,《厄》作者的论述始终维系于 ζῷα 理论范围以内,即关于灵魂和肉身混合物的生物范围内,而且他没有谈到任何关于脱离肉体的灵魂(disembodied soul)的话题。①

尽管"庙宇"一词没有在《厄》中出现,983e3 – 984b1 却是现存希腊文学中最早提到以下概念的例子,即宇宙是诸神的庙宇,这个概念注定要对后世的思想产生深远的影响。而且尽管在《厄》中对宇宙的崇拜仍然是城邦公共性质的崇拜,②但是这段文字仍然清楚地

---

① 这一点可以理解,他似乎已经把灵魂的超自然运动同自身运动(locomotion)混为一谈,所以他就难以解释游魂的存在。彻尼斯教授向我暗示,极有可能《厄》作者甚至已经有意识地或是下意识地相信了后来由普鲁塔克所做的错误推断(Quaest. Plat. 4, 1002F),φησιν(即柏拉图)οὐκ ἂν γενέσθαι ψυχὴν ἄνευ σώματος。

② 参 985d4 – 988a5,尤参 987a6 – 7 和 987e1 – 988a5,989b1 – d1,992d3 – 7。另参 980a – b 和 980a1 – b2 注。费斯蒂吉埃,Con. Neot. II(1947, 66 – 74)和同书,页 200 – 201, 205;这两段文字也强调了《厄》中提出的宇宙宗教的公民性质;宇宙宗教的概念同所谓《厄》的柏拉图著作权相符,如此看法本身同《厄》的原则不一致,即《厄》认为宇宙是最高的神和思索的最终目标。

包含了后世思想的种子,即宇宙是所有人类的共同庙宇(参984a4－5:οὐ γὰρ μήποτε φανῇ καλλίω καὶ κοινότερα ξυμπάντων ἀνθρώπων ἀγάλματα [在整个人类的所有影像之中,绝不会再有如此明亮、美丽且又更为常见的(事物)了],并因此为宇宙宗教的纯个人主义概念开辟了道路,这个概念同斯多亚(Stoa)一起[89]变得重要起来,成为古希腊及后世宗教调和论思想的共同因素。①

作者正是用这种宇宙宗教,来敬拜天体及其成体系的运动,还为关于行星名称的长段论述提供主要线索。作者认为宇宙宗教的缺失,是由于行星没有被希腊人当作诸神,而且正如《法义》821a－822c所述,《厄》作者还把这个事实,同希腊人对行星真正路径的忽视联系起来。如果希腊人明白,行星和其余的天体总是沿着相同的路径运行,而这恰证明了它们有生命并拥有极高的智慧,那么希腊人就会认为它们是诸神。② 既然这些宇宙诸神是我们所有事物包括智慧和幸福的根源所在,那么我们就必须向它们祈祷,并为其高唱赞歌;而且也必须给它们命名,因为我们不能向无名的诸神祈祷,相反我们必须知道这些神是谁。③

这段文字提到,《厄》受到东方文明影响。《厄》作者论述到,行星的名称及其真正轨迹,均来自东方;亦有旁证可以说明,尽管《厄》作者不大可能有近东(Near Eastern)天文学的一手资料。④

---

① 宇宙作为诸神庙宇的概念没有在亚里士多德的文字中找到。对于宇宙宗教在希腊时代的重要性,参费斯蒂吉埃,卷2,页260以下,彻尼斯,G. 22(1950),页212－216。

② 参《厄》986a8－987d2。

③ 参费斯蒂吉埃,卷2,页205和注6。《蒂迈欧》39c5－6亦提及为行星命名的其他动机。

④ 近东天文学的早期发展是由于埃及和叙利亚清晰的天空,对于这一点,《厄》作者解释有误,这表明《厄》作者对巴比伦天文学的内容和基础并不了解,参987a1－5注。欧多克索斯的名字,有时同来自于埃及的行星知识相关(Seneca, N. Q. VII, 3. 2),然其可靠性仍然存疑。总之,用传统诸(转下页注)

然而，无论是把土星命名为"克洛诺斯(Cronos)之星"还是命名为"太阳(Sun)之星"，也许这些对行星的命名方式都是东方式的命名方式，即来自于巴比伦的天文学；①所以，即便接受了[90]后者在《厄》987c4 中的解读，这个名称也不能被作为巴比伦"占星术"

（接上页）神命名行星是巴比伦人的做法，巴比伦的文献资料亦可证实《厄》对此的论述，巴比伦的资料远早于《厄》。行星的命名在巴比伦并没有如在希腊那样固定下来(行星在 Akkadian 的种种名称，参 Kugler, Sternkunde und Steredienst in Babel, I, 9 - 13, Kugler, op. cit. II, 193 - 206, Schaumberger in Kugler, orrcit. 3. Erganzungsheft, 284 - 318, Gossman, Planetarium Babylonicum, in Deinel, Sumerisches Lexikon, IV Teil, Band 2, 在这里，每颗行星的各种名称都用德文的目录罗列了出来。希腊文的名字，参 986e3 - 987c7 注列出的库蒙[Cumont]和贡德尔[Gundel]的参考文献)。亚里士多德也说，在公元前 4 世纪，巴比伦的行星观察对希腊的天文学家来说也是可行的。

① 参前文注释所列参考文献。文章接下来没有说 Κρόνου ἀστήρ 是对巴比伦名称的希腊语翻译；但是，在巴比伦的文本中，土星(Saturn)有时也称作太阳(the sun)。在希腊文本和拉丁文本中，如果我们把《厄》排除在外，那么土星的名字 ἡλίου 看起来像是原始的希腊文，从所谓的 Ars Eudoxi, col. V (16Blass) 开始；另参，狄奥多罗斯, II, 30, 3, Theon, 130, 22 - 33 (Hiller), Ptolemy, Tetrab. II, 3, 23 (67, 9 - 11 Boll - Boer), Hyginus, Astron. II, 42 and IV, 15; 18, 辛普利修斯, De Caelo, 495, 28 - 29 (Heiberg); 另参 Bol, Sphaera, 313, n. 3, and 563, Boll, A. r. w. 19 (1919), 343 - 344, 随后还有其他作者的例子，这些手稿代表了对 Κρόνου-ἡλίου 的不同解读，正如在《厄》中的问题一样。参987c4 - 5 注。

既然，当巴比伦的文献资料还不清楚的时候，土星 ἡλίου 之名被认为是由于混淆了腓力斯人(Phoenician)之神 (Ἥλος/ Ἥλιος) 造成混淆，那么彼德兹(Bidez)、库蒙和其他人走向另一极端就顺理成章了，他们认为 ἡλίου 同巴比伦的占星学之间有特殊的联系。但是，现在已经知道用传统诸神之名来称谓不同行星的习惯来自于巴比伦的天文学，就不能给出其他理由来解释 ἡλίου 之名的特别含义，因为我们也不明白为什么在巴比伦，土星有时也被称为太阳。总之，这个名称同占星学没有特别的联系。库蒙的论点依赖于狄奥多罗斯，他确实认为被希腊人称为克洛诺斯的行星却被迦勒底人(Chaldeans)称为 ἡλίου，而且他还在同一文段中把占星术归功于迦勒底人。然而，我们不能从表（转下页注）

影响的证据。①总之,《厄》中并无占星术,而且作者暗示,那些发现行星并以诸神的名字给它们命名的蛮夷之人,并没有一种像作者所提出来的那种对宇宙的崇拜。他认为这样的崇拜可以由希腊人建立起来,希腊人总是如此,能发展从蛮夷手中接过来的东西。②《厄》作者认为,野蛮人得益于清晰的天空,以致在行星知识方面拥有优先权,除此而外,所有内容均表明,《厄》作者并不如某些评论者所说,对这些蛮族充满了崇敬之情。那么,对《厄》987c4 的解读只能取决于内在的证据,而且我已经尝试在评论中表明这样的证据偏爱 Κρόνου 的解读方式。倘若我们接受了这种解读方式,那么从亚里士多德不同作品的许多文段中重建起来的行星名单就同《厄》完全一致了;而且毕竟亚里士多德是《厄》作者仅有的同时代人,而且也给出了那个时候所知道的所有行星的名字。

[91]既然《厄》中没有文字暗示好的和邪恶的世界灵魂的二元论,在柏拉图那里也没有这样的二元论,那么就没有理由接受那些学者的观点,认为伊朗的(Iranian)二元论对《厄》作者产生了

(接上页)面上来理解此论述,因为在巴比伦的文本中,土星除了被命以太阳之名以外,还被用其他名称来命名;而且事实上,该名字对于土星来说,在巴比伦的天文学中,并不常用。此外,不能否认的是狄奥多罗斯有见到巴比伦文献真迹的可能性;古代作者的习惯早已闻名于世,他们会隐藏概念的来源,即迦勒底人,这个名字对他们来说就是"占星学者"的同义词。普鲁塔克提供了有益的例证,参 Neugebauer, A. j. p. 63 (1942), 455 – 458。

① 正如由彼德兹、库蒙和其他人所述一样。

② 参《厄》987d3 – 988a5。《厄》作者并不满意用传统神话中的诸神名字来给行星命名:参 986e7 – 987d2,这段文字暗示,希腊人本应该给予这些行星合适的名称(参 987b2 – 3 注)。此外,《厄》作者认为,正是由于乌兰诺斯命运的传说,使得这个最高的宇宙神,没有享受到人们应该的尊崇(参 976e4 – 977a6 注)。在希腊没有对乌拉诺斯的崇拜,作者含蓄地把这种缺失归咎于错误的神义论故事。

影响。① 《厄》988d1 - e4 经常被用来证明二元论和伊朗的影响。然则这段文字并没有假定任何形式的二元论,恰恰相反它暗示世界灵魂是善好的:既然灵魂是整个宇宙之根源,是善好之事成其为善好的根源,也是邪恶成其为邪恶的根源,而且事实上毫不奇怪的是,灵魂是所有运动和变化的根源,朝向善好的运动和变化由最好的灵魂推动,而相反方向的运动则是由相反性质的灵魂推动,那么世界灵魂就定然善好。988d - e 的这个暗示在最后的陈述中展示出来:νενικηκέναι δεῖ καὶ νικᾶν τὰ ἀγαθὰ τὰ μὴ τοιαῦτα[好的灵魂定将并且已然战胜那些不好的灵魂]。② 关于宇宙的仁慈统

---

① 在学者之中,那些认为这种影响存在于《法义》和《厄》,或是认为只存在于后者之中的,参,如海德尔,页 76,耶格尔,《亚里士多德》,页 133 及以下,库蒙的《东方宗教》(*Les religions orientales*),页 278,注 47,彼德兹,页 97 - 100,帕维鲁,页 39 - 40,G. 米勒,*Nomoi*,页 87 及以下。反对给予柏拉图和《法义》二元论解释的论述,尤参彻尼斯《据柏拉图所述的邪恶之源》("*The Sources of Evil According to Plato*"),P. A. P. S. 98(1954),23 - 30,尤参 26 - 27 和注 29;斯波里的《柏拉图再现与东方》(Spoerri,"Encore Platon et l'Orient"),R. P. 83(1957),页 209 - 233。后者的文献性考察极好。简而言之,《法义》896d 及以下,柏拉图论述到,灵魂是宇宙中所有善好和邪恶的原因,而且既然灵魂也是所有运动和变化的最终原因,那么就必定至少存在两种灵魂,一个善好的和一个邪恶的。星体运动是由善好灵魂推动的,既然这引起运动是固定的且又同 νοῦς[理智]的运动极为相似。因此世界灵魂(或世界灵魂们,既然单复数的问题并没有得到解决)是善好的。这里没有提到邪恶的世界灵魂。关于《厄》,参看接下来的注释。

② 控制宇宙的灵魂是善好的,仅此事实就能够解释以下论述,即善好的事物必定已经湮没而且必定会湮没邪恶。如果作者在这里的原初本意是指两种世界灵魂,一个善好的和一个邪恶的,那么他在 988e3 - 4 的最终论述就是 non - sequitur。此外,作者先前已经论述了灵魂是包括星体运动在内的所有事物的根源所在,而这些运动被证明是控制宇宙的灵魂的最高智慧(982b - 983c 和 983d - e)。因此,邪恶的灵魂不会是任何星体运动的原因。所以,988e2 - 3 中的 τῆς ἀρίστης ψυχῆς 和 ἐναντίαν 分别指"最好的灵魂"和"相反的灵魂"。参《法义》897c7 和 898c4,在这里 ἀρίστη ψυχή 指"最好的灵魂",而在(转下页注)

治(beneficent governance)概念,作者同柏拉图完全一致。① 也像柏拉图一样,他把理智(νοῦς)作为灵魂的一个功能而不是作为它的一个部分,当然是最好的和最智慧的灵魂的功能。② 除了前面对理智和循环运动的混淆以外,[92]《厄》同柏拉图的基本矛盾如下所述,对于柏拉图来说,只有通过思索各自独立(separately)存在的理念灵魂才能获取智慧,而《厄》作者否认了理念的独立存在,代之以可见宇宙作为最高的思索对象,这样人类灵魂就能获取νοῦς,即理智。③ 这是通过天文学理解神的理智(νοῦς)的运动实现。他认定可见宇宙是最高的存在,这就使得他的哲学从根本上不同于柏拉图的哲学;因为存在和过程的区分已经深入到柏拉图的思索之中,而正是这一个区分却不会被也不能被《厄》作者所赞同。④

(接上页)897d1 和 898c4-5 中,ἡ κακή (sc. ψυχή) 和 ἡ ἐναντία (sc. ψυχή) 指"坏的灵魂",既然在《法义》897b7 中提出的问题是 πότερον ψυχῆς γένος 控制了宇宙。参彻尼斯,P. A. P. S. 98 (1954),26,n. 29。

① 尤参《蒂迈欧》和《法义》第10章。

② 参《厄》982b5-c5,在这里,尤参 ἡ ψυχῆς δὲ ἀνάγκη <u>νοῦν κεκτημένης</u> ἁπασῶν ἀναγκῶν πολὺ μεγίστη γίγνοιτ' ἄν。在柏拉图的概念中,理念只能存在于灵魂中,但是它是一种功能,而不是灵魂的一个部分。这是灵魂的理念图像造成的结果,参《王制》508d,《蒂迈欧》52a,《法义》897b,彻尼斯,卷1,页605-609,尤参页607。

③ 在《厄》中,φρόνησις 和 σοφία 被作为同义语使用,正如从最初的两页文字中所推断的那样:973a2-3 和 5 (φρόνησις),973b3 (σοφός),974b1 (σοφοί),974b6 (σοφιά),974c3 (σοφιά) 等等。在《厄》中,σοφιά 和 νοῦς 的等同并不是明确阐述的,而是通过暗示;在 982b5-c5 中,控制宇宙的灵魂获得 νοῦς,而对比 983b1-2,灵魂是 θέος,参 983b2-3 注,而在 985a5-7 中,神是完全明智的。同样在柏拉图那里,φρόνησις,σοφία 和 νοῦς 有时也是被作为同义语使用,参《法义》631c6-d6 和 963a8-c9 (φρόνησις 等于 νοῦς),689d4-7 (φρόνησις 等于 σοφία),《斐勒布》30c6-10 (σοφία 等于 νοῦς) 等等。

④ 因为《厄》所唯一承认的两种实体即灵魂和肉身均是过程,尽管灵魂是一种在本质上不同于肉身的过程。因为灵魂的本质是超自然(转下页注)

四、学习的课程

《厄》中对学习课程的分析,表明作者依赖于《法义》、《王制》和《蒂迈欧》。而在《法义》第十二卷,柏拉图对夜间议事会成员的高等教育只给出了一个概括性的骨架,当在这里提到预备性数学的主题时,他含蓄地回到第七卷对"必备科学"的处理方式。① 因而后者可以作为高等学习课程的证据,而且《厄》作者自己当然会把《法义》第七卷拿来作为此用。② 然而,既然学习课程的问题是在对全民的基础教育中得到讨论的,那么这里不可能如《王制》第七章中的那样,对预备性的数学科学作精细的描述。《厄》对每一种科学的处理都依赖于这两篇对话,这在评论的相关部分得到阐述;[93]但是现在作者整个文章的写作动机仍然不明,而这个动机可以在《蒂迈欧》的相关章节中找到。

就学习课程的目的($\tau\epsilon\lambda o\varsigma$)而言,《厄》和柏拉图真作之间的基本不同业已被证实:在前者中,数学方面的预备性训练是为了学习天文学,尽管柏拉图认为天文学本身就是预备性的科学,为学习辩证法(dialectic)提供智识准备。这种分歧可以解释我们

(接上页)的、精神性的自我运动。G. 米勒在 *nomoi* 第 106 页中论述到,在《法义》和《厄》中均认为存在和生成(being and becoming)没有尖锐的不同;但是,在《法义》中,并没有否认一种不同于灵魂和肉身的实体的存在,而且,甚至除了在这部作品最后几页中所暗示的理念的存在,一些《法义》的文字表明,柏拉图并没有放弃存在和过程的不同,参 904a8－9($\dot{\alpha}\nu\dot{\omega}\lambda\epsilon\vartheta\rho o\nu\ldots$, $\dot{\alpha}\lambda\lambda'o\dot{\upsilon}\kappa\ a\dot{\iota}\dot{\omega}\nu\iota o\nu.$),参彻尼斯,页 378 和注 2。

① 参《法义》967a2－3 和 e1－2。为什么这些科学是"必备的",在 817e5－818e2 中得到解释,在其中,相反地,对《法义》结论也急切(forward)地引用。

② 参,除此内容和下一义疏,另参 987b2－3 注和 989d3－6 注。

在《厄》中发现的它处理每一种数学科学同柏拉图的不同,也可以解释关于这些科学的关系和统一的独特理解同柏拉图不同。

这些科学本身在《厄》和在柏拉图那里是相同的:算术、几何、立体几何学、音乐学①和天文学。最初的也是最重要的训练是算术、数字的知识本身和关于它的基本特性。② 接下来是立体几何学和几何学。③ 后者作为研究体积的学问,被《王制》认为是必备的,但仍然是一个没有得以发展的训练方式,这段文字也许可以从作品的戏剧性得到解释,而不是从它的写作中得到理解。④ 或有可能,立体几何学在柏拉图撰写《蒂迈欧》的时候就已经得到发展,⑤尽管在柏拉图的作品中,无论是在此处还是在其他地方,都没有出现"立体几何学"一词。在《法义》的第七卷,因为雅典异方人只是涉及了全体公民的基础教育,而且又因为他的对话者们看起来对最基本的数学概念一无所知,所以几何学和立体几何学都是以一种简化而又十分粗浅的方式来描述的。《厄》接着谈的是音乐。虽然在这里用了"哈莫尼亚"($ἁρμονία$)一词,"音乐"的科学并不是如此命名,并且对它的处理也依赖于《蒂迈欧》,但在这里,"音乐"的名字也没有被用到那个科学之上。⑥《法义》也没有特别提到这个训练,因为在养育孩子的讨论中,音乐的话题是和体能训练一起讨论的,这样的教育是在更基础、更正式的数学教育之前,为所有的自由生公民所受的教育。在《王制》中,音乐是在天文学之后得到阐述的,而天文学

---

① [译按]音乐学,原文为 harmonics,按现代英语的译法,应为"和声学"或"泛音"。但从行文来看,该词偏指音乐方面,统译为"音乐学"。

② 参《厄》990c5–8 及注,另参 976e1–3 注。

③ 参《厄》990d1–d1,及 990d1–4,d2–4 注和 990d6–7 注。

④ 参《王制》528a–e。

⑤ 在《蒂迈欧》中,柏拉图运用了五个常规固体的结构。

⑥ 参看《厄》991a4–b4 和以下注释:990e1–991a1,991a5–b2,991b4。《厄》991b4 中的 $ἁρμονίας\ χάριν$,参《蒂迈欧》47c6–d7。

本身则是紧跟在立体几何学之后的。① 在《厄》中,因为天文学是学习课程的目标,它就跟在了音乐的后面。

[94]《厄》中的独特之处是对几何学和立体学的十分片面的描述,这些科学教会我们如何同化那些在本质上并不相似的数字。这意味着,如果我们对数学文段的解释是正确的,即几何学教会我们一种几何学的方式,而立体几何学教会我们两种,②那么就有理由相信文中对关于立方体复制的德洛斯问题(the Delian problem)的引用,③且这个问题在希腊数学关于纯几何线方面的发展中毫无疑问起着重要的作用。④ 正如对一些时间的数学性问题的解答一样,

---

① 参《王制》528e–531c。紧接天文学之后的科学之名是(数学的)"音乐",这个名字在 530d6–9 中得到暗示;另参 531a1 和 531b7–c4。

② 参 990c5–991b4 注。在这里所谈及的内容应该记在脑中,并同本章接下来的内容联系起来,因为这两个讨论互为补充。

③ [译按]德洛斯问题,三个最有名的几何难题之一,尚无法用圆规和直尺解决,又称"双倍立方(Doubling the cube)"。此问题在埃及人、希腊人和印度人那里十分有名。双倍立方的意思是,将某一立方体的长 S 和体积 V 加倍,以构成另一新立方体,大于原立方体,由于体积是其两倍,那边长即为 $s \cdot \sqrt[3]{2}$,该问题之所以无法用圆规和直尺解决,是因为 $\sqrt[3]{2}$ 约为 1.25992105,是非可构造的数。

④ 参希思,《希腊数学史》(A History of Greek Mathematics)卷 1,页 89 以下,及页 244 以下。正如希思所说(页 90):"希腊人认为这个科目(即关于非理性的),更属于几何学而不是算术。"正是这个"非理性"的问题在公元前 5 世纪的更原始、更非理论化的数学中造成了一场危机。对"非理性"问题的解决要求抽象的证据;而对这种证据的研究会导致希腊几何学的公理化,因为由欧多克索斯(Eudoxus)和他的同辈所提出的对"非理性"问题的解决是通过比例的理论,而平均数的发现是通过几何学的而非算术的方式。这也说明为什么对于古人来说,比例的理论是属于几何学及音乐,而不属于算术,它只是处理数本身(per se)的比例(参《高尔吉亚注疏》451b[461–462, Greene])。不可测量的理论通过引用量而建立起来,这一点在 Euclid 书第十卷亦已言明,第十卷假定,在第七至第九卷提出的几何学,亦可证明该问题。参克莱恩,《希腊数学思想与代数学的起源》(Klein, *Greek Math. Thought and the Origin*(转下页注)

方式和程度的问题也在诸多柏拉图的对话中得到暗示;①但是,柏拉图同《厄》作者的区别在于,后者通过程度和方式的理论解释了数学科学的关系和统一;既然这种知识对于获取天文学的知识是必需的,而且既然方式和程度的理论依赖于数字,那么《厄》作者就有理由认为天文学是数的科学的最高分支。② 然而,柏拉图却认为数学科学的共同体是辩证法的最低阶段,而它们的关系同[95]理念的独立存在相关,既然数学科学的共同之处是他们所研究的数学性实体,它们也是纯存在的不可见实体部分;因此,既然它们是精密的科学,它们为理解作为思索对象的不可见实体提供了智识准备。③ 那么接下来,在柏拉图和《厄》中关于数学科学关系的不同概念,再一次被追溯到两部作品中学习课程的不同目的,为了保存这一点,《厄》中所谓的数学性文段并不同柏拉图相悖,因为《厄》作者当然依赖于《蒂迈欧》,无论是在对程度和方式理论的处理方法中,还是在关于他自己的概念中,即这个理论是研究宇宙的基础。柏拉图同

(接上页)*of Algebra*),页43-45,卷3,页228,注12。在该问题的发展过程中,寻找两个平均数比例的难题,即所谓的德洛斯问题,从有关证据判断,造成了极大的困难。希腊人并没有为不可测量的问题提供算术性的解决方式,因为拥有理性数字概念的他们不会承认非理性的数字。参 Hasse und Scholz, *die Grundlagenkrisis der Griechischen Mathematik*, 尤参页35-72:"Warum haben die Griechen die Irrationalzahlen nicht aufgebaut?"

在这一方面,《法义》第七卷所呈现的不可测量的问题是富于教益的,既然它同量的问题相关,而处理它的科学是几何-立体学,或者如柏拉图所说,是"测量"线、面和体的研究。所有这些尽人皆知,但是《厄》在数学性文段的分析中却时常忽略它。

① 参《美诺》82b-85b 和希思,《希腊数学史》卷1,页297-298,《泰阿泰德》147d-148b,以及《法义》817e5-6 和 819c7-820d6。参 990c5-991b4 注,及洛弗特尼的论文,《论柏拉图的神奇几何》。

② 参 990c5-991b4 及注,及以下注释:990e1-992a1,991a5-b2 和 991d8-992a1,以及 976e1-977b8 和 977c4-d6。

③ 参《王制》504a-511e、531c5 及以下。

意了后一点,但是他认为对宇宙的研究只是思索独立理念的准备性的步骤。

最后,作者的数学性文段和他对几何学与立体几何学的十分片面的论述均受柏拉图启发,柏拉图在《法义》第七卷中就这些科学及其所依赖的基本概念作了讨论。应该总结一下在《法义》817e-820e中的主要论点。那些自由出生的孩童主要学习三个科目:(a)计算和算术;(b)几何学和立体几何学;(c)天文学。① 目前,我们主要关心第二种学习,它主要包括几何学和立体几何学,正如在817e6-7中给出的描述所表明的那样:μετρητικὴ δὲ μήκους καὶ ἐπιπέδου καὶ βάθους,也就是作为"测量"线、面和体的科学。雅典人解释说,所有三个(μαθήματα)的基础知识对所有的居民来说是"必备的"(necessary),因为他们的"必备性"(necessities)都是同[96]神相关,而非

---

① 参《法义》817e5-818a1。对数学科学的非技术性的描述是基于戏剧性的设定,因为这有助于雅典异方人向他无知的对话者解释包含在对全民的基础教育中的问题的本质。因此,除了计算,我们必须以一种实事求是的方法来研究数字的基本性质(819b2-c7)。为此目的,τὰ περὶ ἀριθμούς 要比抽象的 ἡ ἀριθμητική 合适得多。在对第三种科学的描述中,已经暗示恒星的运行规则,因为此处暗示他们之间有一个固定的关系,而且在第十二章这个科学被称为 ἀστρονομία(967a2)。第二种 μάθημα 包含几何-立体学。再一次在这个问题中,对"测量"线、面、体的原则的描述帮助解释了不可测量的量的难题。"几何学"和"测体积术"的名称,尽管都以 μετρία 作为结尾,但也会导致一种混乱,既然前者通常被理解为"土地测量",而第二个则被认为是最近新创的词,正如它最初在《厄》中和在亚里士多德那里所表现出来的那样(参990d8-e1 注),而且我们从柏拉图和其他证据得知,测体积术是最近才发展起来的。

忒勒尔(Theiler)在 Isonomia,页99,注3中引用了《法义》817e6及以下,819c7,820a7和747a,并以它们为证据,证明柏拉图数-线-面-体的本体论次序;但是这些并不是合理的证据,因为在817e中,我们也已经论述了恒星的运动,而在747a3-5中,柏拉图也提到了声音和运动,直线和圆圈,而这些并不是不同的本体论级别(levels)。忒勒尔所引用的其他两段文字出现在同817e提到的第二个(μάθημα)的关联中。

和人相关。这些必备是任何神明、精灵或有能力照料人的英雄存在的条件；事实上，倘若人不会数数，对日月星辰的圆周又视而不见，那么他们不会成为与神相似之物。① 接着，雅典人不再犹疑，论及了这个科目，②而且宣称自由民的孩童应该像埃及的孩子一样，在学习他们的文学的同时，学习和他们一样多的科目。他首先解释了在埃及发明的方法，并把基础的算术性概念知识授予孩子们。③ 接着他开始描述第二个($μάθημα$)，这同那些拥有长度、面或者本身就是立方体的事物的"测量"相关，而且表明关于这个话题在所有的人中有一种自然的尽管荒唐而可耻的无知，这种无知却在埃及人的童年时期就被消除了。④ 最后这一点对于正确理解接下来 819d5 – e1 的文字十分重要，这段文字时常被误读。在此处，雅典异方人说，当他听到希腊人在($ὀψέ ποτε$)的条件中考虑这些问题时（即不可测量, incommensurable），他为自己和所有的

---

① 参《法义》818a4 – e2。这段文字可视为是《厄》哲学的一个源泉，它认为掌握了这些东西的人就是虔敬和明智的。

② 参《法义》818e5 – 819a6。雅典人的犹豫部分是由于对话者的同乡中，普遍存在对这些科目的无知，甚至更是由于害怕($ἡ πολυπειρία καὶ πολυμαθία μετὰ κακῆς ἀγωγῆς$)。这涉及第十卷和第十二卷的无神论（尤参 967a – d）。后一点确实影响了《厄》作者，他坚持认为除非我们在神的指引下学习，否则我们还不如不要学习（参 989d3 – 6 和此处评论），并且强调以他所提的方式来践行研究学习的必要性（参 990a1 – 2, 991d5 – 992a6），如果他们以别的方式被研究学习，那么就最好请求神灵和机遇的帮助。

③ 参《法义》819a8 – c7。

④ 在埃及，也会教授第二个科目，这一点从雅典人的介绍性文字中就可以得到确定，参 819a8 – d3：($τοσάδε τοίνυν ἑκάστων χρὴ φάναι μανθάνειν δεῖν τοὺς ἐλευθέρους, ὅσα καὶ πάμπολυς ἐν' Αἰγύπτῳ παίδων ὄχλος ἅμα γράμμασι μανθάνει. πρῶτον μὲν γὰρ περὶ λογισμούς ... μετὰ δὲ ταῦτα ἐν ταῖς μετρήσεσιν, ὅσα ἔχει μῆκη καὶ πλάτη καὶ βάθη, περὶ ἅπαντα ταῦτα ἐνοῦσάν τινα φύσει γελοίαν τε καὶ αἰσχρὰν ἄγνοιαν ἐν τοῖς ἀνθρώποις πᾶσιν, $ταύτης ἀπαλλάττουσιν$)（即埃及的教师）。

希腊人感到羞耻。这意味着雅典人听说这个问题是十分晚的事,是在他自己论述完了基础教育之后,而在埃及,不可测量的教育是基础教育的一部分,雅典人却发现在希腊并非如此;因为对不可测量的了解远比一个受过教育的埃及人要晚,因此而感到羞耻。既然那个时候的希腊并没有高等教育,关于不可测量的无知就十分普遍;而雅典人认为这样的城邦状态是可耻的,并建议用一个新的基础教育大纲来进行修正。① 通过对克莱尼阿斯的发问,他表明后者对继续论述的基本概念的[97]无知:第一,长、宽、高相互间并非可测量的;第二,尽管在一些问题上有可能"测量"(长和长,宽和宽,高和高),也有一些问题是不可测量的;第三,不可测量包括长、宽不可与高,或者长与宽不可相互测量;第四,必须研究那些事物,它们在本质上是可以测量的,而从另外的角度又不可测量。②

《法义》的这段文字处理的是量(magnitudes)而不是数,并且它用其独特的"测量"术语解释了为什么《厄》作者将以下的事实当作神圣的迹象,即通过几何学和测量体积术,我们学会了同化各自在本质上并不相似的平面和立体之数;这些数并不能用另一个数进行精确的"通约"。因此,《厄》对那些本质上并不相同的数的同化的处理,连同那些相关的比例和方法的理论,还有那些作为几何学和立体几何学对象的理论一起,允许我们"测量"另一个的量,这在《法义》中是不可测量的。然而,这同《厄》指出的不可测量的数的

---

① 对于《法义》819d5 - e1 的理解参埃纳尔森,页 98。这段文字时常被误解来指柏拉图,或是雅典异方人在晚年才了解到不可通约的事,因此《法义》暗示了对柏拉图数学概念的发展,参哈瓦德,页 59 的例子。

② 参《法义》819e3 - 820c5。尤参 820c4 - 5: τὰ τῶν μετρητῶν τε καὶ ἀμέτρων πρὸς ἄλληλα ᾗτινι φύσει γέγονεν [不可测量与可测量之间的相互关系,乃基于自然],其所讨论的问题是,从本质上来说,什么样的事物在量上(而不是在数上)是可以测量的,以及同另一事物相比较时又是不可测量的。

说法大不相同。① 但是，尽管柏拉图处理的是基础教育，而且仅限于提醒注意在希腊流行的对十分基础的数学概念的无知，因为《厄》作者描绘的是高等教育，就不能证明他把几何学和立体几何学简化为对本质上不相同的数的吸纳。正如比例的理论问题同样重要，这些科学没有被仅仅简化成那样的问题。简而言之，对这个问题的独特处理似乎再一次由于作者依赖于柏拉图式的论述，这样的论述是从他们的文本中撕裂出来的。②

五、天文学

除了天文学是学习课程之目的的提法以外，《厄》中所找到的科学的对象和天文学的概念都依赖于柏拉图，并同他完全相符。因此，《厄》中清楚地暗示了天文学的对象是八个互相关联的行星的运动。③ 这种关于天文学的概念，在柏拉图笔下，从早期的《高尔吉

---

① 这种同化是通过简化数字来实现的，把二维的（the product of two factors）的数简化成面，而把那些三维的（the product of three factors）数简化成体。而所有的数字均可以转化成面或体。把数字简化成面和体是众所周知的事情，参《泰阿泰德》147e–148b 和洛弗特尼所引文章。既然《厄》预设的同化那些本质上并不相似的数字的程序，暗示了通过几何学的建构，找到一两种方法，那么接下来就表明一些不可同另一物相比较和测量的量，可以被转化为两个可以比较测量的事物（但并非所有的均可如此，他们不能通过测量线和面来对照体积，但是我们可以把两个本质上并不能互相比较的面转化成两个可以比较的相似的面）。参 990c5–991b4 注。

② 正是 μετρία 的结尾促使作者对几何学和测体积术采取十分独特的处理，因为正是这个结尾建立起来《厄》中的数学性文字同《法义》817e 以下的联系。我们应该注意到，当《厄》作者认为几何学的名称荒诞不经之时，他是反对 γεω-，而不是反对-μετρία，参 990d1–4 注，并注意到这时没有对 στερεομετρία 一词的评论。

③ 参《厄》990a2–b2, 990b5–c5, 991c6–d5 和相关评论。

亚》到最后的《法义》中均可以找到。①

在《厄》中提到的天文学概念中，关于水星、金星和太阳轨道的概念在别的地方谈及过。② 据《厄》所述，行星的次序以居中的地球为开端，依次为月球、太阳、金星、水星、火星、木星和土星。③ 在柏拉图那里，仅仅给出了前四个行星的名字和它们相应的位置，但是根据《王制》的终末神话中归属于三个上层行星的特性，我们可以推断其余的行星。④ 地球是宇宙中心不动的定点，而行星在黄道面上围绕着它作自西向东的转动。如果观察者面向北极，那么这个运动就是"朝向右方"的运动，而恒星的圆周是在赤道面上由东往西运动，并且推动七行星的运动。柏拉图或是《厄》，均常常否认地球拥有中心位置，并恒定不动。后来，大多数学者都相信有一段文字清晰地暗示了恒星的圆周才是真正的定点。在柏拉图的问题上，我们必须不只是关注他的作品，尤其是《蒂迈欧》和《法义》，还要注意由亚里士多德、泰奥弗拉斯托斯和其他人提供的间接证据，因为这些间接证据已经被用来重建所谓

---

① 参《高尔吉亚》451c7-9，《法义》817e8-818a1，前揭。因此，我不能追随 Dodds，《高尔吉亚》，页199，当他说"柏拉图还没有发展出'纯'天文学的概念……作为一个物体运动的整体概念，而天体的运动则是一个例子"（《王制》528e 及以下），因为这样的一个"形体运动的整体概念"也没有在后文提到。《王制》只是陈述了在学习处理物体（solids）运动的天文学之前，我们必须学习体积自身（per se）的知识（这并不是说这是天文学将会处理所有物体[bodies]运动的"一个例子"），而且同样的天文学的概念在《蒂迈欧》39b2-E2中出现，尽管没有提到天文学（astronomy）这个名词。

② 参以下注释：986e3-4，986e4-5 和 986e5-7。

③ 参《厄》986a8-987d2，990b5-8。另参 978c6-979a4。

④ 关于月球、太阳、水星和金星，参《蒂迈欧》38d1-6。关于七行星和清晰提到的它们的宇宙次序，参《王制》616c-617d，以及亚当的《柏拉图的〈王制〉》（Adam, *The Republic of Plato*），II, 448-453 和 fig. iv on 444。

的口传柏拉图原则,并解释对话本身。①

[99]在《斐多》中,苏格拉底为地球作为宇宙中心的定点给出了两个原因:第一,天体的平衡与整一性(equiformity);第二,地球自身的平衡。在《蒂迈欧》中,这两个论点用于支持宇宙中没有明确的"上"和"下"概念,而且在这里它们也是暗指地球的位置。② 然而,更为重要的是,《蒂迈欧》认为恒星的个数为八;并且在这里恒星的圆周被给予运动,尽管毫无含混,但仍仅是暗示,这个运动影响整个宇宙,并因此推动了七颗行星的运行。因此,地球应该毫无疑问地成为宇宙中心的不动定点。③ 倘若此概念遭遇质疑,主要是由于描述地球定点的关键词在意义上含混不清。整个论述如下:γῆν δὲ τροφὸν μὲν ἡμετέραν, ἰλλομένην δὲ περὶ τὸν διὰ παντὸς πόλον τεταμένον, φύλακα καὶ δημιουργὸν νυκτός τε καὶ ἡμέρας ἐμηχανήσατο, πρώτην καὶ πρεσβυτάτην θεῶν ὅσοι ἐντὸς οὐρανοῦ γεγόνασιν[他把地球设计成我们人类的养育者。她围绕着那贯通的轴心旋转,作为昼夜的护卫者和度量者,是天空诸神中最受尊重的。译按:谢文郁译文,前揭,页27]。④ 在其中,地球被称为日与夜的δημιουργός,即"生产者",并被描述为围绕着那贯通的轴心旋转,据说,亚里士多德把这一描述理解成把运动归

---

① 在我关于柏拉图天文学观点的研究中,我主要得益于马丁的《练习》(Martin, Etudes), II, 63 - 92,还有他晚期的处理,Mem. De l'Acad. des Inscr. Et Belles - Lettres 30 (1881), 1 - 151,以及博柯《检查》及其《酒杯的公升》(Untersuchungen and kl. Schr. III, 294 - 302)对格拉普和格罗特的夸张解释的分别反对,希思,《萨摩斯的阿里斯塔科斯》, 134 - 189,康福德著作各处,以及彻尼斯书,卷1,页540 - 564。

② 参《斐多》108e4 - 109a6,《蒂迈欧》62c - 63e,及拙著《帕默尼德》, 144 - 145。

③ 参《蒂迈欧》34a - b, 36b6 - d7, 38c3 - 39e2, 40a2 - c3。这里并没有公开论述外层宇宙的运动推动了七行星的运行,但是这是从蒂迈欧关于同一圆周运行的论述推断出来的,而这个圆周同恒星圆周又是一致的。参 39c1 - 2 和 40a2 - 7。

④ 《蒂迈欧》40b8 - c3。伯内特在 c1 中所用τήν一词是参照(转下页注)

属于地球,因为他正是在把《蒂迈欧》的这段文字牢记于心,才在《论天》293b30 – 32 中论述说: ἔνιοι δὲ καὶ κειμένην (即 τὴν γῆν) ἐπὶ τοῦ κέντρου φασὶν αὐτὴν ἴλλεσθαι καὶ κινεῖσθαι περὶ τὸν διὰ παντὸς τεταμένον πόλον ὥσπερ ἐν τῷ Τιμαίῳ γέγραπται。从本质上说,这些论述是那些在《蒂迈欧》中认为地球是被赋予运动的人讲的,而且尽管在这些评论中没有就这是怎样的运动达成一致,但是可以肯定的是亚里士多德指的是绕轴的旋转。①

[100]然而,在《论天》293b30 – 32 刚开始时,亚里士多德并没有给出他自己对《蒂迈欧》的解释,而只是引用,其目的在于批评一种理论,这种理论让外太空成为定点而让地球以极点为轴旋转。对《蒂迈欧》的引用属于这样的作者或是作者们,他们把此概念赋予柏拉图,或是用其他方式引用《蒂迈欧》的文字,以表明他们自己的

(接上页)了 AP 本读法,FY 本将此词省去了,而且这个词也没有在对这段文字的任何古代的引用和翻译中找到,例如亚里士多德、西赛罗、普鲁塔克、卡奇迪乌斯、普罗克洛斯等等,参康福德,页 120,注 1。只要考虑到在 B8 中出现的 (ἱλλομένην),它定是正确的解读,既然它是亚里士多德、蓬托斯的赫拉克勒德斯、普鲁塔克、普罗克洛斯和其他作家拿入他们文本中的东西。参看彻尼斯书,卷 1,页 552 – 556。

① 格拉普,《希腊人的宇宙体系》(*Die kosmischen Systeme der Griechen*),1 – 15,及弗兰克的《柏拉图》(Frank, *Plato*),35.205 – 207,他认为《蒂迈欧》指绕轴自转。施梅克尔的《实证哲学》(Schmekel, *Die Positive Philosophie*, I, 139 – 140)指在宇宙中心周围的行星运动;普兰特尔的《亚里士多德的宇宙形成》(Prantl, *Aristoteles' Himmelsgebaude*, 314),指振动性运动,伯内特《早期希腊哲学》,2 – 302 – 304 和泰勒关于《蒂迈欧》234 – 236 的评论,指没宇宙轴承的朝上朝下的运动,斯坎普的《柏拉图页期对话中的运动理论》(Skemp, *The Theory of Motion in Plato's Later Dialogues*),80 – 81 指地球在纬度上的位移(但在第二版中他放弃了这样的解释);其他解释参看彻尼斯,《普查》,4 (1959),223 – 224。但是所有这些解释,除了第一个以外,均被亚里士多德排除在外,既然他指称的是绕轴转动,正如其以下论述: κειμένην ἐπὶ τοῦ κέντρου... κινεῖσθαι περὶ τὸν διὰ παντὸς τεταμένον πόλον,不仅如此,他还在《论天》中引用 293b30 – 32 所描述的理论,亦可证明,参彻尼斯书,卷 1,页 546 – 547。

天文系统正是出自《蒂迈欧》,如果在后者中,外太空被认为是定点的话。既然亚里士多德否认了《蒂迈欧》把绕轴运动归属于地球的理论,此否认得以继续是建立在一个最初宇宙定点的假定之上,那么他的本意绝不是拒斥柏拉图的《蒂迈欧》,既然在那部对话中,真正的运动被认为是属于恒星的圆周。我们可以看到,在《法义》中亦是如此;而亚里士多德自己则多次把这描述为柏拉图的学说,尽管没有特别提到任何作品。① 此外,[101]仍有额外的证据表明,被亚里士多德攻击的系统正是蓬托斯的赫拉克勒德斯(Heraclides Ponticus)的系统,且赫拉克勒德斯正是以上文提到的方法引用了所

---

① 这种解释首先由彻尼斯提出(卷1,页545-558)。最近的大多数评论都忽略了它,我仍总结了它的主要论点。在《论天》296a34-b6中,亚里士多德提出第二个论述以反对以下两种说法,一是坚持认为地球是绕着中心旋转的星星中的一颗(毕达哥拉斯派观点,参293b15-30和293a20及以下),二是认为地球是在中心并绕着极作为它的轴旋转,当提出论述的时候,他假定原初的宇宙是不动的而且行星的自西向东运动是单一而简单的。亚里士多德争论道,所有做圆周运动的事物看起来都十分缓慢,而且似乎除了最初的运动以外还有不止一种的运动方式(这是对亚里士多德自己行星观点的引用,参彻尼斯书,卷1,页547-548的引用)。因此,如果地球处于运动中,无论是绕中心还是就在中心,它就本应有两种运动;但是那样一来,就会出现恒星的偏移和倒退,而这本不是问题,因为同样的星星总是在地球同样的地方升起和落下。这样的论述依赖于亚里士多德自己的前提假设,而并没有暗示他实际上把地球拥有两种运动的概念归于其敌手。这样的论述不是建立在地球和行星的类比之上,而是依赖于亚里士多德的推断,他认为一个旋转的地球如果没有第二种运动,就不足以解释行星现象,既然行星除了最初的运动以外至少还拥有两种运动。(在《论天》296b1中,σφαίρας是窜入文本中的错误解释,参彻尼斯书,卷1,页547。)亚里士多德承认地球的一种自西向东的运动可以说明每日一周的运动(这一点被特别论述为毕达哥拉斯理论的目的,参《论天》293a21-23,而且第二种理论必定亦是真的,既然它们被放在一起;此外,为什么一些人要假定地球的一种自西向东的旋转,如果这不是用来保存每日一周运动的现象?)。行星的缓慢可以解释为它们自己在黄道带上的自西向东的运动(经度),而同样的解释却不能用于它们在纬度上的运动。因此,亚里士多德暗示,(转下页注)

述《蒂迈欧》的相关文段。①

(接上页)他的反对者会指派第二个运动给地球;但是如果他们这样做,那么就会出现恒星的偏移和倒行等等。因此,亚里士多德的论述展示在他的论敌的理论中,正如他所理解的那样,恒星是定点,而行星在黄道带中的运动是一种单一而简单的运动。《论天》296a34 - B6 就是被泰米斯提乌斯作这样的理解,《论天》, 137, 26 - 138, 3(Landauer)。从而,亚里士多德在这里不能拒绝《蒂迈欧》本身,既然那篇对话认为真正的运动是属于恒星圆周的;在《法义》中同样如此,而亚里士多德自己则始终认为柏拉图把运动给予了原初宇宙(the first heaven,参《论天》284A27 - 35[和彻尼斯书,卷 1,页 540],《灵魂论》406b32 - 407a2 和 407b5 - 12,《物理学》223b22 和 218a33 - b1;参《物理学》251b17 - 19)。现在《论天》293b30 - 32 中,可以认为ὥσπερ ἐν τῷ τιμαίῳ γέγραπται依赖于ἔνιοι... φασίν,即作为亚里士多德引用的一部分。如果是那样的话,那么就是ἔνιοι引用了《蒂迈欧》来支持他们的观点。索尔姆森的《亚里士多德的物理世界体系》(Solmsen, *Aristotle's System of the Physical World*),页 257,注 14,反对彻尼斯的解释,但是他的论述看起来像是特别提出的。他发现不可能把对《蒂迈欧》的引用理解为亚里士多德叙述的一部分;但是他自己对《论天》296a35 - b1 的解释并不正确,因为在这里和其他地方都忽略了亚里士多德的行星理论,也因为它对接下来的几行文字漠然置之,而这几行文字表明亚里士多德求助于现象而不是类比来反对他的论敌。此外,索尔姆森没有注意到这里的证据,即蓬托斯的赫拉克勒德斯以亚里士多德所描述的方式来解释《蒂迈欧》40b - c(参下文注释)。对于亚里士多德来说,如拒斥 293b30 - 32 的ἔνιοι一样来拒斥柏拉图是十分荒唐的,因为,反观索尔姆森,亚里士多德的多处证据表明,293b30 - 32 不是对《蒂迈欧》的解释:亚里士多德描述柏拉图把运动赋予了恒星的圆周,而在两个地方,亚里士多德攻击了一个原则,正是这一原则在论辩中让地球成为中心的定点,而攻击的靶子正是《蒂迈欧》。索尔姆森认为,296b1 的ἔξω意思是"除……以外还有……"(except),这不合逻辑,因为ἔξω τῆς πρώτης的意思是"在第一个运动之外"(outside the first motion),即"除了第一个运动之外"(apart from the first motion)。如果我们希望公平对待亚里士多德在 296a34 - b6 的论述,我们就必须接受彻尼斯的解释。参杜瑞宁(During), G. 27(1955), 156 - 157;蒙多尔佛《论天限》, 450 - 451;狄克斯《希腊天文学》(Dicks, *Greek Astronomy*), 132 - 137。

① 参蓬托斯的赫拉克勒德斯,残篇,页 104 - 108 和页 110 (Wehrli),彻尼斯书,卷 1,页 551 - 553 和引文。我引述残篇,页 105 (即普罗(转下页注)

在《蒂迈欧》的宇宙系统中,外太空的运动影响了整个宇宙,因此,同样影响到了地球,而地球被认为是位于中心的不动点。既然作为宇宙神的地球必定拥有灵魂,正是此灵魂的"活动"让地球变得固定不动,那么我们必须推断柏拉图故意选择ἴλλεσθαι一词,其目的正如康福德提出来的,不是为了描述实际上地球绕轴的反时钟方向,而是为了描述对世界灵魂运动的"自动抵抗力"。在模糊的ἴλλεσθαι一词中,柏拉图必定已经发现了一种合适的方法来表达一种固定(immobility)概念,它远不同于纯静态的或是无生命的概念。①既然如此,毫不奇怪在深入的论述中,地球成了日与夜的"护卫者和创造者"。②

[102]《法义》中所提出的关于宇宙的概念,同《蒂迈欧》没有什

(接上页)克洛斯, *In Tim.* III, 138, 6 – 11 [Diehl]): ποῦ δὴ οὖν εὔλογον ἡμᾶς ἰλλομένην ἀκούσαντας εἰλουμένην καὶ στρεφομένην αὐτὴν ποιεῖν, ὡς πλάτωνι ἀρέσκον λέγοντας; Ἡρακλείδης μὲν οὖν ὁ Ποντικός, οὐ Πλάτωνος ὢν ἀκουστής, ταύτην ἐχέτω τὴν δόξαν, κινῶν κύκλῳ τὴν γῆν· Πλάτων δὲ ἀκίνητον αὐτὴν ἵστησιν.

① 参彻尼斯书,卷1,页553-558。至于对其他解释的引用和对那些接受了康福德(120-134)的解释的学者的引用,参彻尼斯书, *Lustrum* 4(1959),页223-224;这方面还应加上伯克特,《智慧与科学》(Burkert, *Weisheit und Wissenschaft*),页305和注17,他似乎混淆了康福德和彻尼斯的解释。然而,康福德的解释被亚里士多德的证据所否定,他在《论天》296a34 – b6中的论据,正是康福德用来支持其假说的证据,即假定地球转动阻碍了同一(the Same)圆周的运动。参彻尼斯书,卷1,页548。

② 因为正是地球的"活动"让它保持固定不动,并因此帮助产生现象。参看辛普利修斯,《论天》,489, 26 – 30 (Heiberg),他引用了《蒂迈欧》40b,并说: κἂν ἕστηκεν ἡ γῆ ἑστία τοῦ παντὸς οὖσα, ταύτην ἔχει πρᾶξιν καὶ ἐνέργειαν· ὡς γὰρ τὸ κινεῖσθαι ζωτικῶς, οὕτως καὶ τὸ ἑστάναι ζωτικῶς πρᾶξίς ἐστι καὶ ἐνέργεια ἔμψυχος· διὸ τὰ μὲν οὐράνια κινεῖται, ἡ δὲ γῆ ἕστηκε, τὰ δὲ μερικὰ ζῷα καὶ κινεῖται καὶ ἕστηκε. 这正是博柯的《检查》优点,它在现代提醒注意以下事实,即在《蒂迈欧》的系统中地球的旋转是不可能的;并且也不能如埃纳尔森(页97)所做的那样,说明《克拉底鲁》397c8 – d4支持了《蒂迈欧》40b8的解释,当《蒂迈欧》提到地球运动的时候,甚至是在康福德的意义上(转下页注)

么根本的不同,尽管在第七章的论述已经引发了争论。该论述如下:

> 我亲爱的朋友,说月亮、太阳和其他天体实际上在"徘徊"的信念是不正确的:显然实际情况恰恰相反。说真的,它们中的每一颗都各自永远沿着一个精确的固定轨道运行,尽管事实上运行轨道的外形是始终变化着的。此外,运行最快的天体被错误地认为是最慢的,反之亦然。所以,如果事实如上所述,并且我们弄错了,那么我们并不比奥林匹克运动会上的那些观众好。①

一些学者已经在这段文字中发现,柏拉图关于宇宙的观点同《蒂迈欧》中所体现出来的相比,已经有了激烈的变化,而因为雅典异方人把这几行文字中所包含的概念介绍成一种"美丽"的知识,虽然他也是最近才学会这种知识的,这更加剧了这一点。《法义》的这部分被认为不只是暗示了一个旋转的地球,而且暗示了一个不在宇宙中心旋转的地球。据一些人所说,地球围绕着中心火旋转,如在所谓的 Philolaic 系统中,而据另一些人所说,它是围绕着太阳旋转,如在后来萨摩斯的阿里斯塔科斯(Aristarchus Samos)提出的

(接上页)说的运动。Cratylus 的那段文字无论如何意味着建立起了从 ϑεός 到 ϑεῖν 的语源学(它本身是苏格拉底后来所反对主题的一部分),而且还不能意味,这已经暗示了地球的宇宙运动,因为,若是如此,那么可以说不只是地球、行星和恒星全部处于运动中,而且它们还被人看到做这样的运动(αὐτὰ ὁρῶντες πάντα ἀεὶ ἰόντα δρόμῳ καὶ ϑέοντα)。所以,也不能提到菲罗拉奥斯的理论,正如 Boyance 建议的那样(R. E. G. 54[1941], 146);此处要把任何"运动"归于地球的话,只能是"永恒流变"的运动(参 V. Goldschmidt, Essai Sur le "Cratyle", III)。

① 《法义》822a4 - B1。参《法律篇》,前揭,247 - 248 页。

太阳中心(Heliocentric)系统中。① 为了把所谓的 Philolaic 系统归于柏拉图名下,无论是在《法义》还是在所谓的口传学说中,学者们都提出了泰奥弗拉斯托斯的证词,根据这个证词,当柏拉图年老的时候,他后悔把地球放在了宇宙的中心位置,那里对地球并不合适。②

[103]因为时间的存在,泰奥弗拉斯托斯的证词也许会被放置于一旁,无论我们掌握了《法义》文本的何种意义,我们都必须对其做出解释。泰勒认为在《法义》822a 中,关键是短语 πολλὰς ὁδοὺς φέρεσθαι,他认为这个短语的意思是"拥有一个复合的运动"。既然雅典人否认行星 πολλὰς ὁδοὺς φέρεσθαι,泰勒就推断柏拉图在这里修改了《蒂迈欧》,根据《蒂迈欧》所述,每颗行星的运动被同一(the Same)的运动扭曲成了螺旋形,以至于每种情况中的最终运动都成了复合型的。③ 但是,即使不在《法义》中,也在《蒂迈欧》中,柏拉图谈及每颗行星的运动均处于"圆周中",④πολλὰς ὁδοὺς φέρεσθαι 的意思是"以不同的轨道运动",而且此表达如泰勒所认为的那样,并不是 πολλὰς φορὰς φέρεσθαι 的同义语。⑤ 当柏拉图否认行星 πολλὰς ὁδοὺς φέρεσθαι,并声称每颗行星 μίαν(即 ὁδὸν)ἀεὶ κύκλῳ διεξέρχεται 时,他的意思是每

---

① 《法义》中提到太阳中心(heliocentric)系统的文字被格拉普所发现,《希腊人的宇宙体系》,前揭,页151-172;而所谓的菲罗拉奥斯系统则由夏帕瑞利(Schiaparelli)提到,Scritti,卷1,页394-400;泰勒,《法义》(The Laws),页210,注1,以及其他文字。德斯·普拉斯,页127,认为这段文字是指地球围绕一个对于我们来说不可见的中心而旋转,而哈瓦德,页70-71,则认为《法义》要么是指地球在宇宙的中心绕轴旋转,要么是绕一个中心之火旋转。

② 除了学者们在前面的注释中的引述之外,参蒙多尔佛,《论无限》,页451-452,他在第一个版本中对《法义》822a-c 给出了同样的解释,而现在他放弃了这种解释;伯内特的《柏拉图主义》(Platonism),页107-109,他在泰奥弗拉斯托斯的证词中看到了对太阳中心系统的提及。

③ 参泰勒,C. r. 49 (1935),53-56。

④ 参博柯,《检查》,页52以下,希思,《萨摩斯的阿里斯塔科斯》,页182-183,康福德,页90和注12,以及对泰翁和普罗克洛斯的引用。

⑤ 参康福德,页90-91和90,注4。

颗行星的运动是规则的,而且总是沿着同样的圆周轨道运动。这是雅典人论述的"新奇点",可以从《法义》821b-c中清楚看到,也正是在这个地方,他论述到希腊人所犯的错误存在于他们的信念之中,他们相信太阳、月亮和其它的星星 οὐδέποτε τὴν αὐτὴν ὁδὸν ἰέναι,但是这些才是真正的行星,即"漫游者"。克莱尼阿斯接下来的论述又确证了这个解释,他自己已经发现 Εωσφόρος, Ἕσπερος、一些其他行星、太阳和月亮从来不沿同样的轨道运动,而是以各种方式"漫游"。① 作为雅典人所反对的错误概念的例证,克莱尼阿斯被描述为对晨星和夜星的一致一无所知,这个起码的事实是十分重要的,因为根据文本所述,这样的无知必定要同对行星真正轨道的无知联系起来。那么,什么样的暗含原因使克莱尼阿斯对以下事实无知?这个事实即是,在行星的运动中的不规则仅仅是表面的。柏拉图的本意可能不会是地球绕轴自转,因为《法义》第十卷的许多文段把真正的运动归属于恒星的圆周,而且这样的运动会影响整个宇宙。② 因此,在第七卷中,雅典人明显把对行星真正轨道的流俗误解归因于对以下事实的无知,即外太空推动行星的运动把它们的轨道扭曲成了螺旋状,而且造成了表面上的"漫游"。我们据此推断,把最快的行星变得最慢的错误,并且反之亦然,这

---

① 《法义》821c1-5。
② 参《法义》897c1-9,在其中,"我的好朋友(我们应该说),如果天体和天体里的一切东西的整个运行过程和运动,反映着理性的运动、旋转和计算,并且以相应的方式来动作,那么我们必须清楚地承认,它是最好的一种灵魂,这一灵魂照管着整个宇宙并且指导宇宙沿着最好的路径行进"(参《法律篇》前揭,页337,另参潘戈译文,前揭,页295)。ἡ σύμπασα οὐρανοῦ ὁδὸς ἅμα καὶ φορὰ καὶ τῶν ἐν αὐτῷ ὄντων ἁπάντων,"在这两种运动中,那种在一个地方运动着的运动,必然指的是环绕着一个中心点不断的旋转,好像箍座上转动着的轮子;并且这种运动最接近于并类似于理性的循环运动"(页338)。898c2-3 τὴν δὲ οὐρανοῦ περιφοράν, 898d3-7。"如果原则上灵魂驱动太阳、月亮和其他天体旋转,它是不是一个个地驱动它们中的每一个呢?"(页339)

种错误也同外太空的运动推动行星这个事实相关。因此,月亮尽管是最快的,但看起来仍是最慢的,[104]因为它每天都远远落后于黄道十二宫,然而土星尽管是最慢的,却看起来最快,因为它紧随于黄道十二宫之后。①

所有这些点作为一种"新奇性"的表达是由于戏剧性的境遇,而且并没有暗示柏拉图最近知晓了行星的真正轨道。上下文显示,雅典人正抱怨那个时候的希腊城邦广泛流行的对基本天文学概念的无知,这种无知以他的两个对话者为例。正如在不可测量的问题上,这样的无知是由于希腊基础教育的拙劣品质,相反在埃及,学校的孩子会学到行星总是沿着同样的轨道运动,而它们的游离不定仅仅是表面现象。雅典人并没有证明行星的轨道是规则的,他只是要对话者同意,如果这一点被证明,那么这项内容就应该被放入到对全体公民的基础教育之中,以此来避免对星体诸神的亵渎。② 克莱

---

① 正如希思《萨摩斯的阿里斯塔科斯》页 183 - 184 和康福德页 112 - 114 所述,这意味着对《法义》822a - c 的解释同对《蒂迈欧》39a - b 的方法相同。蒙多尔佛,*Il pensiero antico* 2,页 241 提出了另一种解释,根据这种解释,表面上看起来最慢的行星是真正最快的,如土星等等。照此说来,柏拉图会说月亮似乎是最快的,因为它在比土星短的时间内走完了轨道,但是后者的圆周要大得多,而速度也要快得多,等等。但是既然柏拉图在《法义》中把运动赋予了恒星的圆周,而它们的运动将要推动其他运动,那么极有可能他把关于行星真正轨道和行星真正速度的两个误解归于同样的一个误解之下。无论如何,《厄》作者一定已经如希思和康福德那样解释了《法义》,既然他说土星是最慢的行星,而木星次之,等等。参《厄》987c3 - 6。

② 参《法义》822c7 - d1:"因此,如果我们能证明我确实是正确的,所有这些课程就应该学到所指定的水平,但如果证明不了,就随它们去吧。我们可以把这作为约定的方针吗?"(《法律篇》前揭,第 248 页)尽管在《法义》中,这一点没有为以下观察所直接证明,即对行星总是沿相同轨道运动的观察,而行星运动的规则性仍然在第十卷(896d - 898c)中被间接推断出来,这是从先前的证明得出的推断,即与自身运动同一的灵魂是所有运动和变化、善好和邪恶的最终根源。克莱尼阿斯承认那控制宇宙的灵魂(或灵魂们)是善(转下页注)

尼阿斯不愿承认这个科目能够学习,且不承认希腊人目前的看法是错误的,雅典人要克服这种不情愿,也正是以下论述的目的所在,他认为这个学科尽管不容易学,但是也不是十分难学,学会它并不需要很长的时间。如果这个学科要被纳入基础教育之中,这一点必须得到证明;雅典人的证据(τεκμήριον)是,尽管他自己是不久前刚刚听到这个学问,而且这个时候他已经不再年轻(既非在学校中,也非刚刚离开学校之时),但是他仍然能够在短时间内向对话者解释这个学问。这就是说,如果此学问十分艰深或是需要长时间学习,那么像他这种年纪的人就不能向麦吉努斯和克莱尼阿斯[105]解释这个学问。① 当然,无论如何,不能把雅典异方人的知识等同于柏拉图自己的知识。②

仅由普鲁塔克保留下来的泰奥弗拉斯托斯的证词,没有包含任何柏拉图作品的参考书。然则,在《法义》和《蒂迈欧》两部作品中,地球被认为是宇宙中心的定点,而且也没有理由认为在《克里提阿》的最后未完成的句子中会提到中心火,③既然这部作品是一个

(接上页)好的;从另外的方式来思索这个问题就是不虔敬的,因为这里必定存在对宇宙的善的统治。如果是这样的话,整个宇宙的旋转就定会有一种运动同理智(νοῦς)的运动、旋转和计算相似;既然同理智的运动最相似的那种运动,被描述为总是在同一个圆周中绕着一个中心运动,就像旋转的轮子,这就暗示了星体的旋转是圆周性的和规则的。

① 参《法义》821e1-6。

② 柏拉图是《法义》的主要言说者,这种说法有一个悠久的历史,至少可以回溯至西塞罗。然而,柏拉图只让雅典异方人说出了同戏剧内容相关的东西。无论如何,没有理由认为,由于雅典异方人在此所说的东西,所以当柏拉图写作详细的对话之时,他并不知道行星的真正轨道。至少,《高尔吉亚》中对天文学的定义表明,写作那对话时,他知道这些事情。

③ 参《克里提阿》121c2-5 συνήγειρεν(即宙斯)θεοὺς πάντας εἰς τὴν τιμιωτάτην αὐτῶν οἴκησιν, ἥ δὴ κατὰ μέσον παντὸς τοῦ κόσμου βεβηκυῖα καθορᾷ πάντα ὅσα γενέσεως μετείληφεν, καὶ συναγείρας εἶπεν—。在这段文字中提到了中心之火,正是 Frank 争论的内容,《柏拉图》,页36,及页217-218,(转下页注)

计划好的三部曲中的第二部,而《蒂迈欧》是第一部,①那就更不会这样了。此外,亚里士多德坚持认为柏拉图把运动赋予了恒星,正如我们将要看到的那样;而且他既没有论述也没有暗示,柏拉图赞成一种非地球中心论的假设。泰奥弗拉斯托斯自己在 $Φυσικῶν δόξαι$ 中,②似乎把地球中心论的假说归于柏拉图名下。因此,仅由普鲁塔克保留的证词必定[106]可疑。③ 普鲁塔克特别认为属于泰奥弗

(接上页)其与蒙多尔佛观点相同《论无限》页 433 及注 1,页 451–452。

① 我们看到,在《蒂迈欧》中,地球是在宇宙的正中心。既然《克里提阿》是《蒂迈欧》的继续,而《蒂迈欧》为亚特兰提斯的故事背景提供关于人和宇宙的正确图景,那么绝不可能的是柏拉图让《克里提阿》中的克里提阿来修改《蒂迈欧》中的天文学,当克里提阿在《蒂迈欧》中说,在天文学和物理学上最能干的蒂迈欧首先谈到关于人和宇宙的本质,而接着谈到 $ὡς παρὰ μὲν τούτου δεδεγμένον ἀνθρώπους τῷ λόγῳ γεγονότας$ [泰勒,《柏拉图》,页 462,注 1,他给出了一种对《克里提阿》的解释,同弗兰克相近,认为这种解释能够强化他的观点,即《蒂迈欧》中的天文学并不是柏拉图本人的!]。

此外,没有特别关于《克里提阿》最后几行的天文学,而且也没有理由解释为什么诸神之中最荣耀的栖居者是地球,参彻尼斯书,卷 1,页 564 和参考资料。

② 亚里士多德在《论天》295b10–296a21 中始终记住了柏拉图,尤其是《蒂迈欧》,这一点被泰米斯提乌斯(Themistius),《论天》,131,10–13(Landauer)和彻尼斯,卷 1,页 557–558 所发现。后者也表明在《论动物行为》(De Motu Animal)699a27–b11 中,亚里士多德记住了《法义》,而且他的评论预示地球是宇宙中心的不动点(immobile)。埃提乌斯《哲人之见》(Aetius, Plac), III, 15, 10 (Diels, Dox., 380–381)的论述明显引用了《蒂迈欧》,认为根据柏拉图所说,地球在中心保持不动。如果 Placita 最终来自于泰奥弗拉斯托斯的《物理学观点》(Physical Opinions),那么泰奥弗拉斯托斯在这里并不会把以下两点归于柏拉图,即中心之火的学说和地球绕轴旋转的学说,因为这两者都被认为属于菲罗拉奥斯而不是属于柏拉图,参埃提乌斯《哲人之见》III, 11, 3 and III, 13, 2(Diels, Dox., 377 and 378),康福德书,页 125,注 1 和彻尼斯书,卷 1,页 561。

③ 参普鲁塔克,Quqest. Plat. 1006 C。($Θεόφραστος δὲ καὶ προσιστορεῖ τῷ Πλάτωνι πρεσβυτέρῳ γενομένῳ μεταμέλειν ὡς οὐ προσήκουσαν ἀποδόντι τῇ γῇ τὴν μέσην χώραν τοῦ παντός$),另参下文注释。

拉斯托斯的看法是，认为柏拉图在晚年后悔 ὡς οὐ προσήκουσαν τῇ γῇ τὴν μέσην χώραν τοῦ παντός。普鲁塔克论述的大意是，据柏拉图的一些文本来说，他在晚年把地球放在了另外的地方（不同于中心），而中心和最有价值的地方属于更好的事物，即火。如果普鲁塔克这样的在别的地方的论述同样回到了泰奥弗拉斯托斯，那么泰奥弗拉斯托斯必定已经把菲罗拉奥斯体系归于柏拉图；①然而此种解释的源头却只是一种猜测。这很难说是柏拉图的口传教育，因为普鲁塔克并没有这样说，而亚里士多德的证词也反对这种说法。但是有可能，正如有时所提出来的那样，泰奥弗拉斯托斯也许已经把《克里提阿》末尾未完成的语句理解成对中心之火的涉及，或者是他认为亚里士多德的《论天》293a27 – b1 提及了柏拉图或是二者。② 然而，亚里士多德的这段文字并没有谈到任何其他思想家，如像毕达哥拉斯学派（Pythagoreans）那样持守中心之火的学说，而只是谈到，如果许多其他思想家只是从他们的原则出发（如毕达哥拉斯），而不是从现象出发来论述，那么他们将被迫承认地球不能占据中心位置，因为他们认为最荣耀的位置属于最荣耀的事物，火

---

① 参普鲁塔克, Numa XI: (the Pythagoreans) τὴν δὲ γῆν οὔτ' ἀκίνητον οὔτ' ἐν μέσῳ τῆς περιφορᾶς οὖσαν ἀλλὰ κύκλῳ περὶ τὸ πῦρ αἰωρουμένην οὐ τῶν τιμιωτάτων οὐδὲ τῶν πρώτων τοῦ κόσμου μορίων ὑπάρχειν. ταῦτα δὲ καὶ Πλάτωνά φασι πρεσβύτην γενόμενον διανενοῆσθαι περὶ τῆς γῆς, ὡς ἐν ἑτέρᾳ χώρᾳ καθεστώσης, τὴν δὲ μέσην καὶ κυριωτάτην ἑτέρῳ τινὶ κρείττονι προσήκουσαν. 。尽管普鲁塔克并没有在这里提到泰奥弗拉斯托斯，这段论述仍然归于他的名下，这是由于同 Quaest. Plat. 1006C 有所谓的相似性。然而，值得注意的是当普鲁塔克引用泰奥弗拉斯托斯之时，他只提到了柏拉图的"后悔"，在关于萨摩斯的阿里斯塔科斯和塞琉古（Seleucus）的太阳中心系统中引用了他的证词，而不是在 Philolaic 的系统中。

② 参彻尼斯，卷1，页563 – 564，他指出，普鲁塔克和亚里士多德之间的口头上的相似性表明，泰奥弗拉斯托斯拿《论天》293a27 – b1 作为对柏拉图的引用。"论天"一词也许正好可以将泰奥弗拉斯托斯引向他的柏拉图"后悔"的概念，而《克里提阿》也许可以提供所需的证据。

要比地球荣耀得多,有限的(limit)要比居间的荣耀得多,而两极的和中心的均是有限的。① 既然这些原则是亚里士多德自己的,那么他就会加入到那一群放置中心之火的人当中,如果他的论述被用来指称那些实际上持有这种学说的思想家,[107]正如此论述经常为现代的评论家所理解的那样。② 这种假设的荒唐结论并不足以驳倒对《论天》293a27-b1的解读,而这段文字本身就表明亚里士多德的陈述仅仅是假设。③

当时,并没有值得信赖的证据以便表明柏拉图曾经放弃了《法义》和《蒂迈欧》的天文学概念。他在两部作品中提出的关于行星的概念同欧德摩斯(Eudemus)的证词十分一致,辛普利修斯(Simplicius)在索西吉涅斯(Sosigenes)的著作权问题上引用了此证词。④ 据欧德摩斯所说,欧多克索斯第一个提出单一的假定,可以满足柏拉图关于规则运动的确定数字的条件,这样的运动可以保全行星运

---

① 对《论天》293a27-b1的解释,参彻尼斯书,卷1,页560-561,和亚历山大、辛普利修斯的,证词,而泰米斯提乌斯强烈支持这种讲法,正如彻尼斯所想,因为亚历山大知道,直到亚里士多德时代,除了毕达哥拉斯以外,没有人赞同中心之火的学说,辛普利修斯论争道,亚里士多德在这里也许没有指称其他思想家,而泰米斯提乌斯认为亚里士多德并没打算这样做。

② 蒙多尔佛,《论无限》,页453,他否认这些提到的原则是亚里士多德自己的,但是彻尼斯所引用的证据在我看来就表明他们毫无疑问是亚里士多德的。

③ 弗兰克,《柏拉图》,页252和286,及其他人发现在《论天》的这段文字中对斯彪西波的引用。从希思,《萨摩斯的阿里斯塔科斯》,页186-187,再到一些柏拉图的学生。但是即使除了这段文字没有提到任何实际上的思想家这个事实以外,没有证据说明早期学园哪个成员赞同中心之火的学说;而我们确实有关于他们天文学概念的证据,表明他们没有放弃地球中心论假说。关于斯彪西波,参彻尼斯书,卷1,页558-559。

④ [译按]欧德摩斯:罗德斯人(Rhodes),生活于公元前4世纪晚期,亚里士多德的学生和朋友。没有关于他的生平资料存世,不过,辛普利修斯提到过一个名叫达玛斯(Damas)的为他写过一部传记。欧德摩斯强烈(转下页注)

动的复杂现象。① 但是在柏拉图的手传著作中没有证据表明他知道欧多克索斯的天文系统,②而且极有可能的是,他压根就没有听说过此事。③

（接上页）要求继承亚里士多德作为吕凯昂学园（Lyceum）的掌门人,却被泰奥弗拉斯托斯抢去了。后来,欧德摩斯回到了罗德斯建立起了自己的学园。参《牛津古典辞典》（*The Oxford Classical Dictionary*, Oxford University Press, 2003）,第 565 页;辛普利修斯:公元 6 世纪的新柏拉图主义者,公元 529 年,查士丁尼（Justinian）关闭了雅典的新柏拉图主义学园之后,他同另外六个哲人一起离开了雅典去了泰西封（Ctesiphon）。参《牛津古典辞典》前揭,第 1409 页;索西吉涅斯（Sosigenes）:有两个同名者,一个是天文学家,曾经建议恺撒修改罗马历法;另一个是行游哲人,是阿弗罗狄西亚（Aphrodisias）的亚历山大的老师。参《牛津古典辞典》前揭,第 1426 页。

① 参辛普利修斯,《论天》,488,18 - 24（Heiberg）。Mittelstrass, *Die Rettung der Phanomene*,页 49 - 159,他尝试为欧多克索斯辩解,那些在索西吉涅斯的著作权问题上由辛普利修斯归于柏拉图的东西,但是辛普利修斯的论述并不具有说服力。

② 泰勒和其他人认为柏拉图知晓此事,不过这取决于他们对《蒂迈欧》39a - b 和《法义》822a - c 的解释,然这些解释已经在前面几页受到了批评。

③ 辛普利修斯,《论天》,493,5 - 8（Heiberg）,他说在研究了欧多克索斯的朋友珀勒马科斯之后,跟随其后来到雅典,并同亚里士多德待在一起,在亚里士多德的帮助下修正并完成了对欧多克索斯的发现。现在这次拜访定然发生在亚里士多德在雅典的第二次滞留期（即在公元前 336 年以后。卡利普斯的准确时间并不清楚,但是他关于雅典历法的改革在公元前 330 年生效）。从亚里士多德在《形而上学》1073b17 - 1074a14 中关于同心理论的描述,可以得出以下内容,即亚里士多德对卡利普斯引入欧多克索斯理论中的变化做了一些修正,其中的某些变化是不正确的,而至于卡利普斯所假定的太阳和月亮各自的附加圆周,亚里士多德似乎并不确定它们存在的原因（参希思,《萨摩斯的阿里斯塔科斯》,页 219 - 220）。既然辛普利修斯所提供的信息最终经历了从欧德摩斯到索西吉涅斯的过程,它就定会被接受。因此,亚里士多德写作《形而上学》1073b17 - 1074a14 是在卡利普斯已经离开雅典,或是已经死了之后。似乎亚里士多德是通过卡利普斯或是通过后来的教师珀勒马科斯了解到欧多克索斯的系统的(参罗瑟,《亚里士多德的〈形而上学〉》[*Aristotle's* （转下页注）

[108] 正是部分地由于学者们认为《法义》821a-822c 暗示了一个旋转的地球,所以他们也把这个概念赋予了《厄》。这部作品中的两段文字举出例证来支持如下的一种解释:第一,在 983b7-c5 中,若是没有灵魂为它们而生,或是生于它们之中,那所有……无法旋转,所以就可以论证地球是被赋予运动的;① 第二,在 987b6-9 中,外太空的八种旋转被认为以同行星运动的相反的方向运动并带动所有他者运动,就像对人们所显明的那样,哪怕人们在这方面所知甚少。这些文字经常被理解为旋转仅仅是表面的,正如只有无知的人才会认为外太空旋转并推动了行星的运动,这表面现象是由于地球绕它自己的轴旋转造成的。② 另一方面,当杜亨(Duhem)同意

(接上页)*Metaphysics*],卷 2,页 387)。但是既然亚里士多德直到柏拉图亡故都还留在雅典,而且既然与通常所认为的相反,欧多克索斯比柏拉图命长(参 A. J. P. 87[1966],页 469 的评论,以及在那里提到的普林尼[Pliny],吉森格尔[Gisinger],和桑迪亚那[Santillana],那么极有可能柏拉图从来没有听说过欧多克索斯的系统,而且亚里士多德在再次回到雅典之前也没有听说过。欧多克索斯也许是在柏拉图死后才提出该理论,或是在他自己离开雅典之后,在雅典,这个系统是由珀勒马科斯或是卡利普斯介绍进来的。在亚里士多德作品中没有暗示他直接从欧多克索斯那里听到过这个系统。

① Praetorius,页 2-3,他这样解释这段文字,认为其中有证据表明作者赞同 Philolaic 的中心之火学说,而斯佩基亚,页 98,则认为在其中,"una certa intuizione mel nostro autore della teoria eliocentrica"!其他评论者中,认为在这段文字中真正的运动被给予了地球的有:鲁瑟,页 67-68,哈瓦德,页 126,康福德,页 130 及注 3,泰勒,页 236,Kranz, R. M. 100 (1957),页 119-120,波斯特,页 288,诺弗特尼,页 139,注 322。策勒尔,II, i, p. 1042, n. 5,他正确地发现《厄》的天文学并不能与任何形式的地球运动相容,而且他定然已经用同样的方式解释了对手稿的解读,既然他提出在 983b7 中去除 γῆν τε καί 一词。

② 就我所知,现代评论者中最早这样解释这段文字的是夏帕瑞利,*Scritti*,卷 1,页 396-397(最初的版本是在 1873 页)。据他所说,这段文字暗示了周期运动是由于地球旋转,而地球中心假说或是中心之火的学说,在《厄》中是同样可能的,尽管在泰奥弗拉斯托斯的证词中,他选择性地指称后者。学者之中,有人认为《厄》987b 是对恒星圆周运动的否定,他们是弗兰克,(转下页注)

这些文字暗示了流俗观点的错误之时，他认为作者并不是要否认宇宙每天自东向西的旋转，而只是否认这样的旋转推动了行星的运动。因为，据杜亨所说，《厄》作者知道欧多克索斯的系统，而行星在其中自东向西的旋转[109]并不是由于外层宇宙推动，而是由于每颗行星各自的圆周。①

然而，对987B6-9的两种解释都可以立刻被否定，因为可以确定的是《厄》把真正的运动赋予了恒星的圆周，而且它的旋转推动了月亮、太阳和五颗行星。事实上，《厄》的天文学体系同一个旋转的地球如此不相容，以至于这样的解释被提出来，显得十分奇怪。之所以提出该解释，仅仅因为983b7-c5和987b6-9的文字都不考虑它们各自的内容的时候，可作此解读。

(接上页)《柏拉图》，页206，和哈瓦德，页30和133，泰勒《蒂迈欧注疏》，页231-232；泰勒², 页312-313，雷德尔，页53和注1，德斯·普拉斯，页126-127和152，注3，诺弗特尼，页176，注458，斯佩基亚，页113，波斯特，页290认为"柏拉图"并不确定而只是怀疑恒星的球体是否真的推动其他球体，正如其所显现的那样。然则既然波斯特(参看前面的注释)认为983b-c把运动归于地球，且既然恒星的运动是八种，即便据波斯特所说，也不会认为"柏拉图"在这里只是怀疑，因为他本来就会从根本上否认恒星的运动。

在反对泰奥多洛斯(Theodorus)的天文学时，舒默诺斯(Metochites Nicephoros Choumnos)运用《厄》(987b)的论述，表明其论敌泰奥多洛斯的错误，即认为八种星体运动是最强的，推动了其他的运动。但亦不可认定舒默诺斯如夏帕瑞利和其他人那样理解987b的内容，因为有人认为存在9种运动，而非8种，舒默诺斯否认了这种看法，也否认八种运动如行星的运动一样朝同一个方面旋转；此外，舒默诺斯自己认为地球是中心的不动点。参舍文科《拜占庭学人的生活》(Sevčenko, La vie intellectuelle à Byzance), 33 and 90-107。

① 参杜亨，*Le systeme du monde*, I, 99-100, esp. 100, n.1。斯坎普的《柏拉图晚期对话中的运动理论》认为，《厄》987b6及以下是指由欧多克索斯所回答的一些过渡，还是柏拉图为他设定的关于行星的难题，仍有争议。其他学者也认为，当《厄》987b把真正的运动赋予恒星的圆周之时，也含蓄地否认了它推动七行星的旋转。但是每天的运动现象和恒星八种旋转的限制不可能作这样的解释。

尽管如此,《厄》还是把天文学的旋转数目限制在八个,①所以,如果外太空从根本上说是运动的,那么地球就必定是不动的定点,因为剩余的七种旋转是太阳、月亮和五颗上层行星的旋转。现在除了987b,《厄》中的许多文段都把真正的运动赋予外太空。② 甚至更重要的是,978c-d暗示宇宙的日常旋转推动了天体包括行星的运动。最后这一点是肯定的,因为在那段文字中,作者断言乌兰诺斯教会我们数"一"和"二"是通过旋转天体的方式,并因此产生日夜的永恒更替;从此,乌兰诺斯必须在其每天的运动中推动太阳,更不用说月亮和其他行星。③ 随后的文字更证实了这一点,作者在此仅引用了978c-d作为背景,称宇宙的旋转为"关于所有天体的"。④

《厄》987b6-9也没有以任何方式反对上面所论述的内容,因为在陈述中 ὥς γε ἀνθρώποις φαίνοιτ᾽ ἂν ὀλίγα τούτων εἰδόσιν 强调了关于 ἀνθρώποις 即关于人类总体上的问题,正如希思所提议的那样,⑤"至今仅仅人类可以判断,[110]但他们却并不拥有那些事物的知识"。这种解释不只是适当处理了 γε,而且还处理了以下文字: ὅσα δὲ ἱκανῶς ἴσμεν, ἀνάγκη λέγειν καὶ λέγομεν· ἡ γὰρ ὄντως οὖσα σοφία ταύτῃ πῃ φαίνεται τῷ καὶ σμικρὰ ξυννοίας ὀρθῆς θείας τε μετειληφότι, 如 987b9 暗

---

① 参986a-987d(尤参986a8-b3,e2-3、987b6-7)和990a-b。
② 参978c-d,982a-e(所有的天体均沿同样的轨道运动),986b2-3。参下文注释。
③ 乌兰诺斯拥有真正的运动,并推动了所有天体的运动,这一点在977b1-8中得到暗示。
④ 参986b1-3及注,另参986b2注。即使在b2中我们读到 μία δὲ τῶν ἄστρων 对978c-d的追溯引用,也没有怀疑它究竟意指何物。
⑤ 参希思,《萨摩斯的阿里斯塔科斯》,页184-185。尾随其后的有康福德,页91-92,和彻尼斯书,卷1,页551,及其他一些地方。可惜的是在他的晚期作品《希腊天文学》(Greek Astronomy),页28-29,及页62,注1中,希思对这段完全不可能的文字给出了解释,他认为整个宇宙的旋转是真实的,但是987b否认它推动其他行星。因此,地球并不旋转,而只是在很小的轨道中绕中心运动。但此仅强调《厄》把恒星旋转限制在八种。

示,987b7－8 陈述的信念同事实相反,那么这样的论述就不会有意义。如果那就是问题所在,它就会使这段文字(985d－987c)整个目的受挫,在这段文字中,雅典人严肃地指出这八颗恒星的、最伟大的诸神是谁。① 倘若为了让自己的想法更容易为人所理解而不惜采用流俗观点,那么他自己会成为一个掩盖重要宗教真理的罪人吗? 会成为一个违反警告的罪人吗? 而这个警告正是他说给对话者听的。②

983b7－c5 确把灵魂赋予地球,除了所有其他天体以外,正如所见,没有必要也不可能暗示地球的运动。但是,既然外层宇宙的旋转影响了整个宇宙,就也会影响地球;从而,正如在《蒂迈欧》中一样,地球必定是受灵魂控制的神圣存在,因为地球为了使天文现象得以产生,③必须抵挡整个运动并保持不动。尽管这一点没有得到明确的论述,但是《厄》的天文学体系还是预设了一个存在于宇宙中心的不动的地球。④ 简而言之,《厄》的天文学同《蒂迈欧》和《法义》完全一致,并且也没有比这些柏拉图作品更违背欧多克索斯的同心圆知识体系的了。

前面的分析本欲展示《厄》依赖柏拉图的方式和程度,既在一致的方面也在不一致的方面。这种依赖基本上局限于一些对话的

---

① 参 986a8－987d2 注。

② 这段文字表明了新的宗教真理,因为作者认为恒星诸神并没有得到应有的崇拜。参以下注释:985d4－986a3,985d6－7,985e1－986a3 和 985e3－4。

③ 这实际上是由彻尼斯(卷 1,页 556－557)提出的第二种选择。但是他的第一项建议是可能的,即 γῆν τε καὶ οὐρανόν 是对"整个物质宇宙"的严肃表达,因为在这里作者提到了由灵魂造成的年、月、日,表明他尤其记住了恒星的旋转。

④ 既然这里有八种旋转,地球必定是位于中心的定点;另外,更为明显的天文现象正如作者所认为的,例如行星的圆形轨道是不会产生的。

特定文字，《蒂迈欧》、《法义》以及程度稍轻一些的《王制》、《斐德若》和《斐多》。多数情况来说，《厄》作者所选用的文段都包含有柏拉图的概念，也正是这个原因，我把这种概念称为论题。但是它们成为论题仅仅在于《厄》作者对它们的采用，[111]因为在多数情况下，《厄》作者置内容于不顾，而根据自己的理解，把这些论题当作学说的原则或教条，尽管在柏拉图那里，它们是在"辩证"的讨论中出现的或是用于神秘结构之中。有的时候，《厄》作者把解释当作某种εἰκός，或作为δόξα问题；但是，尽管当柏拉图使用εἰκώς λόγος或μῦθος或是某个仅为δόξα的概念之时，他在这样的文段之前或是这样的文段之中，使用了某种可能的论述，但在《厄》中却并不如此。①这已让人记起作者的失败，即求助于《蒂迈欧》中的术语，以呈现关于五种简单形体和生命的五种次序的学说，或是关于不可灭宇宙主

---

① 举例来说，在《蒂迈欧》中，创生神话及其"物理学"是εἰκώς λόγος，永远不能被作为确切的知识，因为这个主题问题是δόξα的目标，而不是知识的目标(27d5 - 29d3)。但是，柏拉图尝试着保留这个现象，而且尝试着给出一种至少极有可能的解释。此外，当柏拉图想在51d – e中简单证明，作为理智(νοῦς)理解对象的理念独立存在，这时，他是采用假设的方法来完成的：如果知识不同于真正的意见，那么由知识所掌握的客体必定是不能感觉但ны理解的理型。同样，在《法义》中，不断地要求劝说，且对话因素甚至出现在纯解释性的部分。参舍雷尔《柏拉图问题》(Schaerer, La question platonicienne)，页152 – 156。

相反，《厄》的程序基本上总是教条式的。在作者主要的形而上学之下，没有关于假说的讨论和呼吁，这个学说即是，仅有的实体是灵魂和形体，不存在居间物(参 981b4 – 7 注和 983d2 – 5 注)。作者假定的论述是虔敬乃智慧(980a – 989b)，此假定基于其生物范畴，而他自己认为这种生物范畴是基于一种"极有可能"的说明；他并没有把关于反驳论证(991c2 – 6)的测试用于其上，这个测试是显然为将来的会议准备的(?)。这一点同他在《厄》的第一部分对反驳论证的恰当使用，形成明显对比，那是为了否认一种声明，即认为τέχναι并非智慧。尽管在一个场合中(985c1 – d4)，他正确地运用了柏拉图的δόξα概念，但是他要求一种εἰκώς λόγος来证明，关于五种简单形体和相关生物范畴的理论，是不合适的，既然这里没有要求任何种类的推理和现象。(转下页注)

题的困难,而不可灭宇宙是基于作者对《蒂迈欧》创生故事的依赖,而作者却无法欣赏此故事的"神秘"结构的重要性。① 既然《厄》中所述,大部分具"教条性",②那么就毫不奇怪作者关于对话的运用十分机械。其中,没有以交换意见为形式的对话内容,柏拉图所认为的与思索过程等同的问答方法也极少出现。事实上,[112]对话在《厄》中的运用只是为了一个目的,即强调作品部分的主要结构。③

我们必须认识到个人风格中的无意识成分,尽管看起来《厄》

(接上页)这也涉及对柏拉图 $δόξα$ 概念的误解,并且这个误解还出现在《厄》的另外两处,即在作者处理宇宙不可灭问题和关于天体的本体论地位之时。

① 参前文注释第二部分所列参考文献。

② 981b3 及以下提出的思想,没有真正用论述来支持这些假说和作者的主要学说。他似乎认为所引柏拉图式"论题"是已被接受的理所当然的真理,即使从其原来内容中分离出来也是如此,他还继续在非柏拉图的学说中,把它们联系在一起。

③ 因此,克莱尼阿斯对于智慧困难的介绍性论述(973a1 – b6),雅典人的回应是,突然直奔主题(973b7 – 974c7),并假定智慧和幸福的关系。接着,974c8 – d2 是后文长段说明的序曲,后文主要论述非智慧的科学以及智慧本身(974d3 – 977b8)。这种说明进一步认为有必要将数作为我们探寻智慧的基础(977b9 – e2),并断言数的伟大的、宇宙性的力量(977e3 – 978b6),以及我们怎样学会数数(978b7 – 979b3)。接着作者回到了对智慧的探寻,不过仍未用对话的形式,而是以陈述证明 $λόγον\ δεῖ\ λαβεῖν$ 的必要,并以此结束作品的第一部分,即证明那个由我们发现的科学究竟是不是能使我们明智的智慧(979b3 – d6)。在从第一部分到第二部分的过渡中,我们有一个对话(979d7 – e6),很明显它被用来强调第二部分的开始,因其在本质上全然不同于第一部分。在 980a6 – c6 中,作者描绘出第二部分计划的大致轮廓;这里有四段克莱尼阿斯的谈论,它没有为展示添加实质性的内容,只是给了了雅典人美好的希望和进一步努力的勇气。980c7 – 981a5 是《法义》中反对无神论者学说的一个概念,而且也是为了回答 981a6 – b2 中的问题(关于生物由什么构成这个概念)。我应该想到两个部分的对话,也没有增加什么实质性的内容,只是用来提请注意作者的假设,即他的人物和读者拥有关于《法义》的知识,尤其是第 10 卷。从 981b3 到 986a3,作者描述了生物的种类,并在这个过程(转下页注)

的此种成分部分是由于作者在柏拉图论题的基础上"教条"地处理其主题,而且部分又是由于作者把他的学说呈现为一种新的宗教。他的"僧侣"风格是受到了《蒂迈欧》的强烈影响,这是不可否认的;但是,在作者对《蒂迈欧》和《法义》风格的模仿中,决定性的因素是这种对风格的模仿从属于对思想的模仿。只有这样才能解释忒勒尔的观察结论,即《厄》的风格依赖于《蒂迈欧》和《法义》的某些特定篇章。① 因为《厄》作者详细说明这个新颖的学说仅针对极少数人,又因为明智的人是真正"原创性"的,那么我认为他极有可能故意选择极其迂回的语言,正是这种语言造成理解其思想的困难。[113]他的风格中对某个柏拉图式的特征夸大和对他的独特概念的"并列"呈现,都可以用同样的方式来说明。②

《厄》作者把其学说建立在对柏拉图的解释之上,但此事实并不证伪其作者身份,所以,其作品应该被当作柏拉图式的。至少有可能,《厄》作者提出了一种哲学,他认为这种哲学的主要线索是柏拉图主义的真正意图,这正是他写作这部作品的主要目的,并不希

(接上页)中假定了许多学说,这些学说他并没有做出讨论,也不准备证明。这是最严肃的反对理由,因为在这里他对柏拉图的学说作了一些最根本的变化。在986a4—7中的对话只是用来强调雅典人准备论述星体众神是谁,因此提请注意下段文字(986a8—987d2)的重要性。但是从那个时候起直到作品的结尾,再也没有出现对话的部分。那么,对话就同作品的本质不相关;我们也没有在论述的部分找到对话的因素,正如我们甚至在《蒂迈欧》和《法义》中所做的一样。而事实上,这种假设的方法贯通柏拉图作品之中,并且这样也理所当然,因为他把思想定义为灵魂与自身的对话。参《泰阿泰德》189E,《智术师》263e 和《斐勒布》38e 等等。

① 参忒勒尔,页346及其后,然而,他把重点放在了对语言的限制上。

② 关于对极少数人的演说参看本文第1部分。需要注意的是,例如,数学性的文段(990c5—991b4)表达了十分简单的概念,但是作者却用了特别迂回的、复杂的和模糊的语言来描述它们,这极有可能是强调他的真理的神圣性质(hieratic character)。一些只对少数人宣讲的东西只能让少数人听懂,大概作者是这样想的。因此,风格和内容是紧密联系在一起的。

望《厄》被当作柏拉图的作品。毕竟,柏拉图的同时代人并不如我们一样(或者说我们应该这样),受一些庸常的哲学和历史评论规则的束缚;而且有足够的证据表明色诺克拉底和其他同时代人赋予柏拉图那些明显不属于柏拉图的学说,而且他们能够如《厄》作者一样激进,并以几乎迥异的方式来扭曲一个文本。实际上,对一段文字的解释伴随着对其内容或是对其戏剧意义的忽视,这是十分自然的事。① 《厄》作者并不打算把他的作品放入柏拉图名下,以下的事实可以支持这种可能性,即至少有一次他有意地表明同后者不一致,那是在他处理关于谋略、医药和航海技艺的问题之时。《厄》作者也不是唯一一个以这种"解释"方式提出自己学说的人,因为《书简七》的作者很可能用了同样的方式。② 既然极有可能两个作者均已经了解柏拉图,并都属于早期学园,他们就不会想到误解柏拉图是一种巨大危险。然而,即使是有意的伪造,《厄》仍然是对柏拉图的解释,[114]且远早于许多现代的解释。《厄》作者表明他自己是教条主义者,而不是没有才智的人,并且他的主题和学说名扬天下,因其预言了希腊和早期帝国时代广为流传的世界图景(the world-picture)的主要线索,尤其是关于神圣宇宙作为人类的共同遗产问

---

① 这里有足够的证据展示亚里士多德有多少次误解了柏拉图,甚至是在他对对话的明确引述之中。同样关于色诺芬、克兰托尔(Crantor)和其他早期学园成员那里也是如此。关于这个问题参看彻尼斯书,卷1,*passim*。

② 关于《书简七》的作者可能的意图,参埃德尔斯坦,《柏拉图的〈书简七〉》,尤参页108-114。
埃纳尔森,在 A. J. P. 61 (1940),页366中也反对认为《厄》作者是造假者,同样耶格尔,《教育:希腊文化理念》,前揭,卷3,页214 也反对这种说法。然而后者断言学园委托菲利普(Philip)修订和完成《法义》,因此《法义》必定被视为未完成的作品。最后的一个推论本意是要支持耶格尔自己的信念,即认为《法义》是未完成的;但是并不确定《厄》作者是否这样认为,因为他并没有把其附加部即《厄》当作《法义》本身的一部分(参973a1-b6注)。我们在这个问题上仅有的旁证是亚里士多德;并且他明显认为《法义》是完稿,因为他说在这里描述的教育同在《王制》中描述的教育是相同的。

题,和关于伴随着作为非理性现象之源的居间生物的生物种类问题。一旦柏拉图被当作《厄》的作者,那么为了支持这个世界图景,就要质问他伟大的著作权;且反过来,他自己的作品也会按照《厄》作者的理解方式来解读。①

---

① 关于把《厄》的特定学说归属于柏拉图,参"《厄》的影响和柏拉图教条的形成"。

《厄庇诺米斯》,亚里士多德和早期学园

塔 兰

奥波斯的菲利普,《厄》名义上的作者,却缺乏足够证据表明其关联,于是理应更多考虑《厄》同亚里士多德和其他早期学园成员的思想之间可能存在的联系。这样的研究既有助于建立起一种历史性的语境,而《厄》作为对柏拉图的解释正立足于其中,还有助于检测关于早期学园本质的推论,这种本质正出自对话之中,因为,一方面就那些认为这是柏拉图的作品的人来说,《厄》是柏拉图晚年教育的证据,而耶格尔则运用《厄》勾画早期学园的学说图景。①

一、亚里士多德

《厄》同亚里士多德的作品或有关联,但此问题复杂,也常与《厄》的著作权问题相关。因此,为了捍卫柏拉图的著作权,泰勒和哈瓦德主张,亚里士多德在许多地方不同于那些了解这部作品的人。另一方面,诸多认定《厄》为伪作之人均认为,《厄》受到斯塔吉拉哲人(Stagirite)②学说的影响。然证实或证伪柏拉图的著作权身

---

① 参耶格尔,《亚里士多德》,页133及以下。埃纳尔森(A. J. P. 61, 1940,页369)观点相近,即"若《厄》为伪作,那该对话与早年亚里士多德存留文字,均为我们的最好文献资料,以研究同柏拉图生活相近及其死后不久的晚期学园哲学"。

② [译按]这里指亚里士多德,他出生在斯塔吉拉。

份，均证据不足，即使可以确定要么亚里士多德已经知道《厄》，又或是《厄》作者受亚里士多德的影响，不过，这两种可能性都十分重要，甚至有益于讨论。① 我们必须重视的不只是亚里士多德的现存论文，而且还要注意其佚失作品的零散证据。后者常常被认作[141]亚里士多德早期作品，其中所持的学说要么同柏拉图相同，要么是同他相近，以致能够研究亚里士多德在柏拉图主义方面的变革。有人否认在亚里士多德思想中存在早期柏拉图化的阶段，不过他们也认为佚失作品要比现存的论述要早；从而，重要的是确定在以下二者之间是否存在任何可能的联系，即一方面是《厄》，而另一方面是《劝勉》和《论哲学》(De Philosophia)，《厄》经常同这后两部亚里士多德的佚作相比较。

从亚里士多德对《厄》的了解开始，这方面相关证据不足，而且泰勒和哈瓦德在亚里士多德的现存文本中发现的对《厄》的引用，也无法证实此事。事实上，大多数学者就算最近否定了《厄》的柏拉图作者身份，却也承认这事。这个问题至少要由一个精细的文本分析来得到确切的解决。②

更值得论争的是，《厄》是否背离亚里士多德的学说，如果是，

---

① 即使能够证明亚里士多德知道《厄》，这也不能被当作柏拉图作者身份的证明，除非亚里士多德引用了柏拉图的名字，抑或清楚表明他提到《厄》时头脑中想到的是柏拉图。另一方面，即使《厄》受了亚里士多德的影响，仍可以是柏拉图作品，因为可以认为后者根据亚里士多德的学说或评论修改了自己的观点。但是，如果能够有理由说明《厄》作者尝试着把亚里士多德的概念赋予柏拉图，并且因此在《厄》中造成了柏拉图学说的混乱，那么这个问题就完全不同了。这似乎是同《厄》中对五个简易形体的引介相关联。然而，就算没有证明亚里士多德对《厄》的影响，作者对柏拉图论题的误解也是该作品伪柏拉图身份的最确凿的证据。

② 对于这种所谓的引用参哈瓦德，页 29–30。哈瓦德的两个论点在评论中得到解决，第一，《论动物各部分》(De Part. Anima) 430a18–19 是对《厄》982a7–b2 的引用；第二，《灵魂论》430a18–19 是对 980d8–e1 的引用。《灵魂论》411a11–13 的文字ἐπιζητήσειε γὰρ ἄν τις καὶ διὰ τίν᾽ αἰτίαν (转下页注)

背离程度如何。先谈《劝勉》,尽管它试图展示相对立的东西,但其确切或相对的时间表,仍不清楚。① 但是如果《劝勉》是一部早期作品,[142]那么就没有理由认为,它影响了《厄》作者,即使现代学者已经承认,支持该论点的那些片段真实可信。② 可以确定的是,

---

(接上页)ἡ ἐν τῷ ἀέρι ψυχὴ τῆς ἐν τοῖς ζῴοις βελτίων ἐστὶ καὶ ἀθανατωτέρα 引用了《厄》984d 及其后文,然而哈瓦德认为其不大可能,因为据亚里士多德本人所说,那些持有这种理论的人否定了这些东西是ζῷα,尽管它们包括灵魂,而这正是《厄》作者认为他们所是的东西,即καὶ τὸ μὴ λέγειν ζῷα ψυχῆς ἐνούσης ἄτοπον。参《厄》981d - e 和984b - c,并同亚里士多德的以下文字相比较,《灵魂论》411a15 - 16 καὶ τὸ μὴ λέγειν ζῷα ψυχῆς ἐνούσης ἄτοπον。最终,哈瓦德采纳了泰勒的论点(Mind N. S. 34 [1925],页 357 - 358,泰勒,《柏拉图》,页 498 和注 3),认为ὅτι μὲν οὖν πλείους τῶν φερομένων αἱ φοραί, φανερὸν τοῖς καὶ μετρίως ἡμμένοις· πλείους γὰρ ἕκαστον φέρεται μιᾶς τῶν πλανωμένων ἄστρων,这些在《形而上学》1073b8 - 10 中出现的文字是对《厄》987b7 - 9 的一种攻击,既然后者否认亚里士多德所断言的东西,即行星拥有复杂的运动。但是这种所谓的引用却是基于对《厄》987b7 - 9 的误解,并因其而犯下错误。此外,亚里士多德在《形而上学》中并没有攻击任何人,而只是介绍了他的学说,即除了第一个球体运动以外,行星至少还拥有两种运动。参 1073b10 及其以后内容,在这里问题被上升到这些运动的实际数目,紧跟着的是欧多克索斯的理论,他认为太阳和月亮各自拥有三种球体等等。

① 《劝勉》同《厄》存在可能联系,关于此问题,埃纳尔森(页 272 - 277)认为既然《劝勉》包含争论,以反对伊索克拉底的《交换》,而后者成书于公元前 353 年,那么《劝勉》一定是在那个日期之后不久出版。然而,P. von der Mühl, Ph. 94 (1941, 259 - 265),却得出了相反的结论,认为伊索克拉底在《交换》中逐字引用《劝勉》。《交换》攻击哲学,设若假设是在故意攻击柏拉图,就容易理解。此外,留存下的《劝勉》,如此零散且不得要领,以至于重构该作品也只能是大致的轮廓;在一个纯内在的基础之上,尝试建立起该作品的年代学,实属不易,因为通常来讲,对于保存完整的作品,作如此研究的可能性尚且不大。

② 接下来的讨论将要限制在此范围内。这里没有必要探讨《劝勉》的重建问题本身,尽管在我看来它还没有被证实,而且也不可能是扬布利科斯(Iamblichus)的《劝勉》包含了亚里士多德佚失作品的长段摘录或(转下页注)

《厄》是多种劝勉的一种，但是其中所有劝勉因素，均可以说受柏拉图影响。此外，埃纳尔森意图把关于人生苦痛的离题话，解释成对亚里士多德在《劝勉》中所用论题的误解，而此意图之误，正是基于对《厄》文本的误解。在《厄》中有柏拉图的因素，却不会在亚里士多德的《劝勉》中找到；两种文本均各自受柏拉图影响，对于《厄》和后者来说共同的那些东西就很容易解释。① 也是由于误解，认为《厄》把智慧的实践和理论方面相结合，而且将"神人谱系"（theogony and zoogony）理解为离题论述，此解释也同样可以说受到亚里士多德的影响。

认为《厄》定然受到《劝勉》影响的人最为重要的主张就是这些。没有比尝试着把《厄》同《劝勉》的次要学说相联更为中肯的了。② 这些例子阐明假说的类型，也是解释的根基。一些人认为 εὐδαιμονία 这一概念来自于《劝勉》，因为在两部作品中，完全的幸福均只有在来生才可能，还因为亚里士多德谈到了 νῆσοι μακάρων，而偏爱正反对比法的《厄》作者把它转换成 εἴτε τις ἐν ἠπείροις εἴτ' ἐν νήσοις μακάριος ὢν ζῇ。③ 一些评论者如耶格尔和德斯·普拉斯认为，亚里士多德把学园中的生活称作福人岛的生活，而《厄》也做了同样的事。④ 现在，只有智慧能在此生赐福于我们，[143]并使我们来

（接上页）是解释。事实上，没有证据表明，扬布利科斯引用了这部分作品。即使我们能够确定此事，没有独立的证据标明亚里士多德说过什么，也就不可能找到亚里士多德的论述。因此，除非我们准备作循环论述，否则我们就需要更多的可用证据来证明，扬布利科斯的文字有部分是《劝勉》的片断。

① 即使埃纳尔森对《劝勉》和《厄》的理解均是正确的，如此解释也尤其受到柏拉图影响；但实际上，《厄》中的"劝勉"同《欧蒂得谟》的劝勉没有什么共同之处。

② 在974d及其以后的内容中，关于技艺划分，参"柏拉图的论题及《厄》的结构"，第2部分。关于975a4-5的内容，参相关评论。

③ 参残篇58（罗斯）；忒勒尔，页350。

④ 参耶格尔，《亚里士多德》，页98和注1，德斯·普拉斯，R. E. G. 50(1937)，页326，《品达与柏拉图》（Pindare et Platon），页141；哈瓦德，页141，埃纳尔森，页282，及注71。

生更完美,这样的概念可以在《斐多》和其他柏拉图作品中找到;而且可以发现在《厄》作者提到智慧的幸福的文字中,他依赖于《斐多》,就如同依赖于《斐德若》。① 至于《劝勉》,值得注意的是由罗斯(Rose)收集的,并作为《劝勉》第58残篇的两部文本,西塞罗的《荷尔顿西乌斯》(Hortensius)和扬布利科斯的《劝勉》根本就没有提到亚里士多德,当前者在同福人岛的关联中提到死后的生活,后者则提出了一种向彼岸移动(removal thither)的假说,作为判定此生的标准。② 因此,有可能亚里士多德在他的《劝勉》中根本就没有提到福人岛;而且,就算是他提到了,我们也无从知晓他在哪个文本中提及此事。另一方面,我们的确知道柏拉图在同福人岛的联系中把这二者都归属于此世和来生。在《高尔吉亚》的终末神话中,他表明贤德之人尤其是哲人在来生会去到福人岛,③而在《美诺》中,苏格拉底用反讽的口吻谈到了葬礼演讲的影响,苏格拉底说只有在第四或第五天确切知道自己是谁,那时他意识到自己并没有生活在福人岛。④ 在《王制》中,我们同时找到了两个概念。⑤ 此外,很清楚的是《厄》992b8 - c1是指身后事,而尤其重要的是除了岛屿以外,在这里提到的"大陆"是由于作者对《斐多》的依赖,奇怪的是这个事实被许多学者和评论者忽略了。⑥ 简而言之,这里没有理由认为

---

① 参以下注释:973c6 - d1,986d1 - 2,986d3 - 4 和 992b8 - c1。

② 参残篇 58(罗斯);西塞罗据奥古斯丁的说法在《荷尔顿西多斯》中说(页68,2 - 4 [罗斯]):Si nobis... cum ex hac vita migraverimus, in beatorum insulis immortale aenum, ut fabulae ferunt 等等;而扬布利科斯则认为(《劝勉》,页53,页 2 - 4 [Pistelli]):ἴδοι δ' ἄν τις ὅτι παντὸς μᾶλλον ἀληθῆ ταῦτα λέγομεν, εἴ τις ἡμᾶς οἷον εἰς μακάρων νήσους τῇ διανοίᾳ κομίσειεν(罗斯在这里省掉了三行)。

③ 参《高尔吉亚》526c1 - 5。

④ 参《美诺》235c1 - 4。

⑤ 参《王制》519c5 - 6,其中语调是反讽的,而在540b6 - 7 中,采纳了真正卫士的将来生活的内容。

⑥ 参 992b8 - c1 注。

《厄》作者受到影响,更不用说柏拉图本人。

我们更好地了解了亚里士多德的《论哲学》(Περὶ φιλοσοφίας),因为我们拥有一定数量的归于该书之下的文本。① 此外,它相关的时间表,部分可以依照亚里士多德在《物理学》中的引文判断。② 《论哲学》也许本就[144]是一个对话,尽管并不确定,③而且也许是在亚里士多德事业的早期写成。在讨论同《厄》可能的联系时,我们应该跟随后者文段的次序,它已经同亚里士多德的作品做了比较,既然文本最初归因于《论哲学》的次序并不总是确定的。④

ἡ περὶ σοφίαν ἀπορία καὶ ζήτησις 在《厄》974c3 中的表达被认为受到《论哲学》残篇 1(罗斯)的影响,因为在这里出现的 ἀπορία καὶ ζήτησις 的混合,并没有出现在柏拉图的文本中。然而,这个表达十分独特,以至于两个作者各自用到它;而且,既然普鲁塔克并没有一字不差地引用亚里士多德,Adv. Colotem 1118c 中的 ἀπορίας καὶ ζητήσεων 也许是他自己的文字,而根本不是亚里士多德手笔。还有,《厄》中的内容极有可能依赖于柏拉图的《申辩》(Apolo-

---

① 并不是所有宣称属于《论哲学》的文本,都能被当作是其片断,而且以下的区分十分重要:第一,那些极有可能依赖于这部作品的文本;第二,那些可以回到《论哲学》的文本;第三,以及那些不能回到它的文本。我简短地讨论了,这部作品和《厄》比较,哪些内容是中肯的。

② 在《物理学》194a35 - 36 中,亚里士多德为了 τὸ οὗ ἕνεκα 的两种意义而引用《论哲学》,而在《形而上学》中,预设了《物理学》中两章的内容。参塔兰,A. J. P. 87(1966),页 465 - 466 及参考文献。

③ 吕多斯(Priscianus Lydus)的论述涉及从 Sol. 到 Chors. 的内容(42, 2 - 3[柏瓦特丁]),由此可见,对话中所写的东西正是《论哲学和论宇宙》。这些被柏瓦特、罗斯、瓦尔泽(Walzer)、罗瑟及其他人用来作为证据,指明主题,而非涉及题目;此外,极有可能的是,这部作品对他来说容易得到。关于这两个问题,参彻尼斯书,G. 31(1959),页 38 和注 2;塔兰,A. J. P. 87(1966),页 466 - 467。

④ 我们清楚,《论哲学》曾出现于三部文本之中。一些片断可以被指派给它们中的这个或那个;但是对于大多数文本来说,并不是问题。

gy),在后者中并未提到习语 γνῶθι σαυτόν[认识你自己],而据普鲁塔克所说,正是这个谚语促使亚里士多德提到苏格拉底。①

《厄》974d8－976e4 中对智慧的探寻被分为五个步骤,在其中,前四个步骤被驳回,而这段文字时常被认为受到亚里士多德《论哲学》中一段文字的影响,这段文字也指定了人演进到智慧的五个步骤。这段文字出自菲罗波纳斯(Philoponus)②《从尼罗马可序到数学》Ia, 8－42(Hoche), 罗瑟(Ross)、柏瓦特(Bywater)以及其他人把这段文字归属于《论哲学》,并把它作为该作品的第八个片断。③甚至除了菲罗波纳斯和《厄》之间的不同之处以外,④前者的这段文

---

① 参 974c3 注和 974c4－5 注。埃纳尔森(页 279,注 57 和 58)把自己的注意力集中在《厄》同《申辩》的联系之上。因为 γνῶθι σαυτόν 同苏格拉底相关联,参《斐德若》229e－230a;但是,这段文字同《申辩》342e－343b 都没有表明或是暗示,苏格拉底开始对德尔菲神谕哲学化。对于 ἀπορία καὶ ζήτησις 的混合参塞克斯都, *Adv. Math.* 卷 7,页 393(276,9－12[Bekker])和卷 8,页 156;前者的文字表明混合是平常事。此外,值得注意的是,普鲁塔克的 *Adv. Colot.* 1118C 也许并不出自于《论哲学》(参 kail, *De Aristotelis dialogis, qui inscribuntur* "*de philosophia*" *et* "*Eudemus*", 页 71－72; Gigon, "Die Erneuerung der Phiosophie", 页 46)。

② [译按]菲罗波纳斯:大约生活于公元 490 年至 570 年的亚历山大里亚,一个基督教的新柏拉图主义者,影响了后世的科学家,直至伽利略。参看《牛津古典辞典》前揭,第 1168 页。

③ 参柏瓦特, *J. P.* 7(1877),页 64－75,还有海德尔,页 75 和注 9,埃纳尔森,页 271,注 29,费斯蒂吉埃,卷 2,页 587－591,罗瑟、翁特施泰纳(Untersteiner),和其他人。

④ 《厄》中的五个步骤是:第一,必备技艺;第二,好技艺;第三,防御之术;第四,ἄτοπος δύναμις;第五,智慧。在《厄》中,没有明确或是隐含地提到诸种灾难(cataclysms)。菲罗波纳斯的文本可溯源自阿莫尼乌斯(Ammonius),正如他对尼各马可(Nicomachus)评论的其余部分一样;阿斯克勒庇俄斯(Asclepius)的评论展示了阿莫尼乌斯的演讲,因此阿斯克勒庇俄斯的版本更受青睐,因为在类似文字中,菲罗波纳斯的叙述毫无新意,仅是重复阿斯克勒庇俄斯的内容,又或者重复其他相近版本的内容。(关于整个问题,参 *Asclepius* (转下页注)

字当然[145]不是佚失的亚里士多德作品的片断。① 此外,正如所说那样,《厄》974d8-976e4 展示了某些独特之处,它们只能通过作者对柏拉图的依赖得以解释,以至于任何其他亚里士多德的影响也被排除在外。②

(接上页)*On Nicoma-chus*,页 6-17。)现在,由菲罗波纳斯和阿斯克勒庇俄斯描述出来的五个步骤是(In Nic. Isag. Ia, 15-49[Taran]):第一,必备的智慧[食物];第二,技艺的智慧(木工,建筑等等);第三,政治的智慧[礼法和其他保护城邦的方式];第四,关于自然的思索;第五,哲学,即关于神与永恒……及其他相近的一切的智慧。这段文字同《厄》的不同之处比它们之间的相近之处更加显著;因此,举例来说,在阿斯克勒庇俄斯和菲罗波纳斯那里,没有提到好技艺,也没有提到ἄτοπος δύναμις和βοήθεια;它的前两个种类在《厄》中是包含在必备技艺中的;第三和第四种在《厄》中是第五种的一部分。

① 参彻尼斯,G. 31(1959),页 38 和注 4 和 5;W. Haase, *in Synusia*,页 323-354;塔兰,*A. J. P.* 87(1966),页 467-468。

② 参"柏拉图的论题和《厄》的结构",第 2 部分,前揭。其他据说影响了《厄》974d-977b 的亚里士多德式的文段如下:埃纳尔森,页 282,发现《劝勉》的片断 53(罗斯)提到了大灾难,但是大灾难的理论并不能在《厄》中找到,而它却出现在柏拉图的作品中(《蒂迈欧》22c,23a-b,《克里提阿》109d,《法义》677a)。忒勒尔,页 349 引用了《劝勉》的第 52 段断片(罗斯),因为同样在亚里士多德那里,通往智慧的道路也是通过某些τέχναι καὶ φρονήσεις;但是这一点同样可以在柏拉图的文字中找到(参《王制》428a-429a;另参注释 325,前揭)。亚里士多德,《形而上学》981b13 以下和 982b28 以下(《劝勉》,残篇 82[瓦尔泽])被以下人所引用,海德尔,页 77 及注,埃纳尔森,页 279 和德斯·普拉斯,页 134,注 3,要么是作为同《厄》的对照,要么是作为对《厄》有影响的文字。在《形而上学》981b13 及以下,我们同样找到了智慧(σοφία)意思的改变;但是在《形而上学》中,这样的改变最终是同典型的亚里士多德的概念相联的,这样的概念并没有出现在《厄》中,例如,好技艺的发明者(πρὸς διαγωγήν)被认为比践行必备技艺之人更加明智(διὰ τὸ μὴ πρὸς χρῆσιν εἶναι τὰς ἐπιστήμας αὐτῶν),总的来说,亚里士多德运用了这个同样出现在柏拉图的文字之中的结构,必备技艺—好技艺—科学,并把他自己的概念用于其上,即σοφία在真正的意义上回答了διὰ τί的问题。这就是为什么他宣称好技艺要高于必备技艺;但是《厄》作者和柏拉图一样会反对这个,因为对他们来说,很多的必备技艺是(转下页注)

海德尔认为,《厄》981c 及以下对生物的五个种类的介绍,是由于《论哲学》第 23 段残篇（罗斯）的影响。① 尽管西塞罗在《论神性》(De Natura Deorum)第二卷的 15 和 42 两处提到亚里士多德,而且也许它最终就来自于亚里士多德的作品,但由巴尔布斯（Balbus）所展示的论述被斯多亚概念所破坏,既然那段文本处理了四个而并非五个简易物体。② 所以巴尔布斯仅仅提到了四种生物;但是我们假定亚里士多德的原始文本中有五种,因为没有那样的关于《论哲学》的证据,而且甚至无法确定在亚里士多德的现存论著中,是否会承认在火的领域有动物的存在。③ 然而,重要的是亚里士多德尝试着通过类推来论述,既然有分别包含土、水和气等元素的生物在其中存在,那么也应该有生物活于以太之中,即活于天体,由以太组成并被赋予灵魂。然而,在《厄》中,我们发现其论述既不是通过类

（接上页）基于知识的,而许多的好技艺仅仅是一种接近于模仿的游戏。

① 参海德尔,页 76,注 12。
② 参彻尼斯,卷 1,页 596。
③ 耶格尔,《亚里士多德》,页 147 - 149,他从阿斯克勒庇俄斯和菲罗波纳斯（参《论哲学》,残篇第 22［瓦尔泽］）处引用了有影响力的文段,并坚持认为亚里士多德在《论哲学》中假设了火性动物的存在;因为,耶格尔认为据亚里士多德所说,阿斯克勒庇俄斯和菲罗波纳斯所说的关于火性动物（fire - animals）的内容不会来自于《动物志》(552b10 及以下),因为《动物志》并未提到,动物在火中出生并终其一生活于火中。耶格尔并没有注意到,他否定的内容,却得到了亚里士多德的暗示,因为据说昆虫离开火就会消亡。不过,不能假定亚里士多德在《动物志》中明确认识到了动物在火中存在,因为在那里提到的动物是生于我们的火的地区,而亚里士多德本意是要否认有动物生于宇宙的火的地区（顺便说一下,这正是西塞罗在《论诸神的本质》卷 2,页 15, 42 中要做的论述）。这一点正好是他自己在《论动物的生成》761b13 - 22 中提出来的,当论述到某个第四类的动物（除了土、水和气）并不能在火中寻找,因为它没有自己的形状,而ἐπὶ τῆς σελήνης· αὕτη γὰρ φαίνεται κονωνοῦσα τῆς τετάρτης ἀποστάσεως。这并没有暗示它们就是火性动物。在 737a1 中（另参 Meteor 382a7）,亚里士多德明确表述火并不能生育动物。他并不认为在月球上会有这样的动物存在,而值得注意的是在这里的整个分类是尝试（转下页注）

比,也不是基于天体的完美同物质因素特征联系的结果。海德尔坚持认为《厄》中五类简单形体的学说是基于五类生物的存在;但这个问题正好相反:从五种简单形体的存在,作者演绎出这里有五类生物,正如在《厄》981b - c 中所展示的那样。① 既然对一个第五类的简单形体的介绍会造成作者笔下生物种类方面的困难,既然他似乎没有留心以下事实,即一个位于火和气之间的第五类的简单形体的存在,防止了水、气和火的相互转化,且《厄》预示《蒂迈欧》的立体几何学现象是有意为之,那么,极有可能《厄》正尝试着把亚里士多德的学说加于柏拉图笔下。我们无法确定,从《论哲学》中,《厄》获得了关于亚里士多德以太学说的知识;但是至少存在这种可能性,因为有证据表明这个学说出现在该作品之中。②

同样也有论述认为《论哲学》的第 24 段残篇(罗斯)同《厄》982b 及以下不一致,并且认为前者影响了后者。③ 然而,[147]如果《厄》表明,恒星的旋转是自发的,它之所以如此,是因为这些运动是智慧灵魂的运动;而在柏拉图的安排之中,这样的安排也是《厄》所赞同的,灵魂的运动必定是自发的,因为灵魂就是自我运动。④ 从另一方面来说,亚里士多德在第 24 段残篇中提出了运动的三重

(接上页)性的 (尤参 761b13 - 14 τὰ μὲν γὰρ φυτὰ θείη τις ἂν γῆς, ὕδατος δὲ τὰ ἔνυδρα,τὰ δὲ πεζὰ ἀέρος),而且在不同文本中的分类不同,尽管他似乎总是试图回避火性动物的问题。参佩克(peck),《亚里士多德及其〈动物志〉》(Aristotle, Hist. Animal.),卷 1,页 77 - 89;佩克似乎要以不同的方式来解释《动物志》中的这段文字。(当墨尔兰[Merlan]在《希腊哲学》,页 34,注 1 中表明《论动物的生成》761b17 - 22 谈到火性恶魔时,他不只是误解了这段文字,还将其归于亚里士多德名下,此做法过于武断,亚氏不曾有此概念。)

① 参《厄》981b3 - 6 和 984b6 - c4。
② 参彻尼斯,卷 1,页 592 以下。
③ 参海德尔,页 76,注 15;耶格尔,《亚里士多德》,页 153 - 155,贝蒂(Berti),《亚里士多德的第一哲学》,页 408。
④ 《厄》中,灵魂作为自我运动,参 980d6 - 7 注和 988d1 - 2 注。

划分,即自然的(natural)、被迫的(enforced)和自发的(voluntary),这在《厄》中却找不到任何痕迹;①而更重要的是,如果西塞罗在《论神性》第二卷的 16 和 44 两处的论述是来自于《论哲学》的话,那么天体的自发运动就不会是基于灵魂的自我运动,因为我们所知,此作品似乎排斥任何种类的自我运动者。②

宇宙旋转不可改变的次序,此概念可以在《厄》、亚里士多德和柏拉图文字中找到;而且由于《厄》依赖于柏拉图,那么就不能说亚里士多德对《厄》产生影响。③ 西塞罗的一段文字(《论神性》卷二,页 16 和 43),出现在《论哲学》第 23 和 24 残篇(罗斯)之间,也提到了这个概念。但他不会受亚里士多德影响,因为在前者的文字中,存在斯多亚的学说。④

《厄》作者强调了宇宙的神圣性,并且在 984d5 – 7 中,认为天体

---

① 这种对运动的三重划分同亚里士多德现存论文中的学说是相吻合的,参彻尼斯,卷 1,页 597 – 598。

② 因为不动的动者(unmoved mover)这个概念出现在《论哲学》中(这是从以下事实推断出来的,即不动的动者的概念同 τὸ οὗ ἕνεκα 的两种意义联系在一起,因为它,《论哲学》在其中被引用[参彻尼斯,卷 1,页 591 – 595])。作为最终的目标,这个不动的动者,排除了亚里士多德拟出一个自我运动的第五类本质的可能性。Graeser, M. H. 27(1970),页 24 – 25 和注释 23,他也反对耶格尔,认为《厄》982b – c 应该同亚里士多德形成对比,因为第 24 段残篇暗示了最终的目标,即不动的动者。亚里士多德并没有在这部作品中把灵魂和第五项本质等同起来,参彻尼斯,卷 1,页 595 – 602。在《论哲学》中,亚里士多德称以太为第五元素(esence)或是第一物质,这无法确定;但是,由于证据并不同论文中的以太概念相对立,那么这里也并非没有可能,第五元素的名字是来自西塞罗和其他人,而并不是出于亚里士多德自己之手。对于最近的一次考察,在《论哲学》的编纂传统中关于书目以及同以太相关的问题,参 Moraux, R. E., 卷 24(1963),1210 及以下。

③ 参 982a7 – b2 注。

④ 这是对耶格尔的反对,《亚里士多德》,页 150 – 153,耶格尔认为这段文字针对《论哲学》,参彻尼斯,卷 1,页 596 – 597。星体受来自地上和海中散发物的滋养,此概念属于斯多亚,而不是亚里士多德。耶格尔竟然(转下页注)

这种神圣生物是 θεοὺς δὲ δὴ τοὺς ὁρατούς, μεγίστους καὶ τιμιωτάτους...,τοὺς πρώτους。据说,亚里士多德在《论哲学》的第 18 个残篇(罗斯)中,已经称[148]宇宙为 ὁρατὸς θεός。然而,柏拉图自己已经强调了天体的神圣,并称宇宙为 ζῷον ὁρατόν..., ..., ... θεὸς αἰσθητός, μέγιστος καὶ ἄριστος κάλλιστός τε。① 上面的论述表明,《厄》在这方面依赖于柏拉图,而且现在也许还要加上亚里士多德,因为第 18 段残篇就已经表明亚里士多德反对《蒂迈欧》。② 此外,《厄》作者提议建立一个立足于宇宙崇拜的新宗教,这正是解释《蒂迈欧》的一段文字;尽管这里没有证据表明亚里士多德称宇宙为诸神的庙宇,但这样的概念在《厄》中却有清晰暗示。③

为了生物范畴方面的一致,《厄》985c1－6 提出了对一些现象的解释,据《厄》作者所说,这些现象是流行的宗教信仰的起源。同样在这段文字中,《厄》作者要特别感谢柏拉图,尽管其反讽论述似

(接上页)坚持认为在《厄》中,尘世生物的物质构成,同次序的缺乏以及它们灵魂中的非理性因素相关,而星星的空气般(etherial)(原文如此)的构成同他们精神的完美相关;但无论在《厄》中还是在柏拉图笔下,任何生物的物质构成同智慧和完美程度都没有什么关系。

① 参《蒂迈欧》92c6－8。

② 参《论哲学》,第 18 段残篇(罗斯):Ἀριστοτέλης δὲ μήποτ' εὐσεβῶς καὶ ὁσίως ἐνιστάμενος ἀγένητον καὶ ἄφθαρτον ἔφη τὸν κόσμον εἶναι, δεινὴν δὲ ἀθεότητα κατεγίνωσκε τῶν τὰ ἐναντία διεξιόντων, <u>οἳ τῶν χειροκμήτων οὐδὲν ᾠήθησαν διαφέρειν τοσοῦτον ὁρατὸν θεὸν ἥλιον καὶ σελήνην</u>, καὶ τὸ ἄλλο τῶν πλανήτων καὶ ἀπλανῶν ὡς ἀληθῶς περιέχοντα πάνθειον. 划线部分表明亚里士多德在攻击《蒂迈欧》;因此,并不能依照这段文字就论述说,亚里士多德已经为他自己的学说而采用这些词汇。τοσοῦτον ὁρατὸν θεόν 和 περιέχοντα πάνθειον 表明亚里士多德尤其把《蒂迈欧》92c5－9 记在了脑中,其中 καὶ <u>ἀθάνατα ζῷα λαβὼν καὶ συμπληρωθεὶς ὅδε ὁ κόσμος οὕτω, ζῷον ὁρατὸν τὰ ὁρατὰ περιέχον</u>, ... θεὸς αἰσθητός, κτλ.。

③ 这个概念并没有出现在亚里士多德那里,参彻尼斯,G.22(1950),页 212,注 2。此外,亚里士多德甚至在他的早期作品中相信最高的神是无形体的(参第 49 和 61 段残篇[罗斯],及彻尼斯,卷 1,页 592),而在《论哲学》中,提到了不动的动者的学说。

乎有时并不为《厄》作者所理解。① 这段《厄》的文字有时拿来同《论哲学》(*De Philosophia*)的第10残篇(罗斯)做比较。据塞克斯都·恩披里柯(Sextus Empiricus)所述,②亚里士多德在这里为人的理念和神的存在提供了两个原因:第一,灵魂的经历;第二,关于天体的思索。在第一类中,我们发现了一些在《厄》中提到的现象,即灵魂在睡梦中的预言和占卜能力。第二个原因,即是出自意图的论述。但是,尽管《厄》所提供的解释是心理上的,而亚里士多德的解释仍是历史性的,因为后者打算解释最初的人类是如何发现神的概念的。③ 尽管《厄》抱怨对宇宙神圣的无知,[149]这种神圣在宇宙的次序中显而易见,据亚里士多德所说,人尊重神,神拥有有序运动的名誉,正是因为他的确意识到了宇宙的次序。

《厄》988d - e 同《论哲学》并没有什么共同之处,因为亚里士多

---

① 参以下注释:285c2 - 3,c2,c3 和 c4,这些对应文段表明作者依赖于《会饮》和《蒂迈欧》71a - 72b;在两部文本中,《厄》作者都误会了柏拉图的反讽,参 975c6 - 8 注。

② [译按]塞克斯都·恩披里柯:物理学家和哲学家,据说曾居住在亚历山大里亚、罗马或是雅典。他的哲学作品是现在保存最完整的对希腊和罗马怀疑主义的描述。

③ 可以肯定的是,耶格尔在 *Aristoteles*,页 164 - 167 中,同对《论哲学》的重构一致,他论述到,亚里士多德正尝试着解释神存在的主观信念,并不是解释神存在的历史性根源。不过塞克斯都的文本并无疑问。参第 10 段残篇(罗斯):'Ἀριστοτέλης δὲ ἀπὸ δυοῖν ἀρχῶν ἔννοιαν θεῶν ἔλεγε γεγονέναι ἐν τοῖςἀνθρώποις, ἀπό τε τῶν περὶ ψυχὴν συμβαινόντων καὶ ἀπὸ τῶν μετεώρων… ἐκ τούτων οὖν, φησίν, <u>ὑπενόησαν</u> οἱ ἄνθρωποι εἶναί τι θεόν τῶν… ἀλλὰ δὴ καὶ ἀπὸ μετεώρων … <u>ἐνόμισαν</u> εἶναί τινα θεὸν τὸν τῆς τοιαύτης κινήσεως καὶ εὐταξίας αἴτιον. 另参彻尼斯,A. J. P. 56(1935),页 268。

在这样的联系中,可以十分有趣地发现亚里士多德同《厄》作者在关于行星名字的起源问题上的不同观点。尽管后者(正确地)宣称,行星接受了传统诸神的名字,这是因为名字来自东方(986e - 987b)。亚里士多德在《形而上学》1074b1 - 10 中暗示了相反的一面,要么行星最初就是克洛诺(转下页注)

德在第 6 段残篇(罗斯)中提到的伊朗二元论(Iranian dualism),并不能合理地同《厄》的学说联系起来。如果说它的对立面经常得到确认,那只是因为《厄》988d－e 的意思是指有两种世界灵魂的存在,一种是邪恶的,而另一种是善好的。这样的解释已经在上面被否定了,而且在这里只是表明,没有证据显示亚里士多德会把这样的一个学说也归于柏拉图的名下。①

亚里士多德的论述同《厄》有一些相似之处。这些在该作品的其他部分得到处理,而仅需表明的是,这些相似之处并不能暗示其中一个作者对另一个的依赖。② 这里可以想到两个问题,而它们都没有出现在柏拉图的作品中。《厄》作者和亚里士多德提到了关于天体奇大无比的证据。③ 然而,在《厄》中,这个概念是关于天体是神圣存在论述的一部分,而这并不是亚里士多德要处理的问题。两个作者均是指遥远的古代东方对天体的观察。④ 值得注意的是两个话题都同其他学园中人的兴趣相关,而且尤其同欧多克索斯的活动相关。

另外一种《厄》同亚里士多德的巧合之处时常为人所忽略,那就是二者都倾向于用同样的方式解释柏拉图的一些学说。因此,二

(接上页)斯、宙斯等等,要么就是最初的物质(在文中这也指那些行星),人类学上的和历史学上的同化出现较晚(参罗瑟,《亚里士多德的形而上学》,卷 2,页 395－396)。简而言之,《形而上学》的这段文字同信仰上帝的第二个历史性原因相一致,这一点是在第 10 段残篇中出现的(罗斯)。

① 耶格尔在《亚里士多德》,页 133 及其以下,把《论哲学》与普鲁塔克和 De Iside 370E(或参 C－E)联系起来,这已经为瓦尔泽、罗瑟、翁特施泰纳和其他人所接受。但,就算不谈如下事实,即普鲁塔克没有谈及两种世界灵魂,这段文字也绝非属于《论哲学》。亚里士多德归于柏拉图的邪恶学说,并不是关于好与坏的世界灵魂的二元论学说,正如在《形而上学》1091b8 及其后文中所展示的那样,耶格尔正是拿这段文字来证明其解释。参塔兰,A. J. P. 87 (1966),页 469－470。

② 参 980d8－e1 注和 982a7－b2 注。

③ 参《厄》982e6－983a8。

④ 参 987a6 注。

者对《理想国》中神秘的 Ἀνάγκη 都有一种物理的解释,并且他们混淆了灵魂[150]的自我运动同运动本身。① 除了五个简单物体的介绍,《蒂迈欧》中的创生神话在《厄》中受到特别的处理,也许是亚里士多德的评论的结果。另一方面,《厄》作者暗中否认了理念的独立存在,而且他对宇宙作为知识和思索目标的处理,也似乎同亚里士多德攻击柏拉图的理念论并不相关。② 此外,亚里士多德也不能同意以下的概念,即宇宙是最终的思索目标。

二、斯彪西波(Speusippus)

斯彪西波也反对柏拉图的理念论,但是我们所知道的他在柏拉图理论中找到的困难之处表明,在这方面,他同《厄》作者并没有合理联系。③ 此外,《厄》作者认为除了灵魂和物体以外,不存在任何居间物(tertium quid),从而使得他否认任何"独立的"思索目标的存在,尽管如此,斯彪西波的确坚持认为这样的"独立"目标的存在,他把这样的目标等同于数学性的数字(mathematical numbers)。不过,斯彪西波并没有把这些独立存在的数字等同于灵魂。④

---

① 参 982b5 – c5 注。

② 《厄》作者默默否认了理论的独立存在,这是通过以下的方式来实现的,他戏剧性地宣称只有两种实体存在,即灵魂和物体,而且没有居间物。亚里士多德对理念论的攻击,立足点不同,与此处论述并无关联。

③ 斯彪西波似乎认为,分音(diaeresis)的方法同柏拉图的理念论不相符,参彻尼斯,The Riddle,页 37 – 43。

④ 关于独立存在的数字和十进制,参斯彪西波,残篇第4(Lang),以及彻尼斯的文献资料,The Riddle,页33 和93,及注释3。据说斯彪西波把灵魂定义为:ἰδέα τοῦ πάντῃ διαστατοῦ,但是与其说这是斯彪西波自己的概念,还不如说是对《蒂迈欧》的一种解释(参彻尼斯书,卷1,页 509 – 511)。无论如何,他的本意不是要把灵魂等同于柏拉图的理念,因为他否认了理念的(转下页注)

尽管出于不同的原因,斯彪西波和《厄》作者比柏拉图更多地赋予数学形而上学的重要性。① 但是,在这里和其他任何地方,都不存在斯彪西波和《厄》在思想上的对应。第欧根尼·拉尔修(Diogenes Laertius)在[151]关于狄奥多罗斯的著作权问题中说,斯彪西波"第一个……观察数学中的共同点,并观察其相互间的一致性"(πρῶτος ... ἐν τοῖς μαθήμασιν ἐθεάσατο τὸ κοινὸν καὶ συνῳδείωσε καθόσον ἦν δυνατὸν ἀλλήλοις)。② 然而,这样的论述必同斯彪西波的概念相关,即作为整个实体的单一科学的知识,而且并不局限于数学,③《厄》的991e1-992a1即是如此。实际上,后者是根据《厄》作者的哲学,对柏拉图的数学科学共同点作一种解释。④

在斯彪西波的作品中,《论毕达哥拉斯学派的数》(Περὶ

(接上页)存在。亚里士多德自己论述道(《形而上学》1028b21-24与第33a段残篇相同[Lang]),斯彪西波假设许多οὐσίαι的存在,并把不同的ἀρχαί分派给每个οὐσία,一个给数字,另一个给数量,还有一个给灵魂,结果这就表明了斯彪西波并没有把灵魂等同于数字或是数量(参琼斯,《普鲁塔克的柏拉图主义》[Jones, *The Platonism of Plutarch*],页73-76)。这些思索否认了索尔杰(Sorge)的新尝试(G. d. M. 22[1967],页30-57)的发现,他试图找出斯彪西波对《厄》的影响,因为索尔杰没有发现《厄》否认了除灵魂和物体以外居间物的存在,这种否认同斯彪西波的学说并不一致,也同柏拉图的学说不一致。

① 对于柏拉图来说,数学科学仅仅是关于真正存在的知识研究的预备教育。然而,在《厄》中,那最终导致天文学的数的科学是智慧;而且对于斯彪西波来说,他认为精确的数正是思索的客体,数学和形而上学几乎可以等同。

② 斯彪西波,残篇卷1,篇2,段4(Lang)。

③ 那就是说,这部文本是同斯彪西波的分音概念相联系的。斯彪西波坚持认为,任何客体的知识依赖于那种使其区别于他物的不同之处的特殊知识;任何知识都预设了其他所有事物的知识,然这里对于斯彪西波来说就只有一种科学。既然他对不同的ἀρχαί假设了不同的οὐσίαι,那唯一的科学必定是具体科学的共同特质(参阅尼斯,卷1,页59-62)。如果第欧根尼·拉尔修的论述仅提到数学科学的共同点,那就不正确,因为在这方面,柏拉图已经走在了斯彪西波的前面。

④ 参991d8-992a1注。

Πυϑαγορικῶν ἀριϑμῶν)已经处理了五个规则多面体,但是并不能确定他自己是否把它们同五个简易物体相联。① 从这些细节上,我们了解了他的天文学概念,也可以从中推断他们同柏拉图和《厄》都不相同。②

最后,尽管斯彪西波似乎提供了对柏拉图的解释,但并没有证据表明他这样做是为了把他自己的学说归于柏拉图名下;这些解释要么同《厄》并不相同,要么根本就不相关。③

三、色诺克拉底

同我们所知道的旧学园其他成员相比,《厄》同色诺克拉底的思想走得更近。也许色诺克拉底本人,抑或是他的弟子,就是《厄》的作者,也许《厄》是联结色诺克拉底哲学和柏拉图哲学的尝试,然则,这两种可能性均被断然排除。许多色诺克拉底的学说根本同《厄》的学说不一致;而且,即使有相近的地方,也必须以处理平常主题的方式和态度来对待它,而不能先入为主,认定其相同。

[152]从相同之处开始,把他自己的概念归于柏拉图名下,正是色诺克拉底的特质,恰与《厄》相同;显然,色诺克拉底这样做是为了回应亚里士多德对学园创建者的责难。④ 因此,色诺克拉底把以

---

① 参斯彪西波,残篇第4段(54,9-10[Lang]),在其中,单词ἃ或是斯彪西波所处理的五个规则固体。τοῖς κοσμικοῖς ἀποδίδοται στοιχείοις 也许只是作者对 Theoogoumena 及其出处的附加说明。

② 有关于其存在的少量证据,参彻尼斯书,卷1,页588-561。

③ 斯彪西波对《蒂迈欧》中创生神话的形而上学解释,参关于《论天》在 Cod. Paris. Gr. 1853 中的评注,及拙著《创生神话》,页405,注152。

④ 参,例如,他准备把五个简易物体的概念赋予《蒂迈欧》,而他对《蒂迈欧》中创生神话的形而上学的理解,以及关于灵魂作为自转的数的学说,都被加进到了《心理学起源》中(参第60段和68段残篇[海因策])。关于色诺克拉底的"方法",参彻尼斯,《谜语》(The Riddle),页43-48。

太当作第五个简易物体,并将其等同于十二面体,又将以太安置在同柏拉图学说中一样的宇宙位置,通过这样的方式,色诺克拉底尝试着把先辈亚里士多德的某个第五元素的学说赋予《蒂迈欧》。或许《厄》作者心中也有同样的目的,但是他解读柏拉图的方式不同。色诺克拉底同《厄》作者一样,着重强调了八个宇宙神的神圣性,它们是外层宇宙和七大行星;而关于这一点,他们都依赖于柏拉图,①但是,无论是在柏拉图那里还是在色诺克拉底那里,都与《厄》不一样,他们把宇宙诸神当作是最高的神灵。② 色诺克拉底和《厄》在精灵学说方面存在明显的对应关系,因为色诺克拉底也假设了精灵的存在,作为诸神和人类之间的居间存在物,精灵拥有神和人的双重品性,并像人一样要经历快乐与痛苦。据他所说,精灵被安置在月亮下面的区域;而且这个问题在《厄》中也同样如此,尽管此说法,并未明确陈述。就像《厄》作者一样,色诺克拉底也利用精灵来解释一些现象,这些现象导致流行的宗教信仰的产生;但是,二者在此就开始出现分歧,因为,色诺克拉底的精灵是不可见的灵魂,而《厄》却认为精灵是由灵魂与形体组成的不可见的存在,并且据色诺克拉底所说,有好的精灵和邪恶的精灵,而《厄》中的精灵却都是好的,因为他们热爱善良的人而憎恶邪恶的人。简而言之,两种精灵学说均成体系地发展了柏拉图在《会饮》和其他对话中的精灵($τὸ\ δαιμόνιον$)的概念;而这种依赖解释了两种精灵学说的相似之处,因为既没有证据也没有任何必要去假设其中一个作者依赖于另一个。③

除了已经注意到的色诺克拉底同《厄》的不同之处以外,前者

---

① 参 986a8－9 注及 986b3－6 注。

② 关于柏拉图和《厄》,参看第一卷,第 6 部分和第二卷,第 5 部分。色诺克拉底坚持认为理念数字才是思索的独立客体,而并不是宇宙;并且在第 15 段残篇中(海因策)表明,对他来说,最高的神是理智($νοῦς$)而不是宇宙。

③ 关于《厄》的精灵学说,参 984d8－985d4 注。色诺克拉底的学说,参第 15 和 23－25 段残篇(海因策),海因策《色诺克拉底》(*Xenokrates*),页 78－123,《普鲁塔克的柏拉图主义》,页 16－18,及页 27 以下。

对《蒂迈欧》的形而上解释和他关于灵魂作为自转的数的概念,就足以提到他对三个 οὐσίαι 的假设,即 νοητή, αἰσθητή 和居间生物或叫 δοξαστή,还可以提到他把 φρόνησις① 划分为实践的和理论的两个部分。② 色诺克拉底也在某种程度上放弃了柏拉图的理念理论,因为他把理念等同于数学性的数字;但是,不过他假定了这些理念数字是思想的个别目标,③而且这并不同《厄》的学说相同,正如斯彪西波和柏拉图各自的学说一样。

四、早期学园的其他成员

同样,区分《厄》的作者和《书简七》的作者的决定性因素是,后者跟随柏拉图坚持认为理念存在,尽管是以一种非柏拉图的方式认定,这种理念只能通过一种神秘直觉的突然启发而得到理解,这样的直觉不能通过语言来传达,无论通过言谈还是书写,都不行。④

---

① 参色诺克拉底,第 5 段残篇(海因策):三个不同的权能与这些内容相应。

② 参色诺克拉底,第 6 段残篇(海因策)。忒勒尔、埃纳尔森,以及其他人的尝试,均基于误解,即他们尝试着发现《厄》所制造或所否认的这些区别。《厄》作者和柏拉图都不认为特别的实践智慧是某些德性的基础,也与亚里士多德和色诺克拉底所做相同。总的来说,甚至当柏拉图谈到 ἐπιστήμη πρακτική 和 ἐπιστήμη γνωστική (《治邦者》258)时,也完全不同。

③ 参色诺克拉底,第 5 和第 26 – 36 段残篇(海因策)和有关彻尼斯的参考资料,《谜语》,页 93,注 4。

④ 参[柏拉图],《书简七》,341b – 344e。这段文字经常被认为涉及最高的学说,即那关于第一原则的最高学说,无法通过书写传达。但是,作者不只是否认了它不能通过书写传达,甚而至于认为它根本就不能传达(参如 341c5 – 6 ῥητὸν γὰρ οὐδαμῶς ἐστιν ὡς ἄλλα μαθήματα; d4 – 5 εἰ δέ μοι ἐφαίνετο γραπτέα θ᾽ ἱκανῶς εἶναι πρὸς τοὺς πολλοὺς καὶ ῥητά 等等)。然而,这些最终的原则正好是理念,因为这正是第五学说所提到的理念。也有其他原因说明为什么这些信件不是柏拉图所为;但是,在我看来,理念的知识不可表达这样的概念正是最有力的证据,证明书信不是出自柏拉图之手。

尽管《书简七》的"风格"被断言不只是同旧柏拉图相似,而且同《厄》相近,然则它的作者,无论是谁,都不会是柏拉图或是《厄》的作者。它极有可能是某个早期学园成员的作品,此人利用一种文学性的虚构来提出自己的解释,不仅是解释柏拉图的思想,还有他的生活,以及这两者之间的关系。①

在关于早期学园的证据中很少有与《厄》能够充分比较和对照的内容。蓬托斯的赫拉克勒德斯也尝试把他的一些学说加进柏拉图的思想之中,而且试图加入到关于柏拉图意义和意图的讨论中,如果坚持认为赫拉克勒德斯把《蒂迈欧》中的创生神话当作 κατ' ἐπίνοιαν 是正确的话。② 也有证据表明克兰托尔对于《心理学起源》(psychogony)的意义有自己的观点,他被认为是《蒂迈欧》的第一个评论者,并且同样断言创生神话的形而上品质。③ 他写了一本《劝慰》(Consolatio),在古代十分有名,而值得一提的是,在《厄》中,关于人生痛苦的离题论述本身就包含了许多在劝慰文学中使用的因素。④

那么,尽管《厄》并不等同于任何不同的可以确认的早期学园成员的哲学学说,但是《厄》仍可以展示众多独特之处,这些独特之处把《厄》带到了与这些学说相同的结构中,如此便容易解释以下假说,即《厄》作者仍属柏拉图弟子之列。上文讨论的重要独特之处,对于《厄》作者和其他哲人来说,均十分常见,即放弃某些柏拉

---

① 埃德尔斯坦的书《柏拉图的〈书简七〉》(Plato's Seventh Letter)作为一种柏拉图的解释,包含对书信的十分有趣的分析。不幸的是,却没有认识到作者相信理念的独立存在。

② 参塔兰,《创生神话》,页404,和注143,及参考文献。

③ 关于克兰托尔对《蒂迈欧》的形而上解释,参普鲁塔克《论〈蒂迈欧〉中精神的诞生》1013a-b;普罗克洛斯,《蒂迈欧义疏》卷1,页277,及8-10(Diehl)。关于克兰托尔对《蒂迈欧》和《克里提阿》的其他观点,参凯瑟《论柏拉图学园》(Kayser, De Crantore Academico),页12-33。

④ 参973d1-974a7注和下文注释669。

图的本质性学说,又修正或完全地接受他人学说,并将自己的学说糅合进柏拉图的文字中,以及在这样或那样的联系中,拿柏拉图的概念和论点作为论题,还介绍了一些在柏拉图笔下无法找到的主题。

既然《厄》哲学同柏拉图完全不同,且也同早期学园的几个最重要成员的学说迥异,那么这部作品就不能被作为一种重建柏拉图晚期教育本质的手段,也不能作为重建所谓整体学园学说的手段。前述文本的分析揭示了,这样一种"正统性"并不存在;就算它存在,也没有证据表明前者同对话中描述的哲学完全不同。①

---

① 另参彻尼斯,卷一,对此事的论述,以及彻尼斯的《谜语》。

《厄庇诺米斯》在柏拉图式学说
形成过程中的影响

塔 兰

以下讨论的目的并不是要考察《厄》对后来希腊思想的影响，尽管这个主题尤其重要，而是要判定，在古代，此对话在柏拉图观点体系形成过程中的作用。在这段文字中，我们提及一个柏拉图式学说(dogma)，或是提及柏拉图的观点体系，本意并不是说这些观点有内在的一致性，或是说它同柏拉图的对话完全一致，因为很显然这种一致并不十分常见。但是确切地说，因为这部作品并不属于柏拉图，又因为它在古代仍然时常被归于柏拉图名下，那么分离出本应属于《厄》却被后来的作者当作属于柏拉图的那些学说就尤其重要了。由于这个目的，我们必须考虑到的不只是《厄》的间接传统，也许还有那些甚至并没有提到《厄》的作者。文章将会处理那些明显或是隐晦地归于柏拉图名下的观点，这些观点虽然出现于《厄》中，却不能在柏拉图的其他真品中找到。许多基督教作家引用过《厄》中文字，他们在该对话中经常找到同基督教义相近的因素，结果他们就用这些因素来支持柏拉图的著作权。然则，那些不含辩护企图的引用却不易从中区分出来；所以两种类型被混在一起，而难为分别开来。

对于所有人来说，享受天眷和幸福是不可能的，只有极少数人才能享有；但是极好的希望是，对于一个人来说，死后所有的事情都可以实现。克莱门特(Clement)把《厄》973c4-7的这段文字当作柏拉图的观点，并在一段诺斯替(gnostic)文本(极少的人能获得关于上帝的知识)中引用了它，克莱门特认为对真理的沉思能力只在来生赋予极少数人。通过对 c4 中的 ἀνθρώποις 前加上 πᾶσιν，以及在 c7 中以 ἁπάντων 结束他的引用，克莱门特不只是强化了关于极少数选民的信念，而且似乎已经把《厄》中的 καλὴ ἐλπίς 转变为基督徒对不朽的希望。克莱门特发现受天眷同知识或智慧之间有必要的关联；但，据《厄》所述，正是那些在此生明智而受天眷的人，被赋予了 καλὴ ἐλπίς 之名，并在他们死后享有完全的天眷，而克莱门特似乎用这段文字表明，让每个人在此生享受天眷是全然不可能的，[156]只有极少数人通过关于真理的知识，才能在来生获得天眷。①

西奥多修斯(Theodoretus)②两次用了同样的文段，但是没有增加 πᾶσιν 一词。他第一次引用，是由于反对那些对基督教殉教者的批评；西奥多修斯在这段文字中解释了 καλὴ ἐλπίς，正如克莱门特所做一样，这种解释可以从他添加的评论中看出来：ἀτεχνῶς δέ γε τοῦτο ἔοικε τοῖς ὑπὸ τῆς θείας εἰρημένοις γραφῆς· μὴ μακαρίσῃς ἄνδρα πρὸ τελευτῆς αὐτοῦ。③ 在关于实践德性的讨论中，他更恰当地引用了这段文字，并同柏拉图的以下概念相联，ὡς φιλοσόφων πλῆθος ἀδύνατον γενέσθαι。④

《厄》973d1 - 974a7 关于人生痛苦的离题论述，引起了许多兴

---

① 参克莱门特，《杂集》卷 5,1, 7, 6 - 7(卷 2,330,8 - 16[Stählin])。这是克莱门特对这段文字的解释，它由引用语后面的文字表现出来：τὰ ἴσα τούτοις βούλεται τὰ παρὰ Μωυσεῖ· οὐδεὶς ὄψεταί μου τὸ πρόσωπον καὶ ζήσεται· δῆλον γὰρ μηδένα ποτὲ δύνασθαι παρὰ τὸν τῆς ζωῆς χρόνον τὸν θεὸν ἐναργῶς καταλαβέσθαι· οἱ καθαροὶ δὲ τῇ καρδίᾳ τὸν θεὸν ὄψονται, ἐπὰν εἰς τὴν ἐσχάτηνἀφίκωνται τελείωσιν。在其文本中对 973c4 - 6 的解释，参 973c6 - d1 注。

② [译按]西奥多修斯：生活于公元 393 年至 457 年，是一位颇具影响力的作家、神学家和基尔鲁斯(Cyrrhus)以及叙利亚(Syria)两地的基督教大主教。他在许多早期的拜占庭教会争论中扮演着重要角色，并导致了各类教派行为和教派分裂。

③ 参西奥多修斯, Gr. Aff. Cur. 卷 8,49(211, 24 - 212, 8[雷德尔])。

④ 参西奥多修斯, Gr. Aff. Cur. 卷 12,页 35 - 36(308, 10 - 18[雷德尔])。

趣各异的作者的注意。当《阿克西柯斯》(Axiochus)中的苏格拉底列出一个长长的清单以表明生活不值得活下去的时候,其作者极有可能受到这段离题话的影响,尽管不能得到证实。① 如果真是如此,那么《阿克西柯斯》的作者可以想到他自己是在模仿和发展柏拉图,并且普遍认为《厄》作者就是柏拉图。就克莱门特来说,他为了说明此生充满痛苦、受难和死亡而调用了柏拉图的证词,并引用《法义》653c-d 来说明柏拉图对人类命运的哀叹。他还坚持认为在《厄》中,柏拉图给出理由说明诸神对人的怜悯,并进一步引用973d2-974a1。② 在《厄》的这段文字中,克莱门特也许找到了证词,支持他关于 973c4-7 的解释。

一些后来的作者把 973d4 中引用的关于胚胎(embryo)的论述,和下面不定词所描述的概念,当作柏拉图[157]对灵魂苦难的描述。正是关于胚胎的这些文字引起了一个争论,即柏拉图是否认为在观念形成的时刻灵魂进入到胚胎之中。所有这些我们都可以从一篇新柏拉图主义的论文中查找到, Πρὸς Γαῦρον τοῦ πῶς ἐμψυχοῦται τὰ ἔμβρυα。这篇论文的作者反对那些持有这种观点的人,即认为柏

---

① 参[柏拉图],《阿克西奥丘》336D-367B。通常认为(例如苏耶,Dialogues Apocryhpes,页 130 和注 3)《阿克西奥丘》的这段文字依赖于克兰托尔的 Περὶ πένθους。虽然克拉特斯也许是《阿克西奥丘》作者的一个源泉,但《厄》很可能是其另一源泉。尽管《阿克西奥丘》的这个部分同《厄》有不少对应之处(参 973 d1-974a7 注和 974a7 注),但克拉特斯的佚失作品同《阿克西奥丘》的这段文字之间唯一可以建立起来的联系是,介于 366d2-4 (οὐ κατὰ μὲν τὴν πρώτην γένεσιν τὸ νήπιον κλάει, τοῦ ζῆν ἀπὸ λύπης ἀρχόμενον;) 和[柏拉图] Consol. Ad Aploo. 115 (πολλοῖς γὰρ καὶ σοφοῖς ἀνδράσιν, ὥς φησι Κράντωρ οὐ νῦν ἀλλὰ πάλαι κέκλαυσται τἀνθρώπινα τιμωρίαν ἡγουμένοις εἶναι τὸν βίον, καὶ ἀρχὴν τὸ γενέσθαι ἄνθρωπον συμφορὰν τὴν μεγίστην) 之间。甚至《厄》的 973d2-4 也是《阿克西奥丘》的源泉。毕竟,因为这正是《阿克西奥丘》作者创作一篇"柏拉图"对话的目的所在,所以很自然他会从柏拉图的文集中寻找一个源泉,而在《厄》的 973d1-974a7 中,他发现了一个。

② 参克莱门特,《杂集》卷3,20,2-3(卷2,204,30-205,7[Stählin])。

拉图相信灵魂在观念形成的时刻进入胚胎之中。论文作者还声明，其论敌为了支持自己的论点引用了如下事实，即柏拉图在一篇文章中列出了灵魂所遭受的苦痛，其中包含 τῶν κυουμένων γενέσθαι。为了反对这一点，作者坚持认为 τῶν κυουμένων γενέσθαι 的意思是灵魂进入到那个被孕育的存在领域，并不是在观念形成的时候，而只是在出生之时。① 当然，这段文字满是那些同柏拉图或是《厄》相关的概念，尽管前一个解释同《厄》的思想十分接近，因为那暗示胚胎是 ζῷον，而 ζῷον 又是灵与肉的联合，但是论文的作者否认胚胎拥有一个有生命力的灵魂，而只是拥有一个自我运转的灵魂。然而，据柏拉图所述，任何灵魂根据定义均是自我运动的。②

优西比乌（Eusebius）③引用了《厄》的两段文字，977a2－7 和

---

① 参 Πρὸς Γαῦρον τοῦ πῶς ἐμφυχοῦται τὰ ἔμβρυα, IX, 1－3（45, 5－29 [Kalbfleisch]），尤参第 21－29 行，ἀλλὰ πῶς φασίν ἔφη που τῆς ψυχῆς ἐπεξιὼν τὰς συμφορὰς εἴγε ἀπέκειτο καὶ τῶν κυουμένων γενέσθαι; ἀγνοοῦσι δὲ οἱ λέγοντες ταῦτα ὡς ἕτερον ἦν κυούμενον εἶναι καὶ ἕτερον τὸ "τῶν κυουμένων γενέσθαι." τὸ μὲν γὰρ αὐτό τι κυΐσκεσθαι λέγει, τὸ δ' ἐν τοῖς κυουμένοις εἰσοικίζεσθαι. ὥσπερ οὖν εἴ τις λέγει συμφορὰν ψυχῆς εἶναι τὸ τῶν θνητῶν γενέσθαι, οὐ θνητὴν φησι γίγνεσθαι ἀλλ' ὅτι ἐν τοῖς θνητοῖς εἰσοικίζεται οὕτω δήπου χρὴ καὶ τὸ τῶν κυουμένων ἀκούειν ὅτι ἐν τῷ γένει τῶν κυουμένων καὶ θνητῶν γίγνεται ἀλλ' οὐχ ὅτι παρ' ὃν καιρὸν κυΐσκονται καὶ αὐτὴ τούτοις συγκυΐσκεται.。参费斯蒂吉埃，卷 3，页 281－282 和 282，注 1。这篇新柏拉图主义论文的手稿，被错误地当作是 Galen 的作品，而 Kalbfleisch 把它归于波菲里的名下，亦是学习费斯蒂吉埃。

② 托名普鲁塔克, Epit. V, 15, 1（Diels, Dox., 425a, 15－17）和 [Galen], Hist. Philos. 119（Diels, Dox., 643, 16－17），当这两人几乎用同样的语言说出如下的话时，λάτων ζῷον τὸ ἔμβρυον· καὶ γὰρ κινεῖσθαι ἐν τῇ γαστρὶ καὶ τρέφεσθαι καὶ αὔξεσθαι，他们的最终根源与其说是《厄》，还不如说是《法义》789a－e。

③ [译按]优西比乌：生活于公元 263 至 339 年，大约在公元 314 年，成为巴勒斯坦（Palestine）凯撒里亚（Caesarea）的大主教。作为历史学家、评注家和善辩者，优西比乌是最有名的教会神父之一。他还是圣经正典（Biblical Canon）学者之一。

984d5 – e3,以支持他的论点,即柏拉图既相信天体的神圣,也相信要尊重法律的制定。据优西比乌所说,为了做到这一点,柏拉图并不赞同希伯来人,尽管柏拉图持有希伯来人的观点,即认为整个宇宙和在其中的所有事物都是宇宙的根源(cause)创造的。① 有趣的是不仅如此,优西比乌还进一步引用《蒂迈欧》的许多文段,以及《法义》的一段文字,但是只有在《厄》的这两段文字中,他发现了柏拉图对敬重天体的要求。在其他地方,尤西比乌认为柏拉图回绝了希腊神话的荒唐概念,并引用《厄》980c7 – d1 以表明柏拉图 τοὺς δὴ θεολόγους ἅπαντας διαβάλλει。② 那个把 980c7 中的 θεογονία 理解为 θεολογία 的西奥多修斯,也引用同样的篇目来表明,异教哲学家[158]背离寓言性解释,并扰乱了另一种(one another)神学。③

在 981b – c 中,《厄》作者考虑到在 984b – c 所谈内容,假定了五种简易物体的存在,并假定它们拥有如下的宇宙次序:火、以太、气、水和土。当然柏拉图只是区分了其中四个物体,而这个《蒂迈欧》的伟大作者在古代就被普遍认为只谈及了四种元素,而非五种。但偶尔也有例外。因此托名普鲁塔克也在斯多亚的影响之下,曾经相信柏拉图处理了五种元素,并用《厄》中的宇宙次序把它们罗列出来。④ 尽管卡奇迪乌斯(Calcidius)⑤对《蒂迈欧》作过评论,尽管

---

① 参优西比乌,*P. E.* XIII, 18, 1 – 2(卷 2,页 240, 20 – 241, 7[Mras])。
② 参优西比乌,*P. E.* XIII, 1, 5 – 2, I(卷 2,页 166, 19 – 167, 4[Mras])。
③ 参西奥多修斯,*Gr. Aff. Cur.* III, 54 – 55(83, 9 – 20[雷德尔])。
④ 参托名普鲁塔克,*Epit.* ,卷 2, 7, 4(Diels, *Dox.* , 336a, 8 – 11)Πλάτων πῦρ πρῶτον εἶτα αἰθέρα, μεθ' ὃν ἀέρα, ἐφ' ᾧ ὕδωρ, τελευταίαν δὲ γῆν· ἐνίοτε δὲ τὸν αἰθέρα τῷ πυρὶ συνάπτει。正是文章最后一部分的论述暗示了一种斯多亚的根源,因为正是斯多亚混合了火和以太;柏拉图认为以太是一种更纯的气。
⑤ [译按]卡奇迪乌斯:生活于公元 4 世纪,基督教徒,他把柏拉图的《蒂迈欧》第一部分(至 53c 止)的内容从希腊文翻译成了拉丁语,时间是在公元 321 年,并且还对该段文字作了详尽的评论。

他关于元素的学说,既不同于柏拉图也不同于《厄》,但当他论及精灵学(demonology)的时候,明显受到《厄》的影响。卡奇迪乌斯谈及宇宙中的五个区域,并用与《厄》中提到的相同的五种物体来填充它们。另一方面,阿尔比努斯(Albinus)①也受到《厄》的精灵学说的影响,在柏拉图的四种元素的基础上增加了第五种;但是这个第五种元素很接近于亚里士多德的以太。我找不到证据表明,《厄》的981b-c或是这部作品的其他文字影响了普罗提诺(Plotinus),也无法证明普罗提诺把《厄》当作柏拉图式的作品。②

菲罗波纳斯在《论宇宙的永恒》(De Aeternitate Mundi)中宣称,从《蒂迈欧》以外的文字中,可以收集整理出关于宇宙构成的争辩,并从中发现柏拉图把时间上的起点理解为 Τεχνή。为了支持这个结论,菲罗波纳斯引用《法义》781e6-782a3 和《厄》981e3-982a3。柏拉图在《法义》中并没有回答,人类是否在时间上有一个起点以及是否能永恒存在,而据菲罗波纳斯所说,这是因为在那部作品中柏拉图并不关心宇宙的繁衍。然则在《蒂迈欧》中,他却提出了同样的关于宇宙的问题,并回答道,它在现世的理解中

---

① [译按]阿尔比努斯:柏拉图主义哲学家,生活于士麦那,是盖伦的老师。出自他手的一篇短论,叫作《柏拉图对话引论》,留存至今。

② 参墨尔兰,《希腊哲学》(Greek Philosophy) 34 和注释 4,在其中他提到了普罗提诺, Enn. 卷 6,7, 11, 44-45(Bréhier): διὸ καὶ Πλάτων ἐν ἑκάστῳ τούτων ψυχὴν φησιν εἶναι οὐκ ἄλλως ἢ ὡς ποιοῦσαν τοῦτο δὴ τὸ αἰσθητὸν πῦρ。忒勒尔已经在《新柏拉图主义的准备工作》,第 70 页中宣称普罗提诺在这里似乎引用了《厄》981b-c,而 Brehier 意指 984c-d(但是他的本意定是指 b-c);但是二者都被 Schwyzer 正确地否定了, R. E., 卷 21,1(1951),551, 31-34。普罗提诺(Plotinus)的论述表明,据柏拉图所述,灵魂存在于每一个因素之中,这是对《蒂迈欧》39e-40a 的引用,正是从这段文字中,普罗提诺得出了一个既不同于《蒂迈欧》也不同于《厄》的结论。至于墨尔兰(op. cit., 22 和注 22)认为普罗提诺在 Enn. 卷 6,9, 3 中引用了《厄》986d,我没有发现他从哪里找到这样的引用,因为尽管普罗提诺谈到了灵魂与一的统一,这也只是典型的普罗提诺式的思想和术语,甚至同《厄》并没有紧密的语言上的相似性。

有一个起点。有趣的是,正如上文所述,[159]菲罗波纳斯引用了《法义》和《厄》的文字,而后又混合了它们,尽管事实上《厄》只是提到了天体的 τελευτή。这种异文混同似乎是由于想阻止一种反驳,即认为在《厄》中,柏拉图只是提到了人类可能的起点,并没有提到关于宇宙的问题;既然《法义》中的这段文字可以被用来证明柏拉图是在现世的理解中运用 Τεχή,那么菲罗波纳斯实际上通过把它混同于《厄》的相关文段,而在《法义》的论述中,这个问题既指天体,也指人类。因此也如泰勒一样,出于自己的目的,菲罗波纳斯把《厄》混同于《法义》。①

从现存的证据来看,《厄》在 984b - c 和 984d - 985c 中提到的关于居间生物(intermediate living beings)的理论,在试图解释柏拉图的后来的作者中最有影响力。尽管此学说同《蒂迈欧》关于四种生物类型的学说并不一致,不过它仍然被用来解释后者。这也可以在卡奇迪乌斯那里找到证明,因为他两次提及《厄》的作者是柏拉图。比卡奇迪乌斯更早的作者也提到过这个头衔,这在我们关于这部作品的手稿中得到保存。卡奇迪乌斯对《厄》的引用同他对《蒂迈欧》两段文字的评论相联系。第一次是在第 128 章,当他开始解释《蒂迈欧》的 40d 之时;第二次在第 129 - 136 章解释精灵学之时。在大部份篇目中,卡奇迪乌斯紧紧跟随《厄》982b - 985c,尤其是 984b - c 和 984d - 985c 中的论述,②尽管他增加了在《厄》中并未出现的细节。并不能肯定,他了解《厄》,是通过第一手的资料,还是通过一个间接的途径;但是,即便我们确定是后一种情况,也肯定不

---

① 参菲罗波纳斯,《论宇宙的永恒》,卷 6,页 13(162, 4 - 163, 22 [Rabe])。尤 参 εἰ δὲ ἐν τοῖς νόμοις σαφῶς, εἰ ἀρχὴν ἔχει χρονικὴν ἢ οὐ τά τε οὐράνια καὶ ἡ τῶν ἀνθρώπων ὑπόρησε γένεσις κτλ.。关于对《厄》是与《法义》相同的作品这个观点的反驳,参 973a1 - b6 注。

② Waszink 在他的版本中自由地引用了《厄》的文字,它同卡奇迪乌斯的文本十分相近。

会是受益于波菲里(Porphyry)。①

卡奇迪乌斯最终依赖于《厄》的概念有以下这些。据柏拉图所述,宇宙中有五个区域可以支撑生命,它们是火、以太、气、水和土。作为火性生物的群星是神圣、不死和无感觉的,而我们和其他居住在土地上的生物是有死并受制于情感的。在宇宙的三个中间区域存在着三种其他生物,它们像火性生物一样不死,又像土性生物一样受制于情感。卡奇迪乌斯充分地描述[160]并定义了这种以太生物(ethrial being),并且把它的大部分性质扩展到气性和水性生物之中。以太生物拥有最高的智慧和才能,以及顽强的记忆力,并作为神和我们人之间的解释者和信使而存在。他们知道我们的想法,并且由于只有神才能逃脱情感的樊笼,所以他也偏爱好人而讨厌恶人。我们看不见以太和气性生物,而水性生物有时却能为我们所看见。卡奇迪乌斯正是用这些概念点缀了一些评论,其中有些极可能是从《厄》中推断出来的,而其他论述却同《厄》不相合。因此,卡奇迪乌斯用来解释精灵名字的内容(daemones, opinor, tamquam daēmones dicti; daëmonas porro Graeci scios rerum omnium nuncupant),②或许被《厄》作者放在心上,或许又没有。③ 卡奇迪乌斯关于精灵不死的结论极有可能是正确的,尽管《厄》对这方面的内容只字未提,《厄》作者甚至伪称要悬置关于天体不死的问题。④ 另一

---

① 波菲里是卡奇迪乌斯的论述来源,这个论题由斯坦海默(Steinheimer)提出,参《卡尔西狄乌斯的重新审视》(*Unters. Über die Quellen des Chalcidius*),页 19 – 29,并且瓦斯辛克(Waszink)在对卡奇迪乌斯(页 70 – 72)的介绍中,部分接受了这种论点。但是,斯威塔斯基(Switalski)在《卡尔西狄乌斯的评论》(*Der Chalcidius Kommentar*),页 17 和注 1,正确地论争卡奇迪乌斯的主要源泉是《厄》,且 R. M. Jones, C. P. 13(1918),页 200 – 203 并不只是强化了这一点,而且表明卡奇迪乌斯在此处的概念同波菲里并不吻合。

② 卡奇迪乌斯,页 132(174, 1 – 2[Waszink])。

③ 参 985a1 – 2 注。

④ 参《厄》981e6 – 982a3,和义疏一,第三部分,前揭。

方面,《厄》并不像卡奇迪乌斯一样称三个居间生物为精灵;卡奇迪乌斯的论点没有证据支撑,即气性生物比以太生物更易受情感控制,而水性生物比气性生物更甚,因为他们一个比一个更接近土。就这个问题,《厄》作者或是柏拉图都没有证实居间生物在大地上存在,以至于如在处理和谐与宇宙的问题一样,要在两个极端之间重寻一个中间道路。柏拉图仅在论述宇宙物体时运用这个理论,并暗中把此理论扩展到所有生物形体中。此外,柏拉图和卡奇迪乌斯都谈到了两种方式(means),尽管在《厄》中有三种居间生物;因此,在同每种生物形体的 ξύνδεσμος 的联系中,卡奇迪乌斯犯了与《厄》作者自己所犯的同样的错误。卡奇迪乌斯认为以太是更稠密的火,而水是更稠密的气,这同《厄》并不吻合。《厄》作者并不称以太精灵为天使,但这个称呼却被卡奇迪乌斯自己归于希伯来人名下。卡奇迪乌斯认为水性生物为邪恶报复并无故对人作恶,《厄》完全没有谈到这个观点。关于邪恶精灵的概念最终要溯源于色诺克拉底,而不是《厄》。对于卡奇迪乌斯来说,水性生物正是所谓的 desertores angeli。卡奇迪乌斯否认游魂是精灵,说法正确;但他错误地认为柏拉图对这二者作了区分,因为柏拉图没有在任何地方提到拥有形体的精灵。卡奇迪乌斯关于灵魂命运的论述,根据柏拉图所述,是依赖于《斐多》和《斐德若》,①而不是依赖于《厄》,在《厄》中并没有谈到游魂或是再生。

[161]在第 254 章,卡奇迪乌斯再次引用《哲人》中柏拉图对梦的解释,他紧接着《厄》,在居间生物的类型及其作为神与我们之间信使的功用之中,找到了这种梦的根源。就他的评论来看,似乎只记住了以太和气性生物,因为,据其所述,水性生物不能作为拒斥邪恶的生物,也不能作为一个好的热爱者,因为它时常无故为恶。

阿尔比努斯在第 16 章紧随着《蒂迈欧》讨论了三种有死的生物,在第 15 章着手解释《蒂迈欧》40d6 中的 ἄλλοι δαίμονες,并用以下

---

① 参琼斯,*C. P.* 13(1918),页 202。

的论述揭示了《厄》的影响：εἰσὶ δὲ καὶ ἄλλοι δαίνονες, οὕς καὶ καλοίη ἄν τις γενητούς θεούς, καθ᾽ ἕκαστον τῶν στοιχείων, οἱ μὲν ὁρατοί οἱ δὲ ἀόρατοι, ἔν τε αἰθέρι καὶ πυρὶ ἀέρι τε καὶ ὕδατι, ὡς μηδὲν κόσμου μέρος ψυχῆς ἄμοιρον εἶναι μηδὲ ζῷου κρείττονος θνητῆς φύσεως· τούτοις δὲ ὑποτέτακται τὰ ὑπὸ σελήνην πάντα καὶ τὰ ἐπίγεια... τῶν δὲ ἄλλων οἱ ἐκείνου παῖδες ἡγοῦνται... ἀφ᾽ ὧν κληδόνες καὶ ὀττεῖαι καὶ ὀνείρατα καὶ χρησμοὶ καὶ ὅσα κατὰ μαντείαν ὑπὸ θνητῶν τεχνιτεύεται。[①] 不可见的精灵（阿尔比努斯认为他们是生物而不是纯粹的灵魂）拥有形体，此概念必须回到《厄》。不可见的精灵（除非通过这种方式指他们有时是可见的）连同以下的事实，即火质中存在着精灵，都可以从阿尔比努斯对《蒂迈欧》的依赖得到解释。[②] 他把以太置于火之上，这一点是确定的，因为他说以太在简易物体中是最高的（或者说是最外面的），并且在这一章的末

[①] 阿尔比努斯，卷15，页1-2（Louis）。在《阿尔比努斯与中期柏拉图主义》，页79，威特把这段文字同斯多亚学说联系起来，因为对于阿尔比努斯来说，魔鬼是梦和神谕的给予者，但是这个概念也可以在《厄》中找到。应该注意到的是在第14章的结尾，阿尔比努斯在关于行星的问题上引用了《厄》。他了解《厄》，并认信《厄》是柏拉图的作品。

[②] 因为他也许认为在《蒂迈欧》中，ἄλλοι δαίμονες是指同天体一样的生物，而后者是火性生物。（他追随了《蒂迈欧》39e-40a中对生物的分类，因为，在第14章中处理了天体的问题之后，他接着在第15章中处理了ἄλλοι δαίμονες的问题，然后又在第16章中处理了另外三种有死生物。因此，既然他认真地提到了ἄλλοι δαίμονες，那么它们就一定属于在39e-40a中提到的第一类生物。）如果真是这样的话，那么他极有可能认为有些魔鬼是可见的，而且也定会在《厄》984d7-8中发现这种概念的证据，《厄》的这段文字在提到了天体之后，又增加了以下的内容：καὶ ὅσα μετὰ τούτων αἰσθανόμεθα γεγονότα。此外，水性生物在《厄》中有时被认为是可见的。Lameere（A. C. 18,1949,页296,注1）和Detienne（La notion de daïmôn，页166）都认为阿尔比努斯的源泉是亚里士多德的《论哲学》，这是毫无根据的，因为没有理由证明在那部作品中，亚里士多德承认火性生物的存在，更不用说这种生物是魔鬼了。

尾，他把一些非常接近亚里士多德以太学说的东西归于柏拉图的名下。① 他的论述也就远远超出了《蒂迈欧》，并同《厄》[162]紧密相依，并以这种方式，把精灵的功用同梦、神谕和占卜等非理性现象联系了起来。《厄》的影响是肯定的，尽管阿尔比努斯并不像卡奇迪乌斯那样，紧密跟随原对话以至于注意到一些十分细节的问题。

《厄》的影响也可以在阿普列乌斯(Apuleius)②归于柏拉图名下的精灵学说中发现。然而，无法在阿普列乌斯和阿尔比努斯之间找到对应点，前者的精灵学说全然不同于后者，因为阿普列乌斯只论及了四种元素，而且认为精灵只是气性生物。③ 在《论神样的苏格拉底》(De Deo Socratis)中，阿普列乌斯假设精灵是一种居于我们和

---

① 参阿尔比努斯，卷 15,4 (Louis)：ὁ δὲ αἰθὴρ ἐξωτάτω διῃρημένος εἴς τε τὴν τῶν ἀπλανῶν σφαῖραν καὶ εἰς τὴν τῶν πλανωμένων。因为阿尔比努斯继续论述道："在这之后，接着就是气的球体……"很显然，他在这里把"以太"分为两个部分，并用其中一个替换了火。在本章的开头提起元素的次序，以及十二面体在这里占有与在《蒂迈欧》中同样的位置，从这两个事实来看，阿尔比努斯似乎把以太置于火之上。如果确实如此，那么他关于简易物体的理论就并没有遵从《厄》。

② [译按]阿普列乌斯：拉丁散文作家。在雅典研习柏拉图主义哲学，曾旅行到意大利、小亚细亚和埃及，是好些个祭仪和秘仪的开创者。他的生平中，最有名的事件是，曾被指控用魔法迷惑一个富裕的寡妇。不过，他拒不承认，还在法庭上为自己辩护。其最有名的作品是《变形记》(又叫《金驴记》)。

③ 辛柯(Sinko)，"De Apulei et Albini Doctrinae Platonicae Adumbatione,"页 143 - 145,同阿普列乌斯和阿尔比努斯相比，他没有注意到这些本质上的不同。关于阿普列乌斯的生物四种类别，参 De Platone，卷 1,页 11(94, 21 - 25,7 [Thomas])：iam ipsa animantium genera in quattuor species dividuntur, quarum una est ex natura ignis eiusmodi, qualem solem ac lunam videmus ceterasque siderum stellas, alterum ex aëria qualitate—hanc etiam daemonum dicit—, tertium ex aqua terraque coalescere et mortale genus corporum ex eo dividiterrenum atque terrestre—sic enim πεζόν et χερσαῖον censui nuncupanda—terrenumque esse arborum ceteratrmque frugum, quae humi fixae vitam trahunt, terrestria vero, quae alit ac sustinet tellus。

神灵之间的生物。在第6章,他引用柏拉图的《会饮》(Symposium),并认为精灵是一种解释者,并把诸如魔法、占卜等现象归于它们身上。在第8章,他通过类比的方法确定存在一种气性生物,而据西塞罗所说,亚里士多德也用了类似的方法来论述在以太中定然存在生物,即天体。① 在第8章回到精灵的主题之时,西塞罗断言精灵同诸神均为不死的,而与我们一样受情感的控制;他还提出了一个定义,这个定义从各方面讲均同卡奇迪乌斯在第135章给出的内容相似:daemones sunt genere animalia, ingenio rationalilia, animo passive, corpore aëria, tempore aeterna。尽管阿普列乌斯并没有引述《厄》,也或许没有直接利用这部作品,但是关于精灵是一种气性生物的说法,最终还是会追溯到《厄》,因为如此概念并没有在柏拉图的《会饮》和其他作品中找到。精灵也如我们一样受制于激情,这个概念可能也是真的。阿普列乌斯在《论柏拉图》(De Platone)的第一部书的第11至12章中,重复了同样的概念。

普罗克洛斯告诉我们,一些柏拉图主义者在解释《蒂迈欧》中的生物范畴时,使用了《厄》的内容,并认为气性生物与[163]精灵等同,而水性生物与半人神等同。在列出呈现于 Syrianus 前的对《蒂迈欧》39e – 40a 的三个主要的解释中,普罗克洛斯提到了: οἳ δὲ καὶ συνάπτοντες ἀμφότερα καὶ τοῖς ἐν τῇ Ἐπινομίδι γεγραμμένοις ἀκολουθοῦντες, ἐν οὐρανῷ μὲν θεοὺς ὑποστῆναι λέγοντες, ἐν ἀέρι δὲ τοὺς δαίμονας, ἐν ὕδατι δὲ τοὺς ἡμιθέους, ἐν γῇ δὲ ἀνθρώπους καὶ τὰ ἄλλα θνητὰ ζῷα。② 于是,无论这些柏拉图主义者是谁,他们都把《蒂迈欧》中的四种生物及简易形体,混同于《厄》981c – e 和 984e – 985b 中的部分描述;而且,

---

① 参阿普列乌斯,《论神样的苏格拉底》,卷7至8(15, 7 – 17, 3[Thomas])。在页15、14(Thomas)中,没有必要如 Mercerus 所做的那样,跟在 Thomas 之后添加 aquarum,既然阿普列乌斯把那有死的,并且形体是由水和土构成的第三类生物分为 terrenum 和 terrestre(参前文注释)。

② 参普罗克洛斯,在《蒂迈欧》269c – d 中(卷3,页108, 1 – 5[Diehl])。

尽管对《蒂迈欧》39e-40a 解释不当，它还是恰当地处理了《厄》的相关内容，并没有混淆精灵和被《厄》认为是 ἡμίθεον 的水性生物。此外，这些解释者遵从《厄》而把《蒂迈欧》中三类有死生物归为同一等级，即陆上生物。普罗克洛斯并不承认这种解释。在 In Platonis Rem Publicam 中，他认为，从《王制》的终末神话中可以看出，τόπος δεκαστικός 明显是 ὁ δαιμόνιος τόπος。一些柏拉图主义者坚持认为精灵存在于以太之中；似乎仍然有一些人利用《厄》的内容来支持这个观点，尽管普罗克洛斯的句子是假设性的，而他也反对利用《厄》这部非柏拉图著作中的内容：εἰ δὲ δὴ καὶ τοὺς ἐν τῇ Ἐπινομίδι λόγους τις προσοῖτο τῷ αἰθέρι τοὺς δαίμονας ἀποδιδούσῃ καὶ ταῖς τε αἰσθήσεσιν ὀξυτέραις καὶ ταῖς διανοήσεσιν ἀχράντοις μειζόνως λεγούσῃ τὰ ἀνθρώπινα, καθορᾶν πάντως δήπου κἀκ τῶν ἐν ἐκείνῃ γεγραμμένων δαιμόνιον τόπον τὸν αἰθέρα λέγεσθαι παρὰ τοῦ Πλάτωνος οὐκ ἀπιστήσομεν. ἀλλ' ἡ μὲν Ἐπινομὶς νοθείας ὑπάρχουσα μεστὴ καὶ νοῦ μυστηριώδους τὸν νηπιόφρονα καὶ νῷ ἀρχαῖον ἀπατᾷ。①

一些基督教作者较特别地利用《厄》986c1-7 的内容，因为在 λόγος ὁ πάντων θειότατος 中，他找到 λόγος 的活动这个基督教概念。优西比乌引用了这段文字：περὶ τοῦ δευτέρου τῶν ὅλων αἰτίου，他极有可能

---

① 参普罗克洛斯，*In Rem Publicam*，卷 2，页 133, 127-134, 127 (Kroll)。在这里应该注意到，Macrobius, *Saturnalia*, 卷 1，页 23, 27 (nomen autem daemonum cum deorum appellatione coniungit, aut..., aut ut Posidonius scribit in libris quibus titulus est Περὶ ἡρώων καὶ δαιμόνων, quia ex aetheria substantia parta atque divisa qualitas illis est, sive ἀπὸ τοῦ δαιομένου id est καιομένου ἀπὸ τοῦ δαιομένου μεριζομένου)，斯塔尔鲍姆，页 468，引用来证明《厄》依循廊下派学说的这段文字，也许恰表明了其相反的一面，波斯多纽斯 (Posidonius) 用廊下派的方式解释了《厄》中概念，此概念是波斯多纽斯在《厄》正文及《厄》的文献中找到的。

是故意省略了 ὁρατόν。① 西奥多修斯在引用这段时也作了同样的省略，而且他不只是如优西比乌那样把宇宙肇因的知识归于柏拉图名下，还把此肇因之父归于其名下。② 最后，亚历山大里亚的西里尔（Cyril of Alexanderia）③在关于三位一体的（trinitary）文本中引用了《厄》986c1-7，但是他并没有省略 ὁρατόν。文章的末尾，在引用了整个文字之后，又重复了下面的文字：[164] ἔπειτα δὲ ἔρωτα ἔσχεν τοῦ καταμαθεῖν ὁπόσα θνητῇ φύσει δυνατά, 他明白人类心智不足以明了神性 λόγος, 因 为 他 说, βλέπομεν ... ἐν ἐσόπτρῳ καὶ ἐν αἰνίγματι τὰ παρὰ θεοῦ, κτλ。④

在《蒂迈欧》中，柏拉图给月亮、太阳、金星和水星命名，而没有给其他三个外层行星命名。因此，当阿尔比努斯在第 14 章介绍柏拉图学说中的行星问题时，他遵照《蒂迈欧》描述了水星和金星，却又依照《厄》谈到了火星、木星和土星；事情似乎是这样：依照《蒂迈欧》，月亮、太阳、金星和水星的次序遵照离地球的远近，而根据《厄》，外层行星的次序刚好相反，即土星、木星和火星的次序同速度相关。把阿尔比努斯的措词同《蒂迈欧》和《厄》的语言作一个对比，就会毫无疑问地发现阿尔比努斯正是采纳了这两部作品的内容。⑤

---

① 参优西比乌，P. E. 卷11，页15, 7-16, 1（II, 37, 4-12[Mras]）。参德斯·普拉斯，*Trad. Indir.* 页354，和 R. E. G. 80（1967），394。

② 参西奥多修斯，*Gr. Aff. Cur.* 卷2，页76-77（57, 7-16[Raeder]）。

③ [译按]亚历山大里亚的西里尔：公元412年至444年的亚历山大里亚的大主教。他当权之时，正是此城受罗马帝国影响最大的时候。

④ 参《亚历山大里亚的西里尔》，*Adv. Jul.* 271C-272B（Aubert）。

⑤ 参威特（Witt），《阿尔比努斯与中期柏拉图主义》，页78-79；尽管德斯·普拉斯在 *Trad. Indir.* 页354 中认为（*De Platone*，卷1，章11，"a résumé le passage sur le nom des planètes"），除了阿普列乌斯给出了所有行星的名字以外，这段文字中没有什么内容暗示它取材于《厄》。可以肯定的是阿尔比努斯把《厄》作为其源泉，至少是部分作为他关于柏拉图学说介绍的源泉；而且辛柯的 *D. L.* 28（1907），2975-2976 是一种错误，因为他坚持认为，既然（转下页注）

柏拉图《蒂迈欧》38d1-3(译按:谢译文,前揭,页26):

首先是月亮,离地球最近;然后是太阳,在第二条轨道上;次之为晨星和赫耳墨斯神的居所[暮星],它们的运行速度和太阳相同,但运动方向相反。

《厄》987c3-6:

剩下的那三颗星中,其中一颗运动得迟缓,有人称其为克洛诺斯。次慢的我们应称其为宙斯,最慢的称为阿瑞斯,在三颗星中,后者拥有最红的外表。

阿尔比努斯,《摘要》(Epitome) XIV,7:

(接上页)阿尔比努斯和阿普列乌斯并没有利用《厄》的宇宙学说和星体学说,他们必定知道《厄》并非柏拉图的真作。阿尔比努斯知道《厄》,而且很明显他认为其出自柏拉图之手,这一点可以在《绪论》(卷3,页148,19-37[Hermann])的注释中看出来。朱斯特(M. Giusta)的"Ἀλβίνου Ἐπιτομή ἢ Ἀλκινόου Διδασκαλικός?"并不认为《绪论》的作者同《柏拉图主义手册》的作者是同一人,因为对于后者来说已经普遍接受了弗罗伊登塔尔(Freudenthal)在《论柏拉图主义者阿尔比努斯》(Der Patoniker Albinos)中的证明(另参威特,《阿尔比努斯与中期柏拉图主义》,页104-113);尽管朱斯特反对弗罗伊登塔尔使用古文字学的论述解释从阿尔比努斯(Albinos)到阿尔基诺斯(Alcinoose)的转变,仍还有其他方式来解释这个事实,在我们的手稿中,Didaskalikos 归于阿尔基诺斯,而且阿尔基诺斯错误地解释了古代作家的一些文段,阿尔比努斯引用这些文段来解释出现在《柏拉图主义手册》中的学说。关于对阿尔比诺斯的反对,参莫雷斯奇尼《阿普列乌斯的柏拉图学说》(Moreschini, Studi sul "De dogmate Platonis" di Apuleio),页14,注7 和墨尔兰,《希腊注释》(Greek interpretation)页70,注3(朱斯特,《伦理学概要》[I dossografi di Etica],卷2,页535,注3,他坚持立足于自己的解释之上,而不是基于那站不住脚的假说之上,即认为《柏拉图主义手册》的作者并没有读过柏拉图)。

σελήνην μὲν δὴ τῷ μετὰ γῆν ἐπέθηκε κύκλῳ τῷ πρώτῳ, ἥλιον δὲ εἰς τὸν δεύτερον ἔταξε, ἑωσφόρον δὲ καὶ τὸν ἱερὸν Ἑρμοῦ λεγόμενον ἀστέρα... ὕπερθεν δὲ τοὺς ἄλλους κατὰ σφαῖραν οἰκείαν· τὸν μὲν βραδύτατον αὐτῶν ὑπὸ τῇ τῶν ἀπλανῶν κείμενον σφαίρᾳ, ὃν Κρόνου τινὲς ἐπονομάζουσιν ἀστέρα, τὸν δὲ βραδυτῆτι δεύτερον μετὰ τοῦτον Διὸς ἐπώνυμον, ὑφ᾽ ὃν τὸν Ἄρεως.

像许多现代学者一样,优西比乌在《厄》中发现了东方对希腊思想影响的证据,或是关于希腊思想本源的证据。在 Praeparatio Evangelica 的第十部书中,优西比乌试着表明高等科学的知识是从野蛮人手中传到希腊人手中的,并且偏爱希伯来人的神学而不喜欢希腊的哲学是不理智的。在这样的联系中,优西比乌从《厄》而非其他作品中引用柏拉图的证词。优西比乌引用了 986e8－987a6,另外还引用了 987d9－e1,尽管不太合适;因为,虽然后一段文字也提到了希腊学说的东方根源,但文中仍然谈到希腊人远优于野蛮人,因为前者[165]总是能发展从后者学到的东西。① 实际上正是为了强调最后这一点,塞尔瑟斯(Celsus)②在对基督教的攻击中似乎引用了《厄》987d9－e1。塞尔瑟斯也许是出于其观点的目的引用这段文字,他认为柏拉图用一种更好的方式表达了《圣经》(the Scriptures)中那些正确的东西。③ 希腊人要优于野蛮人,因为他们总是能够使从后者那里学到的东西更完美,这个说法并没有出现在柏拉图的真品中,但基于对《厄》987d9－e1 的理解,此论被归于柏

---

① 参优西比乌,*P. E. X*, 4, 20－22(I, 571, 6－19[Mras])。

② 塞尔瑟斯:公元 2 世纪的希腊哲学家,也是基督教的反对者。他为我们所知仅是因为其作品《真理之言》(*The True Word*[Λόγος Ἀληθής])。俄里根(Origenes)在作品《驳塞尔瑟斯》(*Contra Celsum*)中大量引述了相关内容。

③ 参俄里根,《驳塞尔瑟斯》,卷1,页2 和卷6,页1(I, 80, 27－82, 7 和 III, 178, 4－8[Borret])。

拉图名下。所以,《厄》的这段文字也被毕达哥拉斯秘仪的作者作为柏拉图的作品来引用,这段文字保存在福蒂乌斯(Photius)的文字中;此外,福蒂乌斯把希腊人的高傲同希腊优良的气候联系起来。这个概念也是由《生命》(Life)的作者取自《厄》,但该作者又补充说,随着回想起《蒂迈欧》这段最终成为《厄》源泉的文字,μάλιστα δὲ τῶν ἄλλων Ἑλλήνων οἱ Ἀθηναῖοι。①

尽管《厄》的 991e – 992a 进入了数学科学的领域之中,但它仍然是托名柏拉图的,因为它暗示了知识和沉思的最高目标是宇宙,但古代那些引用或是评论过柏拉图作品的人,并没有把这个概念理解、翻译或发现为同柏拉图的学说相一致。

西塞罗在这段文字中发现,所有的人类技术(arts)和科学依靠一个单一的纽带成为整体;但是《厄》只是提到了数学科学而没有提到所有的人类学科,而西塞罗的 De Oratore 在关于事物和谐的问题上采纳了这段文字,那么看来西塞罗似乎把并没有出现在该文中的斯多亚概念强加于 991e5 – 92a1 的 εἷς δεσμός 之上。②

---

① 参福蒂乌斯,Bibl. Cod. 249(441a20 – 25[Bekker]),和 987d3 – 9 注。
② 参西塞罗,De Oratore,卷 3,5,19 – 6,21,在其中应注意以下内容: nullum est gnim genus rerum, quod aut avulsum a ceteris per se ipsum constare ut quo cetera si careant vim suam atque aeternitatem conservare possint. Set si haec maior esse ratio videtur quam ut hominum possit sensu aut cogitatione comprehendi, est etiam illa Platonis vera et tibi, Catule, certe non in audita vox, omnem doctrinam harum ingenua rum et humanarum artium uno quodam societatis vinculo contineri. ubi enim perspecta vis est rationis eius, qua causae rerum atque exitus cognoscuntur, mirus quidam omnium quasi consensus doctrinarum con centusque reperitur。对于并没有引用柏拉图的概念,参 Pro Archina 1, 2。

因为西塞罗把第五物体的介绍归功于亚里士多德,而诺弗特尼(14)认为西塞罗并没有见到《厄》的第一手资料;不过西塞罗并没有注意到这里的矛盾之处,一方面把《厄》归于柏拉图名下,另一方面认为亚里士多德率先介绍第五个简易物体。另一个权宜的解释更通,即普遍认为西塞罗或其他古代作家根本就没有直接接触到柏拉图或亚里士多德的某一作品。《厄》从拜(转下页注)

[166]尼各马可及其之后的评论者阿斯克勒庇俄斯和菲罗波纳斯,也认为这段文字属于柏拉图自己,而且根据《王制》第七章中对预备性数学科学的论述来解释它,其中部分的论述在引用了《厄》之后就立即作了解释和讨论。根据尼各马可所述,那统一四种数学科学的东西是不可见的,而且是纯粹存在世界的非物质实体。① 扬布利科斯也采用相近的解释。②

普罗克洛斯对这段文字的运用十分有趣,因为他认为《厄》是托名柏拉图的文本,这个判断至少在评论 991e－992a 的文字中两次暗示到。普罗克洛斯像在他之前的埃拉托色尼一样,似乎已经把 991e5 中的 ξύνδεσμος 理解为 δεσμός,但是他反对埃拉托色尼认为 ξύνδεσμος 是关于比例(proportions)的理论。普罗克洛斯认为 ξύνδεσμος 是所有数学公理的集合,并且是所有数学科学的原则,即被称为 ἡ μία καὶ ὅλη μαθηματική。据他所述,数学科学的 ξύνδεσμος 是紧随 θριγκὸν τῶν μαθημάτων 之后的步骤,柏拉图在《王制》中称其为辩证法。因此,看起来普罗克洛斯把《厄》中的 ξύνδεσμος τῶν μαθημάτων 等同于《王制》中辩证法的低等级步骤。这种针对《厄》的解释是不合理的,《厄》中,统一数学科学的 εἷς δεσμός 的发现是学习课程的目标,并且正确训练的最高目标是对可见宇宙的思索。普罗克洛斯

(接上页)占庭的阿里斯托芬的时代以来,就成了柏拉图作品的一部分,而且也没有证据表明柏拉图的作品在古代的什么时候佚失。

① 参尼各马可《数学绪论》(*Intr. Arith.*) I, 3, 5 – 7(7, 4 – 9, 4 [Hoche]),阿斯克勒庇俄斯,《尼各马可数学绪论》(I *κδ-λβ*,塔兰),菲罗波纳斯,《尼各马可数学绪论》(I *κδ-λβ*, Hoche)。

② 扬布利科斯在他的《论数学科学》卷 6 中,引用了这段文字,但并没有提到源自何处,还在他的《尼各马可数学绪论》,9, 6 – 14(Pistelli)中作了解释,在这里他把这段文字归于柏拉图名下。对于扬布利科斯来说,《厄》中的 εἷς δεσμός 就是四种数学科学的目标 (καὶ εἰς ἕνα σύνδεσμον καταλήγουσαν, ὥς φησιν ὁ θειότατος Πλάτων)。他在这里的评论,包括在前面基于《尼各马可》(*Nicomachus*)的论述,连同在《论数学科学》中的评论一起,表明扬布利科斯同样把《厄》中的数学科学领域当作是学习纯粹存在的预备性步骤。

构筑数学科学领域的观点,也绝不可能是柏拉图所拥有的观点。①

[167]尽管戴维(David)并没有引用992e-992a,而据992a4-6的评论可知,他已然将其理解为一种暗示,认为数学科学是从物理学通往τὰ θεολογικά的必由之路。② 戴维的这段文字最终来自阿谟尼乌斯(Ammonius),即赫米亚斯(Hermeias)之子,因为我们在阿斯克勒庇俄斯和菲罗波纳斯关于尼各马可的评论中找到同样的新柏拉图主义式的解释。③ 伊莱亚斯并不比戴维特别,但是他可能也是以同样的方式来解释这段文字的。④

泰翁在另一些地方对991e-992a的解释值得注意,尽管把991e3中的ἀναλογίαν错误地理解成ὁμολογίαν,但泰翁也许得益于《厄》中的比例理论,而正确地解释了数学科学的整体。泰翁把这个概念归于柏拉图,而这也正是《厄》作者的目的所在。⑤ 泰翁把《厄》当作整体来对待,本身就是不同寻常的;因为通过引用并细致地解释一些文段,他提出了对这部作品的一种归纳,从而把《厄》中一些明显非柏拉图的学说归于柏拉图名下,例如以下两个概念,虔诚是最高的德性和真正的天文学者是智慧之士。⑥ 既然泰翁的作品是对数学知识的一种说明,他认为这种数学知识是理解柏拉图的

---

① 普罗克洛斯书中共有三段文字提到《厄》991e-992a的文字。《厄》中关于宇宙学说的伪柏拉图性质和关于辩证法在其中所起的纯粹附属地位,参前言。
② 参David, *Proleg.*, 59, 12-16(Busse)。
③ 阿斯克勒庇俄斯和菲罗波纳斯关于尼可马各的评论可以追溯到阿谟尼乌斯,关于这样的论述,参拙著 *Asclepius On Nicomachus*,页8-17。
④ 参Ellias, *In Cat.*, 125, 19-22(Busse)。
⑤ 参991d8-992a1 注。
⑥ 参泰翁,7, 9-10, 11(Hiller),他在这里把以下《厄》的内容归于柏拉图名下:976d-e, 977c-d, 977d-978b, 989b1-2, 990a-b 和990c-e。泰翁(84, 7-14[Hiller])引用并评论了991e-992a,并(2, 13-21[Hiller])则处理了992a-b的相关内容。其他泰翁的引用和参与,同此处目的并不相关。

必要步骤，而且既然泰翁不是一个原创型的思想者，很可能这种理解《厄》的方式在其背后有悠久的历史传统。

尽管现存的资料十分有限，但是很明显的是，《厄》在古代对归于柏拉图名下诸多概念的影响，不能忽视。现代评论者以近似于甚至有时等同于《厄》作者的方式来理解柏拉图，这类人从数量上来说要远多于古代评论者，少数古代评论者偶然被保留了下来。至于这种现代理解方式的例子，另撰文讨论，此处不再赘言。

后 记

笔者臆断,这部饱受争议的小书,有些不合时宜。其书历经沧桑,抵达我们手中,已属大幸。但在现时代,阅读与翻译此书,显得不合时代潮流,有些落伍。

尽管文中关注之话题仍是永恒,始于"追求真正的智慧",终于"获得真正的幸福",只是此书所传之思想,已经完全不同于现时代。此刻,我们已经处于民主启蒙的洪流之中,其基本信条,即是"人人平等",而《厄》一开场,便提出荒诞悖论:幸福是不可能的,仅属于极少数人。如此反民主的言论,不仅过时,而且过于反动。作者笔下的雅典异方人,用一段在古希腊时期十分流行的"人生而受苦"的论述来论证其观点:大多数人无法获得那令人向往的幸福。外在的政治问题被作者找到了宗教性的证据。在这一刻,想方设法摆脱受苦的局面,显得尤为重要。

作者从摆脱受苦,再到寻找真智慧的跳转,显得有些突兀。获得真智慧,就能获得真幸福,没有经过必要的论述,以此看来,这是作者暗含的题中之意。唯有接受此等说法之人,方能继续阅读此书。也正是从开场的这层意义上讲,该书并非向大众传播教义,而仅是针对那些将追求智慧当作是幸福的人。作者还担心,这种追求不够坚定,于是在全面宣讲自己的教义之前,还将全部社会中被视为"智慧"的那些技艺考察了一番。这些考察显得那么的不重要,以至于似乎没能充分论述清楚,便戛然而止;大众读者,在其一生中追求的那些幸福,现在正被《厄》作者一一否定。农业、建筑、木工、金属工、陶冶、编织、捕猎、占卜、表演、文学、音乐、绘画、战略、医术、航海术、法庭上的演讲术,以及记忆力强、头脑灵活,都全被否定,不剩一物。此繁杂的学术分科,大略已经包含了当时社会上所需要的各个方面,恰如现代大学里所细分的各专业课程。如此看来,此书所要求的读者,并非现代大学里的普通学生。因为任何一个如此这般的普通学生,读到这里,已对《厄》作者的落后与荒唐的言论迷惑不解,大概少有人会坚持读完后面的内容。

就算能坚持读下去的人,或许对后面的言论更加不以为然。因为《厄》的作者,要在所有学科中寻找那能统一全部学科的单一纽带。寻找的结果,便是数学知识。这又与现代的基本想法分道扬镳:现代追求专业分科,越细分的学科,显得越是艰深。《厄》作者过时地关注统一,显得缺乏眼界。现代知识分子,定会自负地嘲笑,《厄》作者未有亲历现代科学之辉煌,自是无法预知未来。

数学知识起源自天文学,于是天文学成为最高智慧的某种体现。《厄》作者又费尽心力,力图证实:灵魂先于形体,而天体是有灵魂的存在。天文学为何如此重要?《厄》作者仅论述了它与数的联系,以此证实其重要性,似乎有太多的话,没有放入文中,抑或因为时间原因发生脱落?不过,天文学方面的研究成果,确实可以影响到整个人类的生活。《厄》作者发人深省地预言到,如果不相信"灵魂先于形体",那只好"听天由命"。17世纪以降,听天由命的情况已经昭然若揭:

> 人们普遍认为17世纪经历并完成了一场深刻的精神革命,现代科学和现代哲学同时是这场革命的根源和成果。……还有一些学者认为这场变革是静观($\vartheta\varepsilon\omega\rho\acute{\iota}\alpha$)和实践($\pi\rho\acute{\alpha}\xi\iota\varsigma$)关系的转变,是古老的 vita contemplation[静观的生活]的理想让位于 vita activa[行动的生活]。中世纪和古代的人们旨在纯粹地思辨自然和存在,而现代的人们则渴望统治和奴役自然。[1]

---

[1] 参柯瓦雷著,《从封闭世界到无限宇宙》,邬波涛、张华译,北京:北京大学出版社,2003年版,页1,导言部分。

如此革命，摆脱了中世纪的蒙昧，却被《厄》作者称为"听天由命"。《厄》作者认为应相信灵魂先于形体，17世纪以来的科学恰好相反。《厄》作者亦提及不得影响大众的习俗，17世纪以来的情况又相对立，革命的浪潮，已成势不可挡之局。作为现代人的我们，究竟应该何去何从？

《厄》的神论，似乎仍然缺乏说服力，作者本可以在天文学、数学上继续加深论述，以显得更加专业。但似乎他没有如此的意图，而是转而论述虔诚，因为"没有什么美德比虔诚更重要了；但是拥有最高资质的人(the best natures)总是缺乏虔诚，因为他们没有掌握正确的知识"。① 《厄》作者的意图在这里才显得最为清楚。他并非要真正详述天文学，也并非要在这本小书中，深入探讨数学，而是要研究，如何在知识分子的心中注入"虔诚"的因素。拥有最高资质、见识广博的知识分子，若是缺少"虔诚"的品性，走出学园，破坏并干涉大众的生活，将产生巨大的破坏力。恰如现代中国，无良知识分子与商人勾结，用三聚氰胺调制食用牛奶一样，普通人怎会知晓如此专业的技艺呢？《厄》作者深切的政治关怀，正在于此。其看似荒谬的言论，实际上，是要劝服那些知识分子，过一种真正幸福的生活。他已然知晓，唯物论的严重后果，便心怀天下，写下这旷世奇篇：针对的读者，恰是知识分子中的那些为恶者。

于是，《厄》最终落脚于教育，亦就不足为奇。但《厄》的结构，以及开场的论述，显然已经将大部分的读者排除在外。普通的读者不会阅读这本作品，之后，雅典异方人才和盘托出自己新的神学。有人认为，《厄》推出新的神学以与传统诸神形成竞争。但由于读者群的不同，此新神学很难在大众中直接产生影响。其真正目标是要影响知识分子。从某种意义上来讲，这些知识分子，也即是从事哲学研究的这些人，私底下怕是不会相信传统神话中关于诸神的描述，更不会拿传统神话中的诸神作为自己的崇拜对象。如此，这些知识分子最易成为

---

① 参本书中，哈瓦德著，《厄庇诺米斯》概疏，前揭，页38。

唯物主义者,这在《厄》作者看来,十分危险,对社会的危害极大。《厄》中的新神学,的确不同于传统神话中所宣讲的神学,但《厄》作者只将其作品对准这些知识分子,所以他的目标并非要在城邦中引入新的神学,反而从某种意义讲,是在保护城邦中的旧神学。道理十分明显,那些接受了此新神学的知识分子,会在心中埋下虔诚的因子,不会出而破坏古希腊的生活传统。《厄》中的数学、天文学,最终与宇宙的和谐,以及人心中"虔诚"品性的培养联系起来,就不足为奇了。

关于《厄》之真伪的评述,或真或假,已经难以辩驳,但死守此问题不放,似乎会与更伟大的思想失之交臂。不少学者或认为《厄》乃柏拉图晚年所作,风格不同,语言迥异,已然证明柏拉图年老力衰,无力再述辉煌。创作能力,或为神赐,难以断定,无论是在文学作品,还是其他艺术形式方面,均为如此:有人一生创作能力不减,也有人创作一部作品之后,销声匿迹,还有人直至年老,才偶有佳品问世,以此推定柏拉图的创作能力,恐是过于武断。

这些研究《厄》语言、风格和真伪问题的学者,虽结论不足采信,但其相关细节研究却成果巨大。既然《厄》的读者明显是针对知识分子,其作品内容与《法义》、《王制》、《蒂迈欧》乃至《会饮》出现差别,显然是读者群极有可能不相同。对比《厄》与这些作品的差别,正好可以观察,《厄》作者在对内与对外所讲内容之不同,这方面的研究工作,尚未展开。照此思路,关于《厄》乃未完稿的质疑,也可不攻自破:《厄》中的断裂、破碎之处,恰是《厄》作者认定,其内容已经为读者群所知,无需详加说明之故。也正是因为《厄》的读者群,也即是知识分子拥有较高的阅读与理解能力,使得《厄》作者(笔者更愿意相信就是柏拉图本人)觉得此作品无需考虑写作技艺与修辞手法,于是让后人觉得该作品所显示的创作能力有所下降。恰如泰勒所述:"这段文字所谈的全部关于行星的内容,散漫而语无伦次,让人留下这样一种印象,认为这部作品是由一个年老力衰的作家写的一个初稿。"[1]然则,

---

[1] 参哈瓦德著,"《厄庇诺米斯》概疏",前揭,页56,见本书。

泰勒没能注意到，《厄》作者关于"行星"的内容，散漫而语无伦次，却在论述"虔诚"之时，明白清晰，反复强调，以此来看，《厄》作者心中的重心，已是昭昭于天下。

不少学者，执意论述《厄》中对幸福仅属于极少数人的重申，以为其着上反民主的色彩。实则，《厄》的政治取向似与民主问题不相关。《厄》中强调对于极少数人的幸福，恰恰正是为了让极少数人耽于沉思的幸福，防止他们出来干涉大众的生活，影响习传的精神。《厄》不是反民主的作品，更非鼓吹精英精神，反而是为了保证大众的生活方式不受侵犯。

理清《厄》的真正读者，对于理解《厄》中出现的诸种问题至关重要。《厄》与《蒂迈欧》之间，各种学说的冲突与矛盾，亦可在此找到突破口，以帮助发现《厄》作者对内的宣讲与其他文本之间的区别。系统比较《厄》与柏拉图相关文字的差别定然极有价值，幸运的是，那些关于《厄》真伪的文字，恰在这个比较方面打下了极好的基础。不过，相关深入研究仍有待开展。不少学者质疑《厄》为柏拉图学说带来混乱，均需细致研究，方能一一回应，但远非一篇后记所能囊括。

该书六年的翻译时间，倏忽已过，竟不觉察时间的脚步那样匆忙。六年来，全仗恩师程志敏先生，不弃学生愚鲁，带学生浸润古典学问，以养温柔敦厚之心，还手把手指导学生翻译、读书与研究，受益终身，感念之心，难于言表。刘小枫先生百忙之中，仍来信鼓励，晚辈方有继续下去的勇气。

感谢湖南怀化学院各级领导及同仁，对笔者教学、科研和生活的关心。崔曦、李鼎和洪逸倩为本书译文提出了宝贵的修改意见，编辑马涛红为此书费心尽力，定正不少讹误，于此致谢。

最后的感谢，献给我的父母和亲人们。

崔嵬

2011 年 7 月于湖南怀化学院

图书在版编目（CIP）数据

智慧与幸福：论柏拉图的《厄庇诺米斯》/程志敏编；崔嵬等译.—北京：华夏出版社，2013.6

（西方传统：经典与解释）

ISBN 978-7-5080-7344-6

Ⅰ.①智… Ⅱ.①程… ②崔… Ⅲ.①柏拉图（前427～前347）－哲学思想－研究 Ⅳ.①B502.232

中国版本图书馆CIP数据核字(2013)第018229号

智慧与幸福：论柏拉图的《厄庇诺米斯》

主　　编	程志敏
译　　者	崔　嵬　等
责任编辑	马涛红
出版发行	华夏出版社
经　　销	新华书店
印　　刷	北京建筑工业印刷厂南厂
装　　订	三河市李旗庄少明印装厂
版　　次	2013年6月北京第1版 2013年6月北京第1次印刷
开　　本	880×1230　1/32
印　　张	8.125
字　　数	220千字
定　　价	36.00元

华夏出版社　地址：北京市东直门外香河园北里4号　邮编：100028
网址：www.hxph.com.cn　电话：(010)64663331(转)
若发现本版图书有印装质量问题，请与我社营销中心联系调换。

西方传统：经典与解释

西方传统：经典与解释
Classici et Commentarii
HERMES
刘小枫◎主编

古今丛编

恐惧与战栗
[丹麦]基尔克果 著

墙上的书写——尼采与基督教（修订增补本）
[德]洛维特/沃格林 等著

古希腊文学常谈
[英]多佛 等著

穆佐书简
[奥]里尔克 著

撒路斯特与政治史学
刘小枫 编

民主的本性——托克维尔的政治哲学
[法]马南 著

希罗多德的王霸之辨
吴小锋 编/译

梅尔维尔的政治哲学——《切雷诺》及其解读
李小均 编/译

第二代智术师——罗马帝国早期的文化现象
安德森 著

英雄诗系笺释
[古希腊]荷马 著

统治的热望
——修昔底德笔下的阿尔喀比亚德和帝国政治
[美]福特 著

席勒美学的哲学背景
[美]维塞尔 著

雅典谐剧与逻各斯
——《云》中的修辞、谐剧性及语言暴力
[美]奥里根 著

莱园哲人伊壁鸠鲁
罗晓颖 选编

果戈里与鬼
[俄]梅列日科夫斯基 著

托尔斯泰与陀思妥耶夫斯基（第一卷）
[俄]梅列日科夫斯基 著

托尔斯泰与陀思妥耶夫斯基（第二卷）
[俄]梅列日科夫斯基 著

自传性反思
[德]沃格林 著

黑格尔与普世秩序
[美]希克斯 等著

新的方式与制度
——马基雅维利的《论李维》研究
[美]曼斯菲尔德 著

论埃及神学与哲学——伊希斯与俄赛里斯
[古希腊]普鲁塔克 著

凯撒的剑与笔
李世祥 编/译

纪念苏格拉底——哈曼文选
刘新利 选编

科耶夫的新拉丁帝国
[法]科耶夫 等著

夜颂中的革命和宗教——诺瓦利斯选集卷一
[德]诺瓦利斯 著

大革命与诗话小说——诺瓦利斯选集卷二
[德]诺瓦利斯 著

《利维坦》附录
[英]霍布斯 著

巨人与侏儒
[美]布鲁姆 著

或此或彼（上、下）
[丹麦]基尔克果 著

海德格尔与有限性思想（重订版）
刘小枫 选编

海德格尔式的现代神学
刘小枫 选编

走向古典诗学之路
——相遇与反思：与伯纳德特聚谈
[美]伯格 编

论宗教大法官的传说
[俄]罗赞诺夫 著

上帝国的信息
[德]拉加茨 著

双重束缚
[美]基拉尔 著

俄耳甫斯教祷歌
吴雅凌 编译

俄耳甫斯教辑语
吴雅凌 编译

黑格尔的观念论
[美]皮平 著

古今之争中的核心问题
[德]迈尔 著

浪漫派风格——施莱格尔批评文集
[德]施莱格尔 著

神圣的罪业
[美]伯纳德特 著

论永恒的智慧
[德]苏索 著

宗教经验种种
[美]詹姆斯 著

尼采反卢梭
[美]凯斯·安塞尔-皮尔逊 著

施米特对自由主义的批判
[美]约翰·麦考米克 著

舍勒思想评述
[美]弗林斯 著

诗与哲学之争
[美]罗森 著

基督教理论与现代
[德]特洛尔奇 著

亚历山大的克雷蒙
[意]塞尔瓦托·利拉 著

伊壁鸠鲁主义的政治哲学
[意]詹姆斯·尼古拉斯 著

神圣与世俗
[罗]伊利亚德 著

中世纪的心灵之旅——波纳文图拉神学著作选
[意]圣·波纳文图拉 著

弓弦与竖琴——从柏拉图解读《奥德赛》
[美]伯纳德特 著

论古人的智慧
[英]培根 著

希伯莱圣经历代注疏

希腊化世界中的犹太人
[英]威尔逊 著

第一亚当和第二亚当
[德]朋霍费尔 著

卢梭注疏集

政治制度论
[法]卢梭 著

哲学的自传——卢梭的《孤独漫步者的遐思》
[法]卢梭 著

文学与道德杂篇
[法]卢梭 著

设计论证——卢梭的《社会契约论》
[美]吉尔丁 著

卢梭的自然状态
[美]普拉特纳 等著

卢梭的榜样人生——作为政治哲学的《忏悔录》
[美]凯利 著

柏拉图注疏集

理想国
[古希腊]柏拉图 著

谁来教育老师——《普罗塔戈拉》发微
刘小枫 编

立法者的神学——柏拉图《法义》卷十绎读
林志猛 编

柏拉图对话中的神
[德]薇依 著

厄庇诺米斯
[古希腊]柏拉图 著

柏拉图的《厄庇诺米斯》
程志敏 选编

论柏拉图对话
[德]施莱尔马赫 著

柏拉图《美诺》疏证
[美]克莱因 著

神话诗人柏拉图
张文涛 选编

人应该如何生活
[美]布鲁姆 著

阿尔喀比亚德
[古希腊]柏拉图 著

叙拉古的雅典异乡人
——柏拉图《书简七》探幽
彭磊 选编

阿威罗伊论《王制》
[阿拉伯]阿威罗伊 著

《王制》要义
刘小枫 选编

柏拉图的《会饮》
[古希腊]柏拉图 等著

苏格拉底的申辩
[古希腊]柏拉图 著

苏格拉底与政治共同体
[美]尼科尔斯 著

政制与美德——柏拉图《法义》疏解
[美]潘戈 著

《法义》导读
[法]卡斯代尔·布舒奇 著

论真理的本质
[德]海德格尔 著

哲人的无知
[德]费勃 著

米诺斯
[古希腊]柏拉图 著

亚里士多德注疏集

《政治学》疏证
[意]托马斯·阿奎那 著

尼各马可伦理学义疏
——亚里士多德与苏格拉底的对话
[美]伯格 著

哲学之诗——亚里士多德《诗学》解诂
[美]戴维斯 著

对亚里士多德的现象学解释
[德]海德格尔 著

城邦与自然——亚里士多德与现代性
刘小枫 编

论诗术中篇义疏
[阿拉伯]阿威罗伊 著

哲学的政治——亚里士多德《政治学》疏证
[美]戴维斯 著

莱辛注疏集

汉堡剧评
[德]莱辛 著

关于悲剧的通信
[德]莱辛 著

《智者纳坦》研究版
[德]莱辛 等著

启蒙运动的内在问题——莱辛思想再释
[美]维塞尔 著

莱辛剧作七种
[德]莱辛 著

历史与启示——莱辛神学文选
[德]莱辛 著

论人类的教育——莱辛政治哲学文选
[德]莱辛 著

色诺芬注疏集

居鲁士的教育
[古希腊]色诺芬 著

驯服欲望——施特劳斯笔下的色诺芬撰述
[法]科耶夫 等著

论僭政——色诺芬《希耶罗》义疏
[美]施特劳斯 著

色诺芬的《会饮》
[古希腊]色诺芬 著

施特劳斯集

霍布斯的宗教批判
[美]列奥·施特劳斯 著

斯宾诺莎的宗教批判
[美]列奥·施特劳斯 著

门德尔松与莱辛
[美]列奥·施特劳斯 著

哲学与律法——论迈蒙尼德及其先驱
[美]列奥·施特劳斯 著

迫害与写作艺术
[美]列奥·施特劳斯 著

柏拉图式政治哲学研究
[美]列奥·施特劳斯 著

阅读施特劳斯
[美]斯密什 著

《会饮》讲疏
[美]列奥·施特劳斯 著

柏拉图《法义》的论辩与情节
[美]列奥·施特劳斯 著

什么是政治哲学
[美]列奥·施特劳斯 著

古典政治理性主义的重生
[美]列奥·施特劳斯 著

施特劳斯与流亡政治学
[美]谢帕德 著

犹太哲人与启蒙
——施特劳斯演讲与论文集：卷一
[美]列奥·施特劳斯 著

苏格拉底问题与现代性
——施特劳斯演讲与论文集：卷二
[美]列奥·施特劳斯 著

回归古典政治哲学——施特劳斯通信集
[美]列奥·施特劳斯 著

隐匿的对话——施米特与施特劳斯
[德]迈尔 著

苏格拉底与阿里斯托芬
[美]列奥·施特劳斯 著

尼采注疏集

尼采眼中的苏格拉底
[美]丹豪瑟 著

尼采的使命——《善恶的彼岸》绎读
[美]朗佩特 著

尼采与现时代——解读培根、笛卡尔与尼采
[美]朗佩特 著

动物与超人之间的绳索
[德]A.彼珀 著

维吉尔注疏集

《埃涅阿斯纪》章义
王承教 选编

维吉尔的帝国
阿德勒 著

品达注疏集

幽暗的诱惑——品达、晦涩与古典传统
[美]汉密尔顿 著

新约历代经解

属灵的寓意
[古罗马]俄里根 著

赫西俄德集

神谱笺释
吴雅凌 撰

赫西俄德：神话之艺
[法]居代·德·拉孔波 等著

赫拉克勒斯之盾笺释
罗逍然 译笺

莎士比亚绎读
莎士比亚笔下的爱与友谊
[美]布鲁姆 著

莎士比亚戏剧与政治哲学
彭磊 选编

莎士比亚的政治盛典
[美]阿鲁里斯/苏利文 编

丹麦王子与马基雅维利
罗峰 选编

古希腊诗歌丛编

阿尔戈英雄纪
[古希腊]阿波罗尼俄斯 著

阿里斯托芬集

《阿卡奈人》笺释
[古希腊]阿里斯托芬 著

但丁集

但丁的圣约书
[美]霍金斯 著

美国宪政与古典传统

美国1787年宪法讲疏
[美]阿纳斯塔普罗 著

修昔底德集

修昔底德笔下的演说
[美]斯塔特 著

古希腊政治理论
格雷纳 著

塔西佗集

塔西佗的政治史学
曾维术 编

古典学丛编

古典语文学常谈
克拉夫特 著

古希腊肃剧注疏集

希腊肃剧与政治哲学
阿伦斯多夫 著

中国传统：经典与解释

Classici et Commentarii

刘小枫　陈少明◎主编

中国传统：经典与解释

从公羊学论《春秋》的性质
阮芝生　撰

药地炮庄·总论
[明]方以智　著

松阳讲义
[清]陆陇其　著

起凤书院答问
[清]姚永朴　撰

青原志略
[明]方以智　原编

冬炼三时传旧火——港台学人论方以智
邢益海　编

药地炮庄
[明]方以智　著

周礼疑义辨证
陈衍　撰

经学通论
[清]皮锡瑞　著

韩愈志
钱基博　著

论语辑释
陈大齐　著

《庄子·天下篇》注疏四种
张丰乾　编

荀子的辩说
陈文洁　著

古学经子——十一朝学术史述林
王锦民　著

经学以自治——王闿运春秋学思想研究
刘少虎　著

《铎书》校注
孙尚扬　肖清和　等校注

大学素质教育读本

古典诗文绎读　西学卷·古代编（上、下）
古典诗文绎读　西学卷·现代编（上、下）

经典与解释辑刊（刘小枫　陈少明　主编）

1　柏拉图的哲学戏剧
2　经典与解释的张力
3　康德与启蒙
4　荷尔德林的新神话
5　古典传统与自由教育
6　卢梭的苏格拉底主义
7　赫尔墨斯的计谋
8　苏格拉底问题
9　美德可教吗
10　马基雅维利的喜剧
11　回想托克维尔
12　阅读的德性
13　色诺芬的品味
14　政治哲学中的摩西
15　诗学解诂
16　柏拉图的真伪
17　修昔底德的春秋笔法
18　血气与政治
19　索福克勒斯与雅典启蒙
20　犹太教中的柏拉图门徒
21　莎士比亚笔下的王者
22　政治哲学中的莎士比亚
23　政治生活的限度与满足
24　雅典民主的谐剧
25　维柯与古今之争
26　霍布斯的修辞
27　埃斯库罗斯的神义论
28　施莱尔马赫的柏拉图
29　奥林匹亚的荣耀
30　笛卡尔的精灵

31 柏拉图与天人政治
32 海德格尔的政治时刻
33 荷马笔下的伦理
34 格劳秀斯与国际正义
35 西塞罗的苏格拉底
36 基尔克果的哲学与政治
37 《理想国》的内与外
38 诗艺与政治
39 律法与政治哲学
40 古今之间的但丁

雅努斯：古典拉丁语文读本
古典拉丁语文学述要
危微精一：政治法学原理九讲
琴瑟友之：钢琴与古典乐色十讲

刘小枫集

诗化哲学［重订本］
拯救与逍遥［修订本］
走向十字架上的真
这一代人的怕和爱［增订本］
现代性与现代中国：现代性社会理论绪论
沉重的肉身
圣灵降临的叙事［增订本］
罪与欠
西学断章
现代人及其敌人
儒教与民族国家
拣尽寒枝
施特劳斯的路标
重启古典诗学
共和与经纶
设计共和
卢梭与我们
好智之罪：普罗米修斯神话通释
民主与爱欲：柏拉图《会饮》绎读
民主与教化：柏拉图《普罗塔戈拉》绎读
巫阳招魂：《诗术》绎读

编修［博雅读本］

凯若斯：古希腊语文读本［全二册］
古希腊语文学述要